La montagne et vous

Ouvrage publié sous la direction de
Emmanuelle Héaume

Du même auteur

L'aventure pour l'aventure
Carrère-Lafon, 1986

Survivre. Comment vaincre en milieu hostile
Albin Michel, prix MEDEC 1988

Naufragés. Comment survivre en mer
Filipacchi Édition nº 1, 1989

Le guide de l'homme d'action
Albin Michel, 1990

Les dents de la mort
Robert Laffont, 1991

Les énergies du stress
Robert Laffont, 1994

Xavier Maniguet

La montagne et vous

Albin Michel

Conception graphique :
Stéphanie Le Bihan

22, rue Huyghens, 75014 Paris

ISBN 2-226-11058-5

Introduction

Considérée dans l'Antiquité comme le trait d'union entre les dieux et les hommes, la montagne inspire la crainte dans toutes les civilisations. Il fallut attendre 1786 pour que Balmat atteigne le sommet du mont Blanc et 1953 pour que Hillary découvre l'Himalaya depuis le toit du monde.

Comme pour tous les autres milieux hostiles, c'est l'accroissement de la population, mais aussi la curiosité et la technologie qui ont permis la conquête du plus beau milieu naturel de la planète. Jusqu'au XXe siècle, en dehors de l'exploitation forestière et minière cantonnée à quelques sites, l'attrait financier reste secondaire. C'est l'avènement des « sports d'hiver » puis des sports près de la nature qui va définitivement sceller l'attrait de l'homme pour la montagne.

Dans sa fuite de la ville, le citadin vient chaque année en plus grand nombre dans la montagne, pour y vivre, au rythme des saisons, des expériences saines et exaltantes. De son côté, le sportif aventureux y découvre des terrains de jeux plus ou moins risqués à seulement quelques heures de train. L'un comme l'autre se doit de posséder un minimum de connaissances pour profiter au maximum de ce milieu d'autant plus exceptionnel qu'il ne se livre pas sans effort.

Une scie médiatique voudrait que la montagne, et en particulier le massif du Mont-Blanc, tue chaque année un peu plus. Le caractère principalement estival de cette obsession n'est pas un hasard, car l'actualité de fin juillet début août étant toujours pauvre, le sensationnalisme des cimes est toujours bienvenu ; l'été 1998 n'a pas fait exception avec des manchettes à la Une : « Hécatombe dans le massif du Mont-Blanc », « Accidents en haute montagne : la série noire continue », etc. Certains proposent un permis (un de plus) d'alpinisme, sans dire si sa validité serait française, européenne, mondiale ou pourquoi pas régionale... Il y a autant de morts (toutes proportions gardées par rapport au nombre de courses) au Tyrol, en Autriche, en Suisse et en Italie chaque année à la même époque. Rien n'empêchera jamais les inconscients de

partir en baskets vers le mont Blanc depuis l'aiguille du Midi, sans lunettes, sans « fond de sac » (ce minimum incluant pull-over, anorak, gants, écran total, carte, eau, barres énergétiques...), sans connaissance de la météo, alors que la présence d'un guide n'est guère coûteuse à plusieurs et leur permettrait d'apprendre en toute sécurité un tas de choses sur la montagne. Si, au moins, ils prévenaient de leurs intentions, les sauveteurs des PGHM (Pelotons de gendarmerie de haute montagne) sauraient dans quelle direction mener leurs recherches. Informer son hôtelier de la course que l'on projette et de l'heure à laquelle on compte revenir prend quelques secondes et peut sauver une vie...
Ce guide se propose de délivrer, de façon simple mais sérieuse, des trucs et recettes pour mieux vivre en montagne.

Les mots suivis d'un *
sont expliqués dans
le glossaire p. 233

I
Qu'est-ce que la montagne ?

Toute montagne se caractérise par des altitudes élevées, des dénivellations importantes, donc de fortes variations de pente. Ces ruptures brutales par rapport au relief harmonieux des plaines s'accompagnent, également, de ruptures climatiques : toujours plus froides et pluvieuses, les montagnes agressent l'homme dans son cheminement psychique comme dans sa physiologie.

L'altitude, les fortes pentes et le climat entraînent une érosion constante qui remodèle sans cesse les profils. Une vie suffit pour voir les moraines bouger, les falaises s'effondrer, les glaciers rétrécir, dans un remaniement permanent qui justifie la fascination de l'homme pour la montagne, sans cesse renouvelée, toujours vierge comme aux premiers âges.

D'où viennent les montagnes ?

Véritables taupinières du globe, les montagnes résultent d'une accumulation de matériaux de l'écorce terrestre dans les zones de confluence des différentes plaques tectoniques. Maintenant admise et vérifiée par la technique moderne, la théorie d'Alfred Wegener (1912) concernant la dérive des continents n'est plus discutée. Les continents ne faisaient qu'un (le « Gondwana ») il y a plusieurs centaines de millions d'années avant de se séparer.

On distingue sept plaques en mouvement permanent les unes par rapport aux autres. Quand deux plaques s'écartent, elles créent des axes de crête (crête médioatlantique, par exemple) par jaillissement de nouveaux matériaux du magma qui donneront des roches cristallines. Quand ces plaques se rapprochent, elles forment des zones dites de subduction, dans lesquelles les roches sédimentaires plus légères jaillissent et forment les montagnes.

Les montagnes les plus élevées du globe

- **Europe** : le mont Elbrouz (5 642 m) si l'on considère que l'Europe s'étend jusqu'à la Russie
- **Afrique** : le Kilimandjaro (5 895 m) en Tanzanie
- **Amérique du Nord** : le mont MacKinley (6 197 m) en Alaska
- **Amérique du Sud** : l'Aconcagua (6 959 m) en Argentine
- **Antarctique** : le mont Vinson (5 140 m)
- **Océanie** : le mont Carstensz (5 030 m) en Indonésie
- **Asie** : l'Everest (8 848 m)

À signaler que moins d'une douzaine d'alpinistes ont pu « collectionner » toutes les ascensions.

La géologie de montagne : une empreinte omniprésente

À la différence de ce qui se passe en plaine, où l'on est souvent incapable de définir en se promenant ce qui se cache sous les champs, la montagne offre en permanence le spectacle de ses entrailles, déchirées dans les trois dimensions par des forces colossales. Ici, une route vertigineuse creusée à flanc de falaise dans un granite indestructible, là une autre route exposée aux glissements de terrain sédimentaire, et qu'il faut protéger par des ouvrages d'art. Partout et de tout temps, la géologie a imposé aux montagnards ses exigences et ses facilités, l'obligeant à des détours, des cultures spécifiques, lui offrant des matériaux de construction pour sa maison. C'est encore la géologie qui décide des activités ludiques accessibles dans telle ou telle zone : le canyonning, la spéléologie, le rafting, l'alpinisme, le ski, dépendent étroitement des roches et sédiments ; ceux-ci déterminent l'inclinaison des pentes, l'écoulement des eaux, l'intensité de l'érosion, la solidité des parois. Il n'y a pas d'intégration véritable dans le milieu montagnard sans connaissance élémentaire des roches. C'est donc par elles que nous commencerons l'étude du milieu.

Les roches

Les roches sédimentaires

Les roches sédimentaires sont la mémoire de la planète puisque, comme leur nom l'indique, elles sont faites de la sédimentation de tout ce qui a pu se déposer depuis des centaines de millions d'années et sont donc les mieux datées grâce à leurs fossiles. Elles ne contiennent pas de cristaux mais sont formées de :
- débris d'autres roches ;
- plancton (diatomite) ;
- débris végétaux (charbon) ;
- squelettes d'animaux (on retrouve des requins fossilisés à + de 3 000 m) ;
- alluvions glaciaires ou fluviales.

Quand on aperçoit des couches de terrain parallèles, même à haute altitude, on sait qu'il s'agissait, autrefois, de couches horizontales composées de sédiments apportés par la mer ou les fleuves.

On distingue cinq grandes catégories de roches sédimentaires :

Calcaires

Elles déterminent des montagnes très verticales (jusqu'à 2 000 m de paroi) qui ont donné naissance à l'alpinisme moderne avec étriers et pitons faciles à installer dans cette roche forée de mille trous. Préalpes, Vercors, Chartreuse, Aravis, Dolomites, en sont les meilleurs exemples européens.

Schistes

Contenant beaucoup d'argile, feuilletés par le plissement, ils sont à l'origine des ardoises (Ardennes) et des lauzes (Val-d'Aoste) qui permettent de construire des toitures lourdes mais indestructibles.

Marnes

Roches argileuses encore plus tendres que les schistes, elles provoquent souvent des glissements de terrain.

Grès

Amas de sables soudés par un ciment qui est soit calcaire (grès tendre) soit siliceux (quartzites très durs), ils autorisent des constructions solides (barrage de Tignes, par exemple).

Conglomérats

Ce sont des amas de cailloux à angle vif (aiguilles d'Arve, Pierra Menta, aiguilles de Montserrat, par exemple).

Les roches cristallines

Elles constituent la seconde grande classe de roches des montagnes. Profondes à l'origine, elles sont montées lentement à la surface en se cristallisant. Les cristaux donnent une apparence rugueuse au toucher (quartz, feldspath, mica). Les cristalliers qui, dès le haut Moyen Âge, partaient à la découverte du quartz pur dans les hautes vallées du massif du Mont-Blanc furent, sans doute, les premiers vainqueurs clandestins de nombreux sommets. Ils sont, d'ailleurs, considérés comme les ancêtres des guides de montagne.
La dureté est la principale qualité de ces roches, en particulier du granite dont les gros cristaux donnent une surface idéale pour les grimpeurs en même temps que des prises solides.

Les roches métamorphiques

Comme leur nom l'indique, ce sont des roches (cristallines ou sédimentaires) qui ont changé de forme sous l'influence de très hautes pressions et de hautes températures. C'est ce qui se passe à chaque fois qu'il y a plissement. La nature réalise, alors, à une échelle énorme ce que l'homme a appris à faire : transformer le charbon et le fer en acier, tirer du minerai brut d'étain ou de cuivre le métal pur... Ainsi, s'explique que l'on puisse trouver des roches dures et magnifiques isolées dans une couche sédimentaire de schistes, comme au mont Viso, par exemple.

La géologie des activités de montagne

L'explication sommaire de cette extraordinaire genèse me semble indispensable pour qui veut vivre intelligemment, et *a fortiori* survivre avec efficacité, au sein d'un biotope très contrasté qui peut s'avérer à la fois magnifique et dangereux. Il est intéressant, par exemple, lorsque l'on fait de la spéléologie ou du rappel sur des falaises, de savoir pourquoi on peut le faire.

Les montagnes calcaires et de grès, idéales pour l'escalade

La verticalité qui domine les paysages de montagnes calcaires leur donne souvent l'aspect de donjons protégés par des murs gigantesques de plusieurs centaines de mètres : Vercors, Dévoluy (pic de Bure), Tassili, aiguilles du Ténéré, etc. : autant de terrains privilégiés pour les grimpeurs de rocher.
Les montagnes de grès sont également verticales mais ruiniformes le plus

souvent et moins élevées, ce qui en fait des terrains de prédilection pour les écoles d'escalade (Fontainebleau).
La perméabilité des roches sédimentaires de grès ou de calcaire, sur une grande épaisseur, empêche le ruissellement à l'extérieur et ralentit ainsi l'érosion sur le versant qui ne prend pas un profil oblique, mais reste vertical. Cette érosion interne crée une multitude de fissures, et la confluence de ces fissures crée, à son tour, des courants d'eau qui sont à l'origine des siphons, conduites forcées et autres caractères qui font le bonheur des spéléologues.
Les gorges profondes sont aussi le fait des montagnes calcaires qui ont été tranchées par des rivières à fort débit : Grand Canyon du Verdon, Grand Goulet du Vercors, Canyons du Tibesti au Tchad (avec des parois de 2 000 m de hauteur).
Dans les montagnes de grès, les vallées sont plus larges, comme dans les Vosges gréseuses, avec un aspect ruiniforme résultant de la dureté inégale d'une roche dont les parties friables sont démolies les premières.

La montagne cristalline, le paradis de l'alpinisme

Elle est façonnée de pics, d'aiguilles, d'arêtes séparant deux vallées et dont on trouve la panoplie complète dans le massif du Mont-Blanc : le pic pyramidal de l'aiguille Verte avec ses arêtes déchiquetées, les aiguilles de Protogine de Chamonix (aiguille de la République, Doigt de l'Étala), le dôme du Goûter, recouvert de sa calotte glaciaire.

Les montagnes schisteuses, lieu privilégié des stations de ski

Les montagnes schisteuses offrent des formes douces en raison de leur dureté faible ou moyenne, mais aussi inégale. Le ruissellement dans ces roches perméables donne des boues et des glissements de terrain emportés par les torrents. Les longues pentes douces et dégarnies ainsi obtenues sont favorables aux alpages et à la pratique du ski. On trouve les plus grandes stations dans les zones schisteuses : schistes lustrés de Val-d'Isère ou de Sestrière, schistes houillers de Serre-Chevalier ou de Courchevel, schistes du lias de l'Alpe d'Huez ou de Megève. La vallée de Megève jusqu'aux gorges de l'Arly offre un paysage caractéristique de ces superbes ondulations idéales pour les troupeaux et l'installation des villages. Lorsque le climat est trop sec pour maintenir la mince couche végétale, le schiste est alors attaqué par l'érosion et offre un paysage de désolation (« terres noires » de la région de Gap).

Les Alpes, vitrine de tous les reliefs

Elles sont souvent considérées comme les plus belles montagnes du globe, car le hasard géologique a soumis l'érosion glaciaire à une superposition des zones de roches dures et de roches tendres. Cela a aboutit à une véritable vitrine de tous les reliefs existants (en dehors du **relief volcanique**) et donc de toutes les activités humaines en altitude.

Les montagnes volcaniques

Elles obéissent à une genèse beaucoup plus simple et stéréotypée : souvent isolées, elles ont surgi autour d'un point d'émission, en bordure des plaques tectoniques, depuis le magma. Leur forme en cône est la même au Japon (Fuji Yama), au Mexique (Popocatépetl), en Afrique (Kilimandjaro) ou en Italie (Etna, Vésuve), même si des éruptions successives ont pu remanier le cône principal. L'inclinaison de la pente varie en fonction de la viscosité des matériaux expulsés. Quand la lave est fluide, elle s'étale loin de la cheminée, donnant des versants en pente douce, faciles à gravir même à cheval (mont Bromo à Java ou Rauna-Loa à Hawaii). Lorsque l'érosion a emmené les débris entourant la cheminée d'émission, seule subsiste la lave solidifiée de la cheminée, donnant des bouchons volcaniques comme celui du Puy ou ceux de Rio de Janeiro.

L'ORIGINE DES DIFFÉRENTS PROFILS DE MONTAGNE

L'allure d'une montagne à une époque donnée est un compromis permanent entre, d'une part, les forces constructives qui lui ont donné naissance et, d'autre part, le travail destructeur de l'érosion. L'histoire de l'humanité depuis ses origines (3 millions d'années) n'accompagne qu'un très court instant la longue et lente évolution géologique.

Les forces constructives

Des roches qui se trouvaient sous les eaux des mers de l'ère secondaire se retrouvent maintenant à des milliers de mètres d'altitude à la suite d'un gonflement d'ensemble de la chaîne sous

Soulèvement

Mouvement sans déformation des roches, il concerne surtout les roches cristallines plus rigides que les sédimentaires. De nombreuses cassures se font au sein de la masse cristalline : les diaclases. On a pu observer ces diaclases lors du percement du tunnel du Mont-Blanc, véritables cheminées naturelles par où s'écoulaient les eaux de fusion depuis la mer de glace. Il y a parfois des cassures avec dénivellations : les failles (Aiguilles-Rouges, versant de Chamonix, montagnes Rocheuses).

l'influence de trois facteurs : *soulèvement, plissement, charriage.*

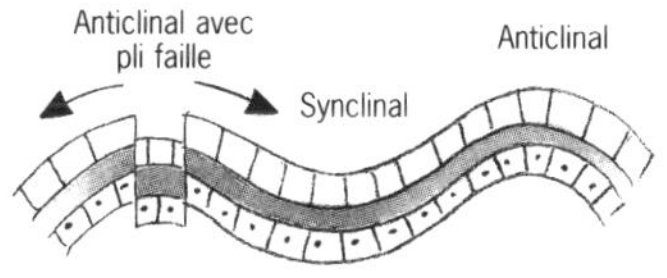

Plissement

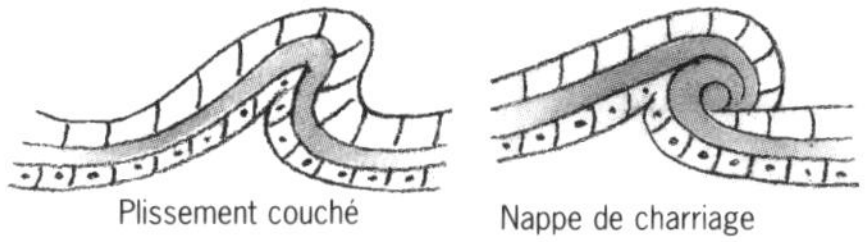

Charriage

L'érosion : ses causes et ses effets

D'une manière générale, on peut distinguer cinq types d'érosion, rendus encore plus destructifs en montagne en raison de la pente (glissements de terrain, éboulis, avalanches) et de l'altitude (vents violents, froid intense).

L'eau

Elle agit par dissolution, désagrégation et énergie mécanique.

• La dissolution des roches solubles (telles que les calcaires), explique l'aspect sculptural de certaines montagnes (Vercors sud) et le creusement en profondeur de puits, galeries, cavernes grandioses (gouffre de Padirac, gouffre Berger, aven Martel, rivières souterraines du Karst yougoslave...). **Sans cette dissolution des calcaires, la spéléologie n'existerait pas.**

• La désagrégation est, en revanche, le seul moyen d'action de l'eau sur les roches cristallines. Dans le granite, par exemple, l'eau attaque plus facilement les feldspaths et le mica que le quartz, d'où la destruction de l'ensemble à long terme. **Cela explique la rugosité des aiguilles de Chamonix, particulièrement appréciée des alpinistes**. Sous les Tropiques, la désagrégation est très

Plissement

C'est surtout le fait des roches sédimentaires qui sont à l'origine toujours horizontales, et se déforment comme une étoffe que l'on soulève. Lorsque ces plis sont convexes vers le ciel, on les nomme anticlinaux, et synclinaux lorsque la concavité forme un creux vers le haut. Toutes les Préalples calcaires de l'Autriche à la France sont truffées de telles formations (en particulier dans le Vercors ou la Chartreuse). Les anticlinaux avec leurs pentes divergentes sont plus fragiles que les synclinaux stabilisés par des pentes convergentes et leur voûte est souvent absente, ayant cassé au cours du plissement (d'où un pli faille comme la vallée de la Mort, la mer Morte ou la vallée du Rhin).

Charriage

Fréquent dans les Alpes, il s'agit d'un mouvement latéral dû aux roches qui ne peuvent plus se plisser. Les couches se chevauchent et forment un pli appelé « nappe de charriage ». Ainsi s'explique que des roches puissent se trouver à des dizaines de kilomètres de leur lieu de formation et que des roches très anciennes puissent recouvrir des roches plus récentes.

énergique en raison des pluies torrentielles et a donné naissance aux pains de sucre, de Rio notamment.

• L'énergie cinétique des torrents et rivières creuse les vallées, mais aussi **les « marmites de géants » qui font la joie des adeptes du canyonning**. L'eau tourbillonnante chargée de grains de sable a creusé la roche à la façon d'une foreuse. Les cheminées de fées (Saint-Gervais en Haute-Savoie, « Salle de bal » au sud de Gap ou, en Algérie, les canyons de l'Aurès ou du Tassili) constituent d'autres aspects de l'énorme puissance d'érosion mécanique de l'eau. C'est encore l'eau qui transporte les alluvions arrachées à la montagne pour en faire la Camargue ou le delta du Tonkin.

Le vent

L'érosion éolienne est particulièrement efficace dans les zones arides où les vents de sable burinent littéralement les montagnes à la façon d'une sableuse (Tassili, Ténéré...). On imagine aisément son importance quand on sait que les milliers de dunes sous le vent du Tassili sont formées de particules arrachées à ces montagnes gréseuses.

Le gel

C'est lui qui façonne toutes les hautes montagnes humides. L'eau augmente son volume en gelant et agit donc à la façon d'un coin dans les fissures et cheminées développant des pressions énormes. Cette action décisive du gel sur l'usure de la montagne est l'un des rares paramètres géologiques perceptibles par un même homme au cours de sa vie.

Frison-Roche cite le cas de la fissure de l'arête sud-ouest de l'aiguille du Fou où les premiers grimpeurs (1931) ne pouvaient engager que les doigts, alors que 30 ans plus tard, les alpinistes peuvent s'y abriter entièrement!

Autre exemple récent et impressionnant, visible depuis Chamonix à plusieurs kilomètres : l'écroulement sur plusieurs centaines de mètres de hauteur, à l'automne 1997, de tout un pan de la face nord des Drus. L'énorme cicatrice gris-clair offre désormais une nouvelle voie aux alpinistes, jusqu'à la prochaine fois dans 100 ou 10 000 ans...

Pour une érosion maximale, il faut moins de froids prolongés que de fréquentes périodes de gel et de dégel. Cette alternance se retrouve souvent en été en haute montagne avec le gel nocturne et le dégel diurne. Ainsi, s'expliquent les chutes de pierres qui tuent chaque été de nombreux alpinistes, mais aussi les promeneurs, dès que le soleil a réchauffé les parois : la pierre, désolidarisée de la paroi par le gonflement de la glace, tombe dès que celle-ci se transforme en eau. Les parois est, face au soleil, sont donc les premières à s'effriter le matin.

C'est pour éviter ce bombardement que les grimpeurs montent de préférence de nuit à l'aiguille Verte par le couloir Whymper. Les chutes de pierres sont plus fréquentes pendant les années sèches, car vont également tomber les pierres restées captives depuis des années dans la neige ou les névés.

Les éboulis s'accumulent au pied des parois, les plus gros roulant jusqu'en bas tandis que les plus petits restent au point de chute. On observe cette disposition dans la casse déserte du col d'Izoard, dans la casse du Grand Rochebrume dans le Queyras, ainsi qu'au pied des falaises calcaires du Dévoluy, de la Provence et des Alpes-Maritimes.

Quand il y a des glaciers au pied des parois, les éboulis ainsi transportés deviennent des **moraines***. C'est ainsi que le survol du côté italien du massif du Mont-Blanc en été montre des glaciers noircis de pierres tombées des murailles qui les surplombent, glacier du Miage italien, glacier de Saleina, etc.

C'est aussi le gel qui explique la sculpture des roches cristallines en aiguilles et en pics, la glace faisant sauter progressivement tout le pourtour du sommet jusqu'à ne laisser qu'une aiguille sur laquelle l'eau s'écoule sans pénétrer. Puis un jour, une petite fissure fera éclater et tomber l'aiguille, comme dans les Aiguilles-Rouges du massif du Mont-Blanc au-dessus de Chamonix.

Les avalanches

En dehors du danger qu'elles représentent (voir *Nivologie et avalanches*, p. 95), elles sont un phénomène climatique qui érode la montagne par leur énorme énergie cinétique. Elles peuvent arracher des pans entiers de forêts d'arbres centenaires, emporter toute l'épaisseur du sol végétal, élargir et creuser de très longs couloirs. Les débris charriés par les avalanches se répartissent au hasard, indépendamment de leur taille, à la différence des éboulis. Autre différence par rapport à ces derniers, **les avalanches empruntent toujours des itinéraires prévus et localisés.**

Le reboisement n'étant pas toujours possible, si la couche végétale a déjà été arrachée ou si l'altitude est trop élevée (les Conifères dans les Alpes ne poussent guère au-delà de 2 000 m), le seul moyen de lutter contre l'avalanche à son origine consiste à fixer la neige des sommets à risque par des moyens mécaniques tels que filets, murettes, pieux. Dans les hauteurs, de nombreux couloirs ne pouvant être aménagés efficacement, on se contente souvent en aval d'épis ou de talus pour contenir l'avalanche. À cet égard, l'aval du glacier des Bossons dans la vallée de Chamonix est un exemple impressionnant d'aménagement efficace.

Comparée à l'action de l'eau et du gel, l'érosion par avalanche n'en demeure pas moins un mode accessoire de façonnage des montagnes.

La « farine de roches »

Elle est si abondante qu'elle a donné naissance aux sablières, où l'on recueille par décantation un sable très fin avec lequel on fabrique les « plots », fameuses briques de construction de la vallée de Chamonix. C'est ce même sable glaciaire qui use rapidement les turbines alimentées par les eaux de fonte des glaciers. Sur un plan physiologique, cette eau riche en minéraux provoquera moins de troubles digestifs que l'eau de fonte des neiges.

L'action des glaciers (voir Les glaciers, p. 20)

L'énorme masse des glaciers de vallée (par opposition aux glaciers continentaux qui ne se déplacent pas) agit sur la montagne selon deux modes : l'abrasion et l'arrachement.

• **L'abrasion** : à la façon d'une meule, le glacier pulvérise finement les roches les plus dures grâce à la pression et aux mouvements alliés aux cailloux et grains de silices sertis dans la glace. Une fois le glacier retiré, on découvre des roches polies, véritablement poncées. C'est à ce gigantesque meulage remontant au Quaternaire que l'on doit la « farine de roches », résultat du broyage des roches en poudre très fine qui se retrouve dans l'eau de fonte glaciaire et lui donne sa couleur laiteuse. C'est ainsi qu'à Chamonix par exemple, les eaux de l'Arve et de l'Aveyron sont blanchâtres les jours chauds et limpides les jours froids.

• **L'arrachement** : il est particulièrement efficace sur les schistes et toutes les roches friables, beaucoup plus rapide et spectaculaire que l'abrasion, il exige beaucoup moins d'énergie. Le glacier use et arrache, mais surtout transporte les roches de toutes tailles possibles sans limitation de poids, de la « farine de roches » jusqu'aux blocs de plusieurs milliers de tonnes arrachés ou tombés des hauteurs qui le dominent. Le transport peut se faire en surface, donnant alors des moraines instables, fastidieuses pour le montagnard. Il est important de connaître tous ces mécanismes avant de s'aventurer sans guide dans de telles zones. Les cartes les plus détaillées ne font pas mention des moraines, mais on peut deviner leur présence d'après la confluence et la forme des glaciers.

Les trois types de moraines

- **Les moraines latérales** : elles recueillent les roches tombées des pentes adjacentes au glacier et s'alignent donc de chaque côté du glacier au pied des parois.
- **Les moraines médianes** : elles existent lorsque deux glaciers se rencontrent ; la moraine latérale devient alors moraine médiane du nouveau glacier de jonction. Un bon exemple est celui des glaciers de Leschaux et du Tacul qui se rejoignent pour former la mer de Glace : la moraine latérale droite du Leschaux rejoint la latérale droite de la mer de Glace, tandis que la latérale gauche de Leschaux rejoint la latérale droite du Tacul pour former une moraine médiane chaotique qui rejoint finalement la latérale droite de la mer de Glace (voir carte du massif du Mont-Blanc) en recouvrant toute la moitié droite du glacier. La partie gauche reste libre des roches, faite de glace bleue intacte et, bien sûr, c'est elle qui est empruntée par les skieurs et les montagnards.
- **Les moraines d'ablation ou moraines frontales** : ainsi appelées, car elles sont constituées des roches transportées à l'intérieur du glacier après ablation de la glace par fonte. Ces débris ont pu pénétrer le cœur du glacier par l'ouverture des crevasses, ou être enrobés dans les zones de formation de la glace. Les moraines frontales se forment lorsque la zone de fusion du glacier est en terrain horizontal et, à la différence des moraines latérales, elles sont souvent emportées par les eaux de fusion.

LES GLACIERS

Quelle que fût l'origine géologique des montagnes, elles ont, pour la plupart, subi un façonnement morphologique gigantesque sous la pression et le déplacement des glaciers. Ce sont eux qui remodelèrent le chaos surgi du magma ; ils sont donc indissociables de la montagne et de son histoire.
Les glaciers actuels ne sont que les infimes vestiges de l'époque glaciaire quand la majeure partie des terres émergées était recouverte de glace. Ils n'en demeurent pas moins des monstres atteignant couramment plusieurs centaines de mètres d'épaisseur dans les Alpes et plus de 100 km de longueur en Alaska.

/ FORMATION DES GLACIERS

Ils n'existent qu'à des altitudes au-delà desquelles la neige ne fond pas ou peu, c'est-à-dire 2 500 à 3 000 m en Europe (2 000 m à des latitudes plus élevées comme en Colombie britannique par exemple).
La glace étant de la neige ancienne transformée, tassée, condensée, la névéification est le stade intermédiaire entre neige et glace, et ne se produit que dans la partie supérieure du glacier, celle qui « l'alimente » (à partir de 2 800 m en Europe).
La densité de la neige augmente de plus en plus au fil du temps et des métamorphoses, passant de 50 à 100 kg/m^3 pour la fraîche, à 450 à 550 kg au printemps, puis 550 à 700 kg quand elle devient névé (neiges dites « éternelles ») et finalement 917 kg/m^3 à l'état de glace vive (sans jamais atteindre les 1 000 kg/m^3 de l'eau liquide).
Dans un névé*, l'air circule encore jusqu'à une densité de 600 kg/m^3 ainsi que l'eau jusqu'à 770 kg.
Il faut 5 ans de névéification pour que la neige devienne glace : l'air et l'eau ne passent plus, le glacier est imperméable.

L'évolution glaciaire

À l'époque glaciaire (Quaternaire), 30 % des continents étaient recouverts de glace, la grande majorité des montagnes du globe ont été remaniées par l'érosion de ces masses gigantesques. C'est leur présence ancienne qui seule peut expliquer l'existence d'énormes rochers de plusieurs centaines de tonnes isolés loin des montagnes ; ainsi, le « gros caillou » sur la colline de la Croix-Rousse à Lyon a été déposé là par la fonte du glacier du Rhône qui, au

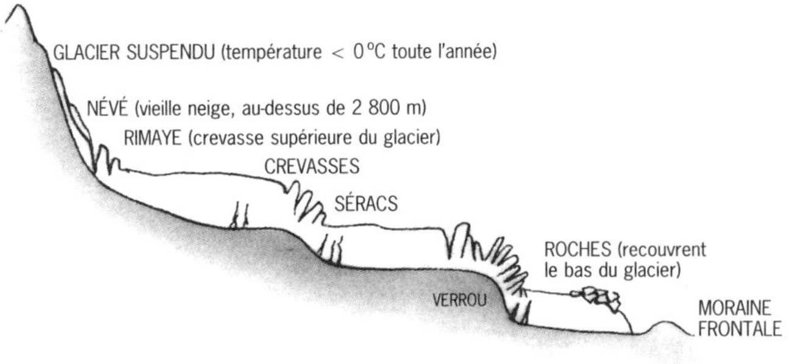

Profil type d'un glacier

Quaternaire, s'étendait jusqu'à Lyon, avec des épaisseurs supérieures à 1 000 m...

Ces immenses glaciers ont ainsi laissé sur toutes les montagnes actuelles des cannelures sur les roches dures, des roches polies et moutonnées, mais surtout des cirques et des vallées glaciaires.

Les cirques glaciaires

La rimaye est cette crevasse de décollement que l'on trouve sur la partie supérieure de tout glacier, et due au mouvement de ce dernier vers le bas. La rimaye est pleine de neige en hiver et vide l'été. L'action du gel et du dégel se fait sentir jusqu'au fond de cette faille qui peut atteindre plusieurs centaines de mètres.

Ils sont nés au départ de légers creux provoqués, par exemple, par un torrent. Ces niches se trouvaient à haute altitude, au pied de grandes murailles et s'ouvraient sur le versant d'une vallée. La neige s'est accumulée dans ces niches, puis transformée en glace. La glace a commencé à éroder les fonds et les bords du glacier, tandis que les éboulis se sont accumulés dans les **rimayes**, commençant leur travail de pierre ponce.

Au fil des millénaires, le cirque s'élargit, s'enfonce, tandis que le glacier devient de plus en plus épais et vaste. Dans un même massif, tous les cirques glaciaires se terminent à la même altitude, celle de la disparition des glaces. Depuis le Quaternaire, les glaciers ont souvent cédé la place à de magnifiques alpages parsemés de roches moutonnées et de lacs de haute montagne dont beaucoup sont utilisés à des fins hydroélectriques. Le creusement du relief par des cirques glaciaires convergents a donné naissance à des montagnes mythiques, comme la somptueuse pyramide du Cervin.

Les vallées glaciaires

Elles constituent l'immense majorité des vallées de montagnes, avec leurs formes généralement en U, leurs vastes dimensions, et leurs variations de pente. Bien plus larges que des vallées fluviales où le lit tient une place exiguë, elles sont aussi beaucoup plus profondes, même si des alluvions postglaciaires ou des lacs ont pu les combler. Ces grandes plaines à faible altitude furent des voies de pénétration idéales pour les premiers peuplements des Alpes, notamment. Les Pyrénées ont été beaucoup moins modelées par les glaciers (il n'en reste qu'un alors que les Alpes en comptent des milliers), elles sont donc moins accessibles et composées de massifs semi-désertiques favorables à la faune et à l'isolement du sportif, mais pas à la vie quotidienne en altitude (on ne peut que s'en réjouir). Des régions aussi diverses que la vallée de l'Isère jusqu'à Grenoble, les lacs italiens creusés au-dessous du niveau de la mer, les fjords scandinaves, sont le résultat de l'érosion glaciaire des vallées. On y rencontre une succession d'« ombilics » (zones de creusement maximum dans des roches tendres ou fissurées, sensibles à l'arrachement) et de « verrous » (zones de roches dures, sensibles seulement à l'abrasion, beaucoup moins efficace que l'arrachement). Les ombilics ont donné naissance à des plaines cultivables, et les verrous, à des fortifications (Briançon) ou des zones de communication obligées comme à Moutiers où passent, sur une centaine de mètres de large, la voie ferrée, l'autoroute, l'ancienne route, la haute tension, l'Isère.
Au fond de ces vallées glaciaires, on peut observer des gorges profondes, idéales pour le rafting, qui correspondent aux torrents de fusion sous-glaciaire avec marmites de géant et différentes marques de l'action abrasive des eaux glaciaires dans les roches dures.

/ Crevasses et ponts de neige

Les crevasses constituent un danger évident des glaciers : en dehors de la hauteur de chute qui peut atteindre plusieurs dizaines de mètres et occasionner d'emblée des polytraumatismes mortels, celui qui y survit est exposé à une hypothermie intense et rapide, d'autant plus que la gravité va le faire descendre de plus en plus (surtout s'il est inconscient) et l'enserrer dans un carcan glacial. C'est dire l'importance d'une alerte rapide des secours pour toute chute en crevasse (sauf si l'intéressé parvient à remonter avec l'aide de ses équipiers ce qui n'est pas fréquent).
Les crevasses sont soit perpendiculaires à la ligne de plus grande pente, au

milieu du glacier et au niveau des ruptures de pente, soit à environ 45°, sur les côtés, au niveau des cisaillements avec les parois de la vallée.
Visibles en été puisque ouvertes, les crevasses sont beaucoup plus sournoises en hiver, car recouvertes de ponts de neige (voir *Ponts de neige*, p. 102) parfois très larges. La formation de ces édifices *a priori* fragiles s'explique par les vents forts que l'on rencontre en hiver sur les glaciers. Les seuls obstacles à l'écoulement linéaire sont, en effet, les crevasses, où se développent des tourbillons générateurs d'accumulation de neige. Les corniches ainsi constituées finissent par se rejoindre en un pont fragile qui se consolide progressivement avec les nouveaux dépôts de neige et surtout sa métamorphose. Au bout d'un certain temps, et en l'absence de nouvelle chute, le lent fluage de la neige (déformation de la neige sous l'influence d'une pression croissante par dépôts successifs) finit par enfoncer légèrement les ponts, les rendant perceptibles pour un œil exercé. Sur des zones convexes où les crevasses s'ouvrent, ces ponts peuvent se rompre à tout moment. À l'inverse, dans les zones de compression de glacier, quand la portion concernée descend d'un terrain convexe vers un terrain concave, la fermeture progressive des crevasses renforce les ponts.
La période d'instabilité la plus critique est celle du printemps à l'été, alors que la fusion se fait par le dessous des ponts, sans signe perceptible à la surface.

/ Les séracs*

Même en hiver, et contrairement à une idée reçue, les glaciers sont des monstres qui bougent vite : quelques centimètres à quelques décimètres par jour. Dans les zones de forte pente, cette vitesse peut atteindre plusieurs mètres par jour, et les crevasses sont alors mêlées aux séracs, énormes tours de Pise instables, dont la chute certaine est néanmoins imprévisible. L'écroulement de certains de ces séracs peut se transformer en aérosol comparable aux avalanches de poudreuse (fréquent en Himalaya), en plus des avalanches classiques qu'il peut déclencher en contrebas. **Si l'on peut passer sous le glacier, à l'abri des moraines frontales, on diminue considérablement le risque** d'exposition aux chutes de séracs et d'avalanches venues du glacier. Les glaciers sont donc dangereux en permanence, encore plus en hiver quand les crevasses sont masquées par de fragiles ponts de neige, que les plaques à vent menacent dans les hauteurs, que les avalanches attendent leur heure. C'est l'observation du glacier qui décidera de l'itinéraire le moins risqué (il existe souvent un côté moins exposé que l'autre aux avalanches et séracs) et surtout la capacité de renoncer en cas de doute !

Pour traverser un glacier

Sans être alpiniste, on peut être amené dans certaines circonstances à devoir traverser un glacier. Le plus grand danger réside dans les ponts de neige qui sont le moins épais à la fin de l'été, alors que les crevasses se sont, elles, élargies.

Lorsque le glacier franchit une irrégularité de terrain, et *a fortiori* une falaise, la glace se rompt et on trouve alors des séracs qui peuvent atteindre la taille d'immeubles, le tout en équilibre très instable. **Le meilleur moment pour franchir un tel amoncellement de glace est tôt le matin avant le lever du soleil.** Les avalanches de glace ne sont pas rares dans de tels environnements.

Il est possible sur des pentes étendues, régulières et pas trop inclinées, de glisser sur les semelles des chaussures en utilisant le **piolet** (tenu à l'envers et à deux mains) comme un support et un « gouvernail ». Ce même piolet planté (côté du manche pointu) peut rapidement servir d'ancre pour retenir une chute (de soi-même ou d'un équipier dont on enroule la corde autour du manche) ; c'est décidément **l'instrument indispensable en toute circonstance sur un glacier**. Il permet, notamment, de creuser des marches pour monter ou s'assurer. Pour creuser des marches dans la glace, il faut utiliser l'extrémité du pic. La glace foncée est plus dure et nécessite davantage de coups de piolet. Les coups doivent être portés aussi perpendiculairement que possible à la surface de la glace. À la montée, les marches peuvent être faites selon la ligne de plus grande pente ou en diagonale, en revanche, à la descente, on ne peut creuser qu'en diagonale.

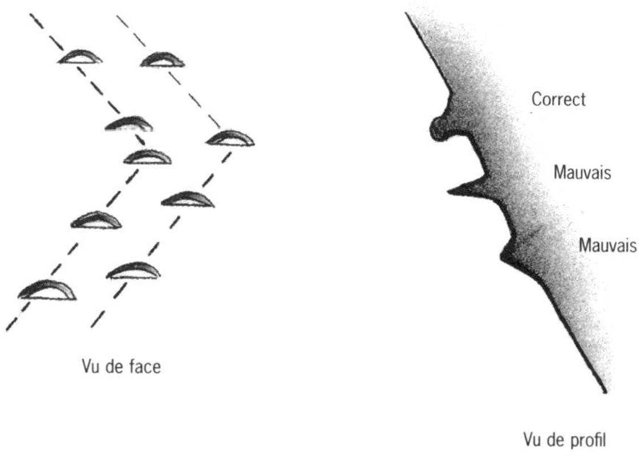

Comment creuser des marches dans la glace

Comment poser des pitons dans la glace

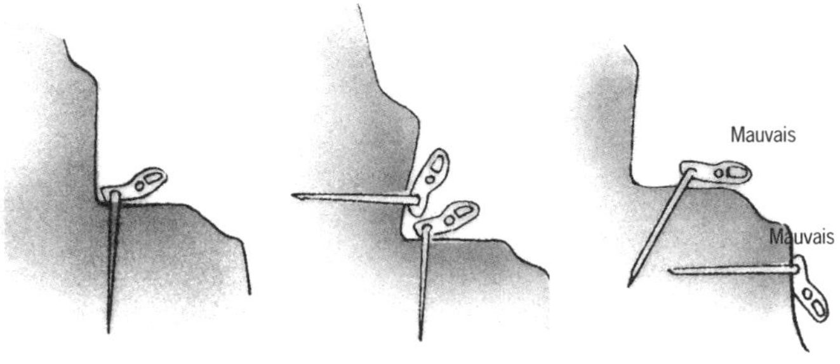

Les pitons doivent toujours être plantés perpendiculairement à la direction de traction de la corde ; on peut en placer deux, eux-mêmes perpendiculaires entre eux, afin d'être sûr qu'ils ne risquent pas de glisser accidentellement. Ces pitons ont une durée d'utilisation limitée car ils sont chauffés par le soleil et la glace va donc progressivement fondre et se craqueler. Si de tels pitons sont appelés à être réutilisés, il faut penser à les recouvrir de morceaux de glace avant de repartir ; en cas de doute sur leur sûreté, les renfoncer plus loin.

Un biotope très spécifique

La montagne se caractérise, en dehors de sa verticalité, par une douzaine de paramètres qui en font un milieu unique où l'homme ne vit et survit que grâce à une adaptation constante. Cette adaptation est à la fois inconsciente et automatique du point de vue physiologique, et volontariste sur le plan psychologique et social.

Les paramètres potentiellement dangereux

La baisse de la pression atmosphérique

Également appelée « hypobarie », c'est l'élément fondamental propre à la montagne et à aucun autre biotope. Il détermine de nombreuses variations biologiques indispensables à une vie normale. Cette baisse augmente proportionnellement à l'altitude : elle passe de 760 mm de mercure (Hg) (ou 1 013 mbars) au niveau de la mer, à la moitié à 5 500 m, et au tiers à 8 500 m. Cette baisse de la pression atmosphérique s'accompagne d'une baisse parallèle de la pression partielle des gaz contenus dans l'air, et en particulier de l'oxygène, à l'origine de tous les maux d'altitude. Le pourcentage d'oxygène dans l'air étant de 21 %, sa pression partielle au niveau de la mer est de $760 \times 0{,}21 = 160$ mmHg et n'est plus que de $520 \times 0{,}21 = 109$ mmHg à 3 000 m ou $236 \times 0{,}21 = 49$ mmHg seulement à la hauteur de l'Everest.
La pression partielle des autres gaz (azote pour 79 % et gaz carbonique pour 0,4 %) n'a aucune incidence néfaste sur l'organisme, ce qui explique que le seul gaz emmené par les Himalayistes pour les aider en fin d'ascension soit l'oxygène.

La baisse de la température

En atmosphère dite « standard » (c'est-à-dire avec une pression de 1 013 mbars au niveau de la mer et une température de 15 °C), cette baisse est de 1 °C par 150 m, ou encore 6,5 °C par 1 000 m. Il est ainsi facile de déterminer la température qu'il fera sur le glacier du Géant quand la température semble clémente à Chamonix, 2 500 m plus bas : $2{,}5 \times 6{,}5 = 16$ °C de moins. De nombreux touristes meurent de froid chaque année stupidement parce qu'ils ne tiennent pas compte de cette règle élémentaire.

Les vents forts

De même que l'on sent davantage le vent en haut d'un phare qu'en bas, on s'expose à des vents d'autant plus forts et variables que l'on séjourne plus haut en montagne. Les vents venus d'ouest frappent souvent de plein fouet le massif du Mont-Blanc, sans avoir été freinés par le frottement sur les bas reliefs alors même que certaines vallées restent parfaitement calmes.

Le rayonnement ultraviolet

Il est multiplié par 2 ou 2,5 à 4 000 m et nous apprendrons (voir *Rayonnement solaire et montagne*, p. 142) qu'il peut être extrêmement invalidant, en particulier quand il provoque « l'uvéite des neiges » rendant provisoirement aveugle. Cette augmentation du rayonnement est due à la raréfaction de l'air qui ne filtre plus les ultraviolets sur une épaisseur suffisante.

Les variations météorologiques brutales

Un orage ou un brouillard intense peut surprendre l'alpiniste ou le promeneur imprudent qui n'aura pas su prévoir l'évolution locale en fonction des vents, de la pression atmosphérique et de la nébulosité.

La foudre

Elle accompagne toujours les orages en montagne, pas seulement en été, et justifie d'un chapitre spécial (voir *La foudre*, p. 75). Chaque année, elle occasionne, en France, 30 morts.

Les chutes de pierres ou de séracs, les avalanches

Les chutes de séracs* sont imprévisibles car dues à l'avancée du glacier, en revanche, les avalanches sont prévisibles par des organismes spécialisés et par l'observation directe du montagnard expérimenté (voir *Les avalanches*, p. 105).

L'isolement

C'est un paramètre que l'on retrouve dans d'autres milieux hostiles, mais où le temps de survie est plus long qu'en montagne. Il n'y a pas d'habitation à haute altitude, la faune et la flore sont très réduites, et la durée de survie au froid est très courte.

/DES PARAMÈTRES NON DANGEREUX MAIS UTILES À CONNAÎTRE

La chaleur

On ne meurt pas de chaud en montagne et la chaleur ne peut être dangereuse en dehors de la transpiration qu'elle suscite. Il faut savoir s'aérer suffisamment afin que la sudation (effort physique et/ou exposition au soleil) imprégnant les vêtements ne se transforme pas ensuite en bain glacé une fois le soleil disparu ou l'effort terminé.
Le rayonnement solaire augmente de 2 à 4 % par 100 m jusqu'à 2 000 m environ, et de 1 % au-dessus ; il aura donc doublé à 4 000 m. Cela est dû à la plus grande limpidité de l'air (moins d'air mais aussi d'humidité) et au pouvoir réfléchissant (albédo*) très important de la neige (75 à 90 % selon son degré de blancheur). Même à l'ombre, on peut être réchauffé dans la journée par le rayonnement infrarouge lointain émis par les parois rocheuses exposées au soleil.
Pour en terminer avec les rayonnements et avec certaines idées reçues, soulignons que si le rayonnement cosmique (venu de l'espace) est considérablement augmenté en altitude, il n'est jamais nocif, même aux plus hautes altitudes terrestres.

L'humidité

Elle diminue avec l'altitude encore plus vite que la pression atmosphérique, ce qui explique la soif que l'on éprouve rapidement en altitude. Cela ne saurait constituer un danger car il n'y a pas de montagne sans eau (neige, glace, source...). Cette diminution de l'humidité explique aussi que l'on supporte mieux le « froid sec » de la montagne à un froid équivalent dans une plaine, mais humide (l'eau a un pouvoir de refroidissement par conduction 20 fois plus élevé que l'air).

L'électricité atmosphérique

En dehors des périodes d'orage, les chutes de neige s'accompagnent de fortes variations du champ électrique (d'où les étincelles entre les doigts et les portières de voiture) sans danger particulier. Les petits ions très mobiles sont en plus grand nombre dans les vallées et la charge globale est le plus souvent négative. Des « feux de Saint-Elme » se voient (rarement) illuminant, la nuit, certains hauts sommets brillent (« lumières des Andes ») même en l'absence de nuages. Ils correspondraient à des recharges d'électricité indépendamment de tout orage.

Un univers anti-stress

L'altitude est le royaume des espaces infinis, de l'épanouissement sensoriel, et à ce titre le meilleur remède contre le stress. L'œil peut balayer d'immenses horizons sur des secteurs très larges, sans retrouver pour autant l'angoissante monotonie du désert. De nombreuses courbes viennent rompre l'horizon sous toutes les inclinaisons possibles, jusqu'à la verticale, tandis que les rochers, les bois, les vallées et les étendues de neige se succèdent jusqu'à l'infini en un véritable patchwork de taches noires et blanches. Le bleu du ciel est aussi foncé que le vert des Conifères, et s'il ne manque que le rouge à la palette du peintre, il suffit d'attendre le soir ou l'aube pour apercevoir des flamboiements extraordinaires.
Le vent ne charrie pas d'odeurs mais seulement des essences exacerbées par la légèreté de l'air ; ici le pin et sa résine, là l'odeur très particulière du cuir exhalée sous la neige fondante... Les odeurs polluantes bloquées dans les fonds de vallées, les narines découvrent au printemps de nouvelles essences vierges de tout mélange. En hiver, on sent l'ozone, en été, la jusquiame, à l'automne l'humus des champignons.
Les forêts sont de grandes dispensatrices d'oxygène mais aussi d'ions négatifs, expliquant la sensation de bien-être qu'on y éprouve. Ces ions négatifs sont produits par les rayons ultraviolets, l'action du vent à la pointe des aiguilles de Conifères, la photosynthèse, la radioactivité naturelle des roches, l'effet Lenard (fragmentation des gouttes d'eau dans les cascades et torrents).
Le musicien y trouvera aussi son compte entre les battements de son cœur qu'il entendra sur les glaciers sans brise, et l'écho cristallin d'une chute de pierres dans le lointain. Même le craquement sinistre de l'avalanche (celle qui ne nous concerne pas) participe à l'enchantement des lieux en guidant l'œil vers son énorme panache.
La peau palpite, également, au rythme de cet univers de contraste où la brise du matin vous glace la moitié du visage tandis que le soleil brûle l'autre côté. Il suffit d'apprendre à jouer avec l'alternance de l'ombre et de la lumière au fil de la journée pour n'avoir jamais ni trop froid ni trop chaud. Nulle part ailleurs, les thermorécepteurs* ne sont autant sollicités. En montagne, on vit par tous ses pores, jusqu'aux muqueuses irritées par les inhalations qui larmoient sous le vent, aux doigts qui collent au piolet dans la glace. Je ne connais pas de milieu où l'on sente mieux son corps.

La pureté de l'air

Peu d'eau, peu d'air, mais aussi peu de fumée, peu de particules solides ou micro-organiques, pas de pollution. La montagne est un parfait observatoire astronomique, sans lumière parasite, d'une transparence optimale. Il est donc très facile par une nuit sans nuages de se repérer sur des astres, même très bas sur l'horizon. Pour ces mêmes raisons, l'acuité visuelle est meilleure, permettant de distinguer des détails plus petits et plus éloignés.

Montagne et féminité

La montagne n'a fait que très récemment la notoriété de quelques femmes, avec notamment la première féminine à l'Everest sans oxygène de Christine Janin, les cinq sommets de + de 8 000 m de Chantal Mauduit, les positions de coincement jamais imaginées par les hommes de la championne du monde d'escalade Lynn Hill, les premiers 8 000 féminins de Catherine Destivelle, les exploits de Wanda Rutkiewicz, la passionaria de l'Himalaya jusqu'à sa disparition en 1992 au Kanchenjunga.

L'altitude était jusque-là considérée, de fait, comme un domaine réservé aux hommes, et beaucoup estimaient comme dévalorisant de partager leur exploit. Tout cela manquait d'analyse objective, car l'important en montagne n'a jamais été le musculaire mais le mental, et de ce dernier, les femmes n'ont jamais manqué. Il est d'ailleurs significatif de voir que ceux montés le plus souvent au-dessus de 8 000 m sont des hommes dont la silhouette se rapproche plus de celle de la danseuse que du catcheur!

Si l'on excepte un certain nombre de femmes qui souffrent chaque mois de dysménorrhée avec douleurs et/ou fatigue gênantes pour une expédition de longue durée, la majorité est apte aux mêmes courses que les hommes. Pour une femme enceinte de quelques semaines ou mois, les précautions à prendre tiennent davantage au risque de fausse couche ou de grossesse extra-utérine dans un milieu isolé plutôt qu'à un quelconque handicap au niveau de la performance physique. Je rappellerai sur ce dernier point la fréquence des grossesses provoquées chez certaines athlètes au moment des jeux olympiques, le climat hormonal et la dynamique vasculaire particulière permettant des performances améliorées. Méthode immorale certes, mais qui devrait faire réfléchir certains machos sur des idées reçues scientifiquement discutables. Laurence de la Ferrière a connu une expérience (involontaire bien sûr) qui va dans le même sens : à l'issue d'une expédition qui l'avait emmenée en 1992 à 8 700 m, au cours de laquelle le froid, l'effort physique et le stress auraient de toute façon suspendu ses cycles, elle eut la surprise d'appendre à son retour qu'elle était enceinte de... 5 mois.

II
La lutte contre le froid

Première cause de la mortalité en montagne, et de très loin, le froid en altitude entraîne des réponses physiologiques qui sont les mêmes que sur la banquise ou sur la mer. Mais, en montagne, la résistance de l'organisme est fragilisée par le manque d'oxygène, et souvent par un stress psychologique intense dû à une situation dangereuse : chute dans une crevasse, blocage sur une corniche, perdition dans le brouillard, noyade en avalanche, etc.

La physiologie de l'adaptation au froid

L'homme est un homéotherme, c'est-à-dire que son organisme tentera, en toutes circonstances, de maintenir sa température centrale à 37 °C. Ce principe est valable dans une ambiance chaude comme dans une ambiance froide, en sachant que cette dernière est beaucoup plus difficile à compenser. Les mécanismes sont évidemment différents, mais beaucoup obéissent tout simplement à une logique inverse, selon qu'il s'agit de froid ou de chaud.
Schématiquement et sous l'angle exclusivement calorique, on peut ainsi considérer l'homme comme formé d'un noyau central entouré d'une coque.

• **Le noyau central** renferme les organes vitaux : cœur, reins et cerveau, sa température doit rester idéalement à 37 °C, tout degré en plus ou en moins marquant l'amorce d'un déséquilibre.

• **La coque** entourant ce noyau peut voir sa température varier dans de larges limites. Cette coque, qui sert de tampon entre le noyau et le milieu extérieur, se compose des membres avec tous leurs grands groupes musculaires et les téguments, c'est-à-dire de la peau, depuis l'épiderme jusqu'au plan profond recouvrant les muscles ou directement les os du squelette.

• **Le vecteur de communication entre coque et noyau est le sang.** On imagine aisément que toutes les zones du corps, à la fois superficielles (voisines de la coque) et gorgées de sang, seront les plus « refroidissantes » pour l'organisme, se comportant à la façon de radiateurs qui perdent leurs calories dans l'atmosphère. Ce sont, à l'évidence, ces zones qu'il faudra protéger du froid en priorité.

/ Les zones à protéger en priorité

• **La tête et le cou**, où circulent en permanence plus de 30 % du volume sanguin total, dans le crâne en particulier, où les gros sinus veineux se trouvent juste sous la calotte crânienne, et au niveau des gros vaisseaux du cou que l'on sent battre sous la peau.

• **Les flancs** sont, également, très exposés, puisque les poumons gorgés de sang tels des éponges se trouvent juste sous la peau sans la protection de grosses masses musculaires.

• **L'aine** est aussi une zone de déperdition calorique potentielle puisque les plus gros vaisseaux périphériques (veines et artères fémorales) passent à 1 cm sous la peau. Le schéma ci-contre est donc capital à connaître, il dicte par simple logique les zones à protéger en priorité : le bonnet, le cache-nez et les sous-vêtements sont plus importants pour la survie au froid que les gants, les pantalons ou les chaussettes...

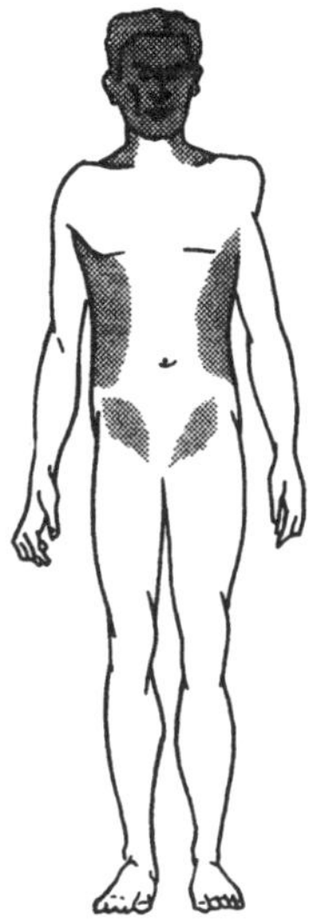

Zones corporelles de pertes thermiques maximales

Les facteurs de refroidissement

L'organisme humain obéit aux grands principes de la thermodynamique, comme les corps inertes, et perd sa chaleur interne sous l'effet de quatre facteurs :
– la convection* : particulièrement quand il y a du vent (qui dit convection dit mouvement d'air) ;
– la radiation : à la façon d'un radiateur, l'homme rayonne constamment ;
– l'évaporation : l'évaporation d'une goutte de sueur s'accompagne d'un refroidissement ;
– la conduction, particulièrement intense dans l'eau : à température égale, **le refroidissement est 20 à 30 fois plus rapide dans l'eau que dans l'air sec**.
Le refroidissement dépend du milieu ambiant. Le pouvoir de refroidissement de ce milieu ambiant peut, dans tous les cas, s'exprimer par la relation logique : refroidissement = k (t° peau – t° ambiante).
k étant une constante dépendant du milieu (aérien ou liquide).

En ambiance aérienne

La température ambiante peut être très basse. Chacun sait que les records de froidure nous viennent de Vladivostok avec – 77 °C, mais – 30 °C en montagne avec un vent de 60 km/h équivaut à – 64 °C, même dans les Alpes...
Le facteur k dépend essentiellement de la force du vent, qui augmente considérablement les déperditions caloriques par convection : pour une température de – 20 °C, un corps nu se refroidit de 20 °C, en 1 heure, sans vent, et en 80 secondes dans un blizzard de 120 km/h ; autant dire que sortir nu de sa tente dans de telles conditions est un suicide.

Le refroidissement sera tempéré dans la journée si on a la chance de bénéficier des radiations solaires, surtout en haute montagne où l'atmosphère raréfiée filtre moins les radiations.

Dès les années 50, Guillard, chef des expéditions en terre Adélie française, s'est dressé un tableau des rapports entre la vitesse du vent et la température sur les champs de glace ; tableau qui devrait toujours être présent dans le sac des montagnards :

- avec un vent de 18 km/h, une température de 0 °C tombe à – 3 °C ;
- si le vent passe à 36 km/h, elle tombe à – 16 °C ;
- si le vent passe à 72 km/h, elle tombe à – 21 °C.

Indice éolien du froid (force refroidissante du vent agissant sur les tissus de l'organisme comme un équivalent de la température)

Force du vent m/s	*Température en C°*												
	10	5	0	-5	-10	-15	-20	-25	-30	-35	-40	-45	-50
Calme	10	5	0	-5	-10	-15	-20	-25	-30	-35	-40	-45	-50
2-3	9	3	-2	-7	-12	-17,5	-23	-28	-33	-38	-44	-49	-54
4-5	4	-2	-8	-14	-21	-27	-34	-38	-44	-51	-57	-63	-69
6-7	2	-5	-12	-19	-25,5	-32	-39	-44	-51	-58	-65	-72	-80
8-9	0	-7	-14	-22	-29	-35.5	-43	-49	-56	-64	-71	-78	-85,5
10	-1	-7,5	-15,5	-23	-30,5	-36,5	-44,5	-50,5	-58	-65,5	-74	-80	-88
11-12	-1,5	-8	-17	-24	-32	-38	-46	-52	-60	-67	-75,5	-83	-90,5
13-14	-2	-10	-18	-26	-34	-40	-49	-54	-63	-70,5	-78	-87	-84
15-16	-3	-11	-19	-27	-35	-42	-50,5	-57	-64	-73	-81	-89	-97
17-18	-3,5	-12	-20	-28	-36	-43	-52	-58	-68	-74	-82	-90,5	-99

Zone de danger modéré — Zone de danger croissant — Zone dangereuse

On remarque sur ce tableau, que le vent augmente le refroidissement de façon significative dès qu'il dépasse la vitesse de 7 km/h, ce qui est pourtant très faible, correspondant à la vitesse d'un homme au pas. À l'extrême, un blizzard soufflant à 65 km/h par – 50 °C apporte un refroidissement identique à celui que l'on aurait en atmosphère calme par – 100 °C (cette température n'a jamais été enregistrée, le record étant de – 82 °C). Ce tableau s'arrête à 17-18 m/s car au-delà de 18 m/s, l'effet aggravant du vent est négligeable.

Dans l'eau

À l'inverse de l'air, la température ambiante dans l'eau n'est jamais très basse, au pire, de l'ordre de 0 °C.
En revanche, le facteur k est très haut car la conductibilité de l'eau est très élevée, s'emparant de la moindre calorie qui traîne. Par ailleurs, la chaleur spécifique de l'eau est également très élevée, rendant très coûteuse en calories la formation d'une couche d'eau protectrice réchauffée au contact du corps, comme cela se réalise dans certaines combinaisons de plongée ou de survie aquatique.
À température égale, le refroidissement dans l'eau est beaucoup plus rapide que dans l'air : 20 fois plus. Il faut donc prévoir, même en plein été et par 40 °C au soleil, des vêtements chauds dans un conditionnement étanche dès que vous faites une descente de plusieurs heures en raft ou en canyonning. Volontaires ou forcés, les bains dans une eau entre 5 et 10 °C se soldent par un refroidissement très rapide qui peut engourdir les muscles et rendre maladroits des gestes importants (rappel, par exemple).

Mieux vaut se noyer en montagne plutôt qu'en plaine

Que vous soyez témoin, secouriste ou sauveteur, à l'occasion d'une noyade dans un lac ou un torrent de montagne, vous devez savoir que c'est une chance pour la victime de se trouver en eau froide. Une chance nullement négligeable puisque son temps de survie en immersion (donc sans respiration) peut être multiplié jusqu'à 10 ! C'est dire que même après 45 minutes sous l'eau (un temps énorme quand on attend dans l'angoisse), on peut ramener à la vie le noyé, sans séquelles. Pourquoi ?
Une règle très générale en biologie veut que tout métabolisme biochimique double tous les 10 °C. À l'inverse, dans un organisme en hypothermie, tous les métabolismes intracellulaires qui régissent l'ensemble de la vie physiologique sont considérablement diminués, en particulier la respiration des tissus, par la vasoconstriction périphérique réservant le sang disponible pour les organes nobles (le cerveau notamment), mécanisme qui, ajouté à l'hibernation de ces organes, leur permet une survie impossible à température normale (en été, un noyé en mer n'a plus aucune chance au-delà de 5 à 8 minutes d'immersion).
Vous avez donc le devoir dans de telles circonstances de poursuivre les efforts de réanimation (bouche-à-bouche et massage cardiaque en l'attente de secours spécialisés) très longtemps et avec détermination.

/ Les moyens de défense contre le froid

L'homme se défend contre l'agression du froid par deux moyens naturels :
- une **augmentation de la thermogénèse*** par des phénomènes métaboliques ;
- une **diminution de la thermolyse*** périphérique par une isolation du noyau central.

Ces deux termes sont indispensables à connaître. Ils désignent des phénomènes que l'on retrouvera dans le chapitre concernant l'adaptation à la chaleur : la thermogenèse est la création de chaleur par l'organisme ; la thermolyse est la destruction de chaleur par l'organisme.

Augmentation de la thermogénèse

La thermogénèse* augmente selon trois modes : un volontaire, deux involontaires.

L'exercice musculaire

Volontaire, conscient, il permet souvent de survivre à un froid prolongé sous deux réserves :
- que l'on soit en atmosphère aérienne ;
- que l'on dispose de rations alimentaires suffisantes.

C'est ainsi que J.-L. Etienne put résister 70 jours sur la banquise avec des blizzards à – 52 °C : grâce à un exercice musculaire quotidien important puisqu'il tirait un traîneau de 50 kg dans un véritable dédale de glaces, et à une ration alimentaire journalière de 4 000 calories pour ses 65 kg.

Un muscle peut être considéré comme une machine à générer du travail mais **toute activité musculaire produit 4 fois plus de chaleur que d'énergie mécanique**, ce qui représente un fort mauvais rendement avec, cependant, l'avantage de nous réchauffer l'hiver.

La médaille a son revers si l'on ne dispose pas de réserves alimentaires suffisantes car tout exercice musculaire consomme beaucoup des stocks énergétiques de l'organisme, à commencer par le glycogène, provenant lui-même principalement des glucides alimentaires (lait concentré, pâtes, sucre, etc.).

L'exercice musculaire augmente aussi la déperdition calorique : toute la chaleur fournie ne passe pas intégralement dans le noyau central, mais une majeure partie dans le milieu ambiant. Ce dernier point est dramatiquement valable pour l'exercice musculaire en milieu aquatique.

Le frisson thermique

C'est la réponse physiologique automatique, involontaire, de l'organisme à l'agression thermique. Son efficacité est limitée :
– en intensité : il peut multiplier au maximum par 5 le métabolisme de base pour conserver une température rectale de 35 °C (ce qui est déjà appréciable) ;
– dans le temps : en dessous de 30 °C, non seulement le frisson ne peut plus compenser mais le métabolisme de base diminue comme chez un poïkilotherme (animal à température variable).
C'est surtout ce dernier point, une action limitée dans le temps, qui justifie l'acclimatement au froid avant une expédition en zone froide, afin de retarder l'apparition du frisson. C'est un peu comme une cartouche de gros calibre, mais unique, qu'il serait dommage de griller pour un danger encore lointain. À nous d'éduquer notre organisme afin qu'il utilise ses munitions le plus tard possible.

À la fin de son périple en solitaire de 70 jours au pôle Nord, J.-L. Etienne subit des tests à son retour qui montrèrent que sa phase de lutte commençait à une température inférieure à 35 °C, et non plus à 37 °C comme avant son départ.

Ces 2 °C de différence gagnés sont très importants, correspondant à une économie d'énergie considérable. Sans aller jusqu'à de tels extrêmes, le candidat à des expéditions prolongées en montagne ou des ascensions hyper-légères sans vêtements très chauds doit s'acclimater au froid avant son départ (voir *L'acclimatement au froid*, p. 40).

L'augmentation des combustions de l'organisme

Elle se fait grâce aux hormones sécrétées lors du stress dans la phase précoce de l'agression, à partir de la thyroïde et de la médullosurrénale, hormones qui déclenchent de nombreuses réactions biochimiques, et augmentent donc la température centrale.

Diminution de la thermolyse

La thermolyse* se fait surtout par la « coque périphérique » qui, s'ouvrant plus ou moins à la circulation, permet un refroidissement plus ou moins grand. En cas de froid, le cerveau est informé de la baisse de température cutanée à partir des thermorécepteurs disséminés à la surface de la peau, il commande alors une vasoconstriction des vaisseaux sous-cutanés. Cela explique la pâleur des téguments en cas de froid mais a surtout pour effet de conserver la plus grande partie du sang dans le noyau central, puisque le débit sanguin irriguant la peau passe de 3,5 l par minute à 0,2 l.

Si le sujet est gras, son pannicule adipeux sera épais et augmentera l'efficacité de la vasoconstriction périphérique en isolant le noyau de la coque. Cela explique le profil généralement bien enveloppé des nageurs qui font des traversées de la Manche par exemple.

Cette coque se comporte donc comme une sorte de volant thermique permettant à l'organisme de contracter sans inconvénient une certaine dette thermique, tout comme l'on peut contracter une dette en oxygène lors de l'effort musculaire.

Particularité de l'adaptation thermique en montagne

Influence de l'altitude

Avec l'altitude, le froid augmente : la température chute d'environ 1 °C par 100 m dans les couches moyennes. En même temps, le vent augmente, et avec lui le refroidissement par convection, proportionnel à la surface corporelle exposée. Un troisième facteur varie avec l'altitude, contrebalançant partiellement les deux précédents : l'humidité relative. La conduction thermique de l'eau est 20 fois supérieure à celle de l'air, expliquant qu'un froid humide soit moins bien toléré qu'un froid sec. Or, avec l'altitude, cette humidité diminue très vite (plus vite que la pression) : à 2 000 m, l'humidité relative a diminué de 50 % par rapport au niveau de la mer, et à 4 000 m, elle a diminué de 75 %.

Chaleur en montagne

On peut mourir de froid la nuit en montagne et risquer un coup de chaleur pendant la journée. Le rayonnement solaire apporte à l'organisme un flux de chaleur, proportionnel à la surface cutanée exposée, pouvant atteindre des valeurs considérables de 1 000 watt/m^2, particulièrement dans l'atmosphère raréfiée de la haute montagne. Il ne faut pas négliger non plus le rayonnement infrarouge de grande longueur d'onde restitué par la roche.

Résumé de l'adaptation au froid

Il est classique de distinguer deux types de comportements face à l'agression par le froid : « défense maximale » et « défense minimale ». Même pour le non-médecin, ces types sont intéressants à considérer, pour mieux savoir à quel stade de survie nous en sommes et, sur le plan préventif, savoir ce qu'il faudra éviter.

• **La réaction de défense maximale**

C'est celle du sujet brutalement soumis au froid alors qu'il n'est ni blessé ni fatigué, dans le cas, par exemple, d'une immersion soudaine dans un lac glacé ou plus simplement dans une « marmite » (canyonning) ou un torrent. Il y a tout d'abord une première phase de frisson généralisé et d'activation métabolique, circulatoire, respiratoire, jusqu'à ce que la réaction de l'organisme épuisé par le frissonnement intense s'effondre et devienne minimale. La température s'abaisse, la rigidité musculaire s'installe, et les troubles psychiques apparaissent : obnubilation, léthargie, puis à partir d'une température rectale de 31 °C, inconscience complète. De telles extrémités ne devraient jamais survenir en montagne dans le cadre d'activités qui ne sont pas purement aquatiques ; chaque été apporte, néanmoins, son lot d'hypothermies* par immersion prolongée.

• **La défense minimale d'emblée**

C'est celle de l'alpiniste fatigué ou en mauvais état physique, soumis à un froid qui peut n'être que modéré mais dont l'action se prolonge. Ce processus a été parfaitement décrit par les médecins de la Grande Armée qui le voyaient inéluctablement aboutir à la « mort blanche » ou « mort douce » ainsi nommée parce qu'elle semblait survenir sans souffrance, dans une sorte de sommeil.

Il n'y a pas de frisson mais un refroidissement progressif d'emblée avec inconscience plus précoce, vers 34 °C.

C'est dans ce type de refroidissement que la survie semble compatible avec les températures centrales les plus basses, sous réserve bien sûr que l'organisme ne soit pas complètement usé : ainsi des victimes de chute en crevasse, inconscientes d'emblée, ont pu être récupérées avec des températures centrales à 18 °C.

L'inconscience explique ces survies inespérées, car elle permet deux économies :

– une économie musculaire puisque le sujet inconscient ne tente pas de se débattre, s'agripper...

– une économie psychoémotionnelle, puisqu'il n'y a pas de prise de conscience d'une situation mortelle, donc pas de stress, pas de cris...

Ces dépenses inutiles sont autant d'énergie potentielle conservée au sein de l'organisme (sous forme de sucre, acides gras, etc.) pour la seule survie.

La survie au froid : les mesures préventives

Au cours de la Seconde Guerre mondiale, lorsque les circonstances imposent à l'état-major allemand de transférer sur le front russe, en plein hiver et sans entraînement particulier, des unités stationnées en France, 50 % des hommes n'arrivent même pas jusqu'au front. En décembre 1914, dans les Balkans, 10 000 hommes (50 % de l'effectif présent) de l'armée turque meurent de froid en une seule nuit. Dans la nuit du nouvel an 1719, sur les 5 000 hommes de troupe suédois de Charles XII, qui franchissent les montagnes frontalières, 3 500 meurent « du froid et du vent ». On pourrait ainsi multiplier les exemples historiques d'hommes jeunes et aguerris qui n'ont pas résisté au froid, par manque de préparation, imprévoyance, mais surtout méconnaissance des mécanismes physiologiques élémentaires qui permettent de survivre.
Contrairement à ce que l'on pense souvent, et pour prendre un exemple populaire, les Esquimaux n'ont aucune réaction physiologique particulière au froid, mais un comportement acquis par l'expérience qui suffit à leur survie. Ils se nourrissent de beaucoup de graisse de morse gelé et savent s'habiller en conséquence. Les fourrures n'ont jamais réchauffé personne mais empêchent efficacement le refroidissement en créant une zone d'air isolante entre la peau et le vêtement. Une fois réchauffée au contact du corps, cette zone d'air reste d'autant plus stable thermiquement que la fourrure est plus hermétique.

/ L'acclimatement au froid

Chacun dispose au départ d'une aptitude variable à résister au froid, mais nous pouvons tous l'améliorer par un entraînement plus ou moins intense.

L'acclimatement intense

S'ils ne sont pas des sujets rares aux réactions exceptionnelles, les Esquimaux n'en sont pas moins acclimatés au froid dès leur plus tendre enfance, et c'est là que réside leur force. Ils ne disposent à la naissance d'aucun gène particulier. Un nourrisson né dans un igloo et transplanté dès ses premiers jours dans des zones tempérées réagira au froid exactement comme nous le faisons. Nous n'avons pas de preuve actuellement d'une sélection naturelle qui, au fil des

millénaires, aurait privilégié, chez eux, certaines mutations génétiques propres à augmenter leur résistance. Nous sommes tous des Esquimaux en puissance, sous réserve que nous subissions les mêmes contraintes. **L'acclimatement au froid se gère comme un entraînement** : progressivité, régularité, volontarisme, persévérance. Tout candidat aux expéditions en zones froides et qui ne serait pas capable d'une telle autodiscipline serait, à l'évidence, psychologiquement inapte. Toutes les méthodes sont bonnes et pas forcément drastiques : J.-L. Etienne, avant de débuter son raid, en mars 1986, se contenta d'une douche froide chaque matin à partir de décembre mais c'était déjà un alpiniste averti depuis des années, ayant souvent affronté les froidures de l'Himalaya ou de la cordillère des Andes. Chacun agira selon ses possibilités matérielles : randonnées dans la neige en tenue légère, bains de mer par tous les temps, etc. Les médecins militaires proposent comme préparation à la survie en eau froide une immersion quotidienne en eau froide, sans autre paramètre de durée que la tolérance personnelle. Après 15 jours seulement, les signes d'un début d'acclimatement sont là :
- augmentation de la durée du bain ;
- apparition retardée du frisson thermique et des douleurs dans les extrémités ;
- amélioration de la dextérité manuelle, indispensable pour la survie de l'alpiniste.

Dans les années 50, Joseph Conrad, célèbre pilote américain qui convoya, au-dessus de l'Atlantique par le Groenland, des dizaines de petits bimoteurs, non chauffés pour gagner du poids, avait coutume de dormir sur son balcon pour s'acclimater.

L'acclimatement progressif

J'insiste, dans ce cas, sur **l'importance des exercices physiques d'endurance**, du type natation, cyclisme ou jogging qui, paradoxalement, sont un bon entraînement au froid. Ces exercices prolongés s'accompagnent, en effet, quel que soit le temps, de vasoconstrictions* et vasodilatations* dont nous avons vu l'importance dans les réactions au froid ; ils permettent une véritable gymnastique vasculaire comparable à celle qui permettra la survie.
L'immersion des extrémités dans l'eau glacée n'est pas seulement un test de sélection des personnes appelées à travailler en ambiance polaire, mais aussi un excellent entraînement vasomoteur, facile à réaliser chez soi, visant plus spécifiquement l'adaptation au refroidissement des extrémités. Les pêcheurs de Gaspé, sur l'embouchure du Saint-Laurent, qui pêchent à main nue toute l'année

dans une eau glaciale, la pratiquent involontairement chaque jour : la vasoconstriction est devenue vasodilatation au niveau de leurs mains apportant un fort débit de sang à 37 °C, ce qui les préserve ainsi des gelures.
Nous ne devons faire preuve que de volonté, l'organisme se chargeant des adaptations biochimiques extrêmement complexes qui nous permettront de survivre : en mer du Nord (température moyenne 8 °C), les plongeurs travaillant sous les plates-formes de forage voient leur organisme développer un tissu graisseux sous-cutané beaucoup plus épais et une facilité accrue à cataboliser ces graisses. Les populations de montagne soumises à un froid permanent (Tibet, Andes) développent des adaptations similaires. Un sédentaire, sportif occasionnel, utilise, lui, exclusivement ses réserves glucidiques et très peu ses graisses.

/ L'alimentation en zone froide

Le froid étant très coûteux en calories, il faudra prévoir une ration alimentaire proportionnelle, compatible cependant avec la charge et le volume que peut emporter le montagnard. Cet apport de l'alimentation nécessaire peut vite devenir le facteur limitatif d'une course prolongée en montagne.

Quelle ration emporter

Par le passé, on préconisait des rations hypercaloriques correspondant à 5 500 calories par jour et très riches en lipides. On a beaucoup discuté de la valeur respective des trois nutriments en fonction de leur valeur calorique et de leur métabolisme plus ou moins rapide au sein de l'organisme : lipides, plus calorigènes (9 calories par gramme) mais dont l'utilisation nécessite un entraînement ; glucides (4 calories par gramme), plus immédiatement utilisables et doués d'une meilleure digestibilité dans les conditions froides ; protides (4 calories par gramme), qui fournissent beaucoup d'énergie musculaire mais au terme d'une chaîne métabolique longue et complexe.
Aujourd'hui, à la suite des observations tant militaires que civiles et en fonction d'un microclimat très amélioré par les vêtements modernes, on est revenu à des apports énergétiques plus modestes de l'ordre de **4 000 calories par jour** où les glucides représentent au moins 60 % de la ration, les lipides 25 à 30 % et les protides 10 à 15 %. Cette ration est celle qui s'avéra satisfaisante pour l'expédition Dumont au Groenland dans les années 50 (4 hommes parachutés sur le plateau glaciaire et isolés pendant 11 mois à 3 000 m d'altitude par des

températures variant de – 10 °C à – 54 °C), pour les séjours en terre Adélie des expéditions polaires françaises, et pour le raid en solitaire de J.-L. Etienne.

Des glucides pendant l'effort et des lipides le soir

Les lipides seront plutôt consommés au repas du soir à l'abri dans la tente, et les glucides de préférence pendant l'effort et l'expédition au froid. La consommation, le soir, d'un aliment riche en calories, comme les lipides, stimule le métabolisme, la digestion, augmente donc la température et ainsi les chances de dormir mieux.

En 1957, des médecins militaires américains expérimentèrent cette méthode en donnant une telle ration à 3 hommes sur 6. Puis les 6 hommes s'allongèrent dans des sacs de couchage par – 31 °C. Les 3 qui avaient mangé dormirent mieux, se réveillèrent moins souvent.

Nous savons que les trois nutriments ont une valeur calorique déterminée (lipides : 9 calories/gramme ; glucides : 4 calories/gramme ; protides : 4 calories/gramme). Mais ils se distinguent, par ailleurs, par le supplément calorique apporté par leur simple digestion, c'est-à-dire l'ADS (Action dynamique spécifique). Les protides ont une ADS bien supérieure à celle des graisses et des sucres, ce qui explique l'impression de chaleur à la fin d'un repas carné. Cette constante est à considérer dans le cadre d'une alimentation adaptée à une atmosphère froide.

/ Les besoins hydriques en zone froide

Nous ne buvons pas assez en règle générale, et attendons le plus souvent d'avoir soif, sans savoir que cette sensation est déjà un signal d'alarme, un signe de déséquilibre de l'organisme. Boire sans attendre d'avoir soif est un comportement volontaire qui devrait nous être enseigné dès le plus jeune âge. Nous sommes tous, peu ou prou, en situation de sous-hydratation. Si la vie citadine pardonne cette tare latente, il n'en est pas de même en situation de survie, où le déséquilibre s'installe très vite.

L'exposition au froid augmente les besoins hydriques

– L'air froid a une capacité de saturation en vapeur d'eau d'autant moins grande qu'il est plus froid, et son degré hygrométrique est, en général, faible, favorisant

l'évaporation et le dessèchement des muqueuses (l'impression de bouche sèche est fréquente et rapide dès que l'on maintient un effort soutenu en altitude);
– la transpiration n'est pas absente en permanence sous un habillement comportant, en général, plusieurs couches de vêtements;
– la rhinorrhée (écoulement nasal) n'est pas négligeable;
– la diurèse (sécrétion urinaire) est augmentée par l'effort physique, par le stress et souvent par les deux simultanément;
– l'effort physique est d'autant plus coûteux en énergie que l'effort musculaire a un rendement plus faible à basses températures, augmentant les besoins en eau;
– le rythme respiratoire augmente avec l'effort (polypnée*) et les pertes d'eau par perspiration* suivent cette augmentation.

Ne jamais attendre la sensation de soif

La déshydratation favorise la fatigue et l'hypothermie. Par temps froid, il faut boire beaucoup et de préférence des boissons chaudes par gorgées fréquentes. La quantité peut être de l'ordre de **4 l par jour en altitude** et, dans le doute, il vaut mieux boire trop que pas assez: on n'a jamais vu d'accident d'hyperhydratation dans un tel contexte, en revanche, les ennuis ligamentaires et musculaires sont très souvent imputables à une déshydratation cellulaire.

Que penser de l'alcool?

L'image d'Épinal du Saint-Bernard avec son tonnelet de rhum sauvant l'imprudent montagnard doit être de nos jours très nuancée. **Toute quantité importante d'alcool absorbée en zone froide est définitivement néfaste.** Les calories qu'il apporte n'ont aucune qualité particulière; en revanche, il agit comme un toxique qui diminue de beaucoup la résistance au froid.
Ce n'est qu'au niveau des petites doses que les effets peuvent être discutés. Une dose de l'ordre de 2 à 2,5 cl « d'eau-de-vie » peut avoir deux effets transitoires positifs:
– une vasodilatation périphérique susceptible de réchauffer les extrémités;
– un effet psycho-stimulant indéniable qui peut être utile parfois pour le dernier « coup de collier » qui permettra, par exemple, de rejoindre la base toute proche.
Deux effets négatifs interdisent, cependant, de multiplier ces doses:
– la vasodilatation, dont nous venons de parler, est en fait une protection de la coque aux dépens du « noyau »; mais cette vasodilatation va aggraver l'hypothermie (en survie, il est important de protéger le noyau et ses organes vitaux);

– même à dose modérée, l'alcool peut entraîner secondairement une somnolence dangereuse en situation de survie.
Pour conclure, le moins néfaste est une petite dose unique, le soir, dans la tente, qui permettra de s'endormir sans crainte du lendemain, l'idéal étant l'abstinence...

Les facteurs individuels et la résistance au froid

Nous avons le devoir, avant de partir dans une zone froide pour un raid prolongé, de vérifier et surtout faire contrôler que nous n'appartenons pas à une classe d'inadaptés soit physique, soit psychologique, certains facteurs étant indépendants de notre volonté.

Le métabolisme

Il est banal de dire que certains sont frileux et d'autres pas et il est certain que l'on peut parler de sensibilité individuelle au froid. Dans les expéditions himalayennes, il n'est pas rare de voir un grimpeur, soumis aux mêmes épreuves que ses camarades, revenir indemne d'une escalade alors que la plupart sont atteints de gelures graves.
On a longtemps pensé que ces variations, chez des sujets à entraînement égal, étaient dues à des différences de vasomotricité*, cette aptitude qu'ont les vaisseaux et en particulier les capillaires de la peau à diminuer ou augmenter leur diamètre.
Une explication plus séduisante est la prise en considération du métabolisme : le métabolisme dit « basal » n'est pas le même chez tous, de la même façon qu'il y a des gras et des maigres, des mous et des toniques. Le polymorphisme s'exerce dans tous les domaines y compris celui du métabolisme.
C'est ainsi que l'on peut parler de **sujets exothermiques**, qui dégagent facilement une importante quantité de chaleur, et de **sujets endothermiques**, dont la production de chaleur reste dans le noyau. Les premiers sont réputés peu frileux ; ils se promènent l'hiver en bras de chemise et surprennent leur partenaire par leurs mains chaudes. Les seconds se plaignent constamment d'avoir froid aux extrémités... Le parallélisme entre métabolisme, frilosité, température, maigreur, tonicité est d'ailleurs bien connu en médecine à propos des maladies de la thyroïde. Les exothermiques doivent s'alimenter abondamment pour compenser leurs dépenses caloriques, et les endothermiques maintenir une activité musculaire constante dès qu'ils ressentent le froid.

L'âge

Le tissu graisseux s'atrophie avec l'âge, expliquant que les personnes âgées soient plus sensibles au froid puisque moins bien isolées.
Par ailleurs, à 65 ans, on frissonne beaucoup moins facilement, non par baisse de la frilosité, mais par une « érosion » des circuits réflexes de sécrétion d'adrénaline (l'hormone de la « survie »).

La force physique

Il est évident qu'un individu sain et sportif, qui ne boit pas, ne fume pas et ne se drogue pas, sera beaucoup plus résistant à toute forme d'agression. Mais sans parler des sujets malades, il faut souligner la nécessité, avant d'entreprendre un raid ou une expédition potentiellement risquée, de **faire rechercher une affection latente**. Sans risque clinique dans la vie normale, cette affection bénigne pourrait, en situation délicate (haute altitude), provoquer un déséquilibre fatal. Une simple décalcification, par exemple, pourra se traduire par une fatigabilité accrue dans une situation limite.
C'est ainsi, sans doute, que mourut, en 1971, Serge Gousseau, un athlète de 23 ans en pleine forme apparente, qui décompensa brusquement à moins de 100 m de la pointe Walker, dans les Grandes Jorasses. Se « sentir en forme » et être dans une pleine forme objective sont deux choses différentes.

La personnalité

On sait que l'exposition au froid est un facteur aggravant les troubles caractériels latents. C'est, en effet, le psychisme qui fait le premier les frais de l'agression thermique.
Par ailleurs, l'importance du « moral », de la force de caractère, de la volonté de tenir jusqu'au bout, est primordiale et donnera à ceux qui en sont dotés les meilleurs chances de survie. Ce principe est valable pour toutes les agressions, mais c'est sans doute dans les situations de survie au froid qu'il est le plus déterminant, comme le démontrent de nombreux exemples tirés de l'histoire des opérations militaires, sur terre et sur mer, des ascensions de haute altitude, des expéditions polaires.
Le seul fait de vouloir résister au froid de toutes ses forces est un précieux adjuvant, et les médecins des armées ont maintes fois constaté, au cours des campagnes d'hiver, que l'endurance des « volontaires » était bien supérieure à celle des « requis », ceux-ci étant victimes d'accidents (gelures notamment) dans

une proportion beaucoup plus élevée. La relation psychosomatique est déterminante dans ces circonstances.
L'entraînement mental doit être présent avant le départ, au même titre que l'acclimatement physiologique. Le candidat à la survie en zone froide doit connaître la signification redoutable de l'état d'apathie, de torpeur et de somnolence qui prélude à l'hypothermie profonde. Il doit savoir qu'il faut résister, sous peine de mort, au besoin impérieux de s'arrêter et de se coucher pour dormir n'importe comment. Au terme de la préparation, la « forme physique » devra correspondre à la « forme psychique ».

La formation théorique

La survie en zone froide, comme ailleurs, ne réclame pas un niveau intellectuel particulier mais un minimum de connaissances théoriques et pratiques qui font que, sur le terrain, nous aurons ou non un maximum de chance de notre côté. Quand on connaît, par exemple, la catastrophe que peut représenter une gelure d'une main ou d'un pied en alpinisme, quel dommage de ne pas savoir qu'il suffit de placer l'extrémité concernée sous l'aisselle ou au contact du ventre d'un camarade pour éviter toute gelure grave ; il suffit de la même façon de se coucher à deux dans un seul duvet pour éviter une hypothermie profonde. L'espérance de vie d'un individu isolé tient à la manière dont il choisira ou confectionnera son abri (voir *L'abri*, ci-dessous).

Les origines

Nous avons vu précédemment que les Esquimaux ne semblent pas avoir de patrimoine génétique particulier leur permettant une résistance accrue au froid, et il en est de même pour les Andins ou les Sherpas, même si, nous le verrons, ces derniers ont une adaptation génétique à l'altitude. La résistance au froid est donc partiellement une question de culture et de volonté (en dehors bien sûr de certaines affections comme la maladie de Raynaud qui bloque la circulation au niveau des extrémités des membres exposés au froid).

/ L'ABRI

Un abri est indispensable, au moins pendant les heures de sommeil si l'on est obligé de se déplacer, et ce pour deux raisons principales :
– un abri même succinct offrira une température toujours supérieure à celle de l'air ambiant ;

– il protégera du vent, ce qui est capital quand on sait que, à égalité de température, le refroidissement peut être 10 à 20 fois plus important selon la vitesse du vent.

La tente

Le vent augmentant de façon considérable la déperdition calorique de l'organisme, une tente hermétique adaptée répondra à ces deux nécessités d'atmosphère réchauffée par notre chaleur animale et de protection contre le vent.

La tente est un moyen aussi agréable que facile et rapide, sous réserve de choisir un modèle à double toit incorporé et montage rapide (forme en dôme ou en tunnel). Les Scandinaves font les meilleurs modèles, avec des arceaux solides et des coutures robustes. Les bâtons et les skis plantés serviront à amarrer les haubans, tandis qu'un mur de neige protégera l'ensemble du vent. L'emplacement sera choisi à l'abri des avalanches et des crevasses si l'on est sur un glacier, auquel cas les moraines sont un bon voisinage.

Le trou à neige

De même que dans le désert on a intérêt à s'enfouir pour gagner des températures plus basses qu'à la surface, en montagne seuls les trous dans la neige permettent de se rapprocher du sol où règne toujours une température voisine de 0 °C quelle que soit la température externe.

La température dans des trous de neige soigneusement recouverts dépasse couramment de 15 à 20 °C la température extérieure. Si on dispose en plus de bougies de stéarine ou de cubes d'alcool solidifiés, on peut élever la température de 20 à 28 °C par rapport à l'extérieur. L'amoncellement autour de la tente de briques de neige, servant de coupe-vent, diminuera considérablement le refroidissement par convection.

Si la neige est froide, elle reste un excellent isolant contre des températures encore plus froides en raison de l'énorme quantité d'air qu'elle contient (90 % de son poids pour la neige fraîche !). C'est elle qui protège la végétation du gel et lui permet de repartir dès les premiers rayons de soleil au printemps.

Certains perfectionnistes, ayant complètement entouré leur tente d'une cinquantaine de centimètres de neige, sont ainsi parvenus à y maintenir 15 °C de plus qu'à l'extérieur, sans aucun moyen de chauffage. Encore une fois, la construction de l'abri doit être laissée à l'esprit un brin inventif que tout candidat à la survie se doit de posséder.

Soulignons, ici, quelques principes simples :
– l'épaisseur de la neige est parfois limitée à quelques dizaines de centimètres seulement et on ne pourra donc pas toujours creuser aussi profondément qu'on le voudrait ;
– on cherchera, alors, des concavités où la neige aurait pu s'accumuler sous l'effet du vent ;
– sur un versant au vent, cette neige pourra être très tassée, mais suffisamment meuble pour que l'on puisse y creuser une tranchée ou un trou d'homme à l'aide d'un couteau, d'une pelle, scie ou machette (signalons au passage que certains « couteaux de survie » ont à la fois les qualités d'une scie et d'un couteau tout en ayant l'inertie d'une petite machette).
La forme idéale à rechercher sera celle d'un terrier, avec une chambre de dimensions tout juste suffisantes pour dormir, et un tunnel d'accès. L'entrée de ce tunnel devra être en contrebas de la « chambre », afin de réaliser un « piège à froid » où l'air non réchauffé et l'oxyde de carbone éventuel iront s'accumuler.

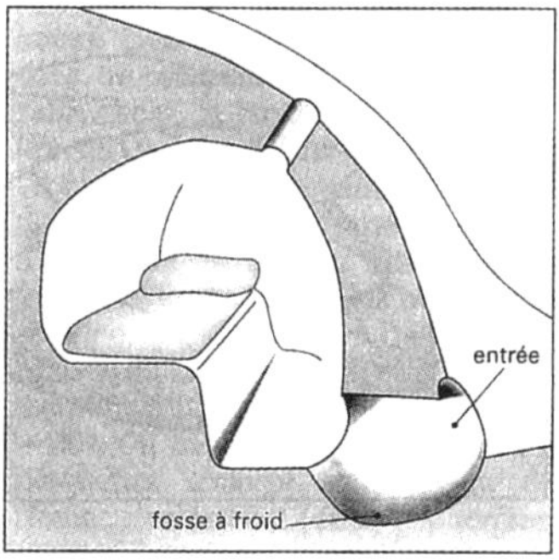

Le trou à neige

Le bivouac

Si l'on n'emporte pas avec soi de quoi camper et que l'épaisseur de la neige est faible, il faut au moins prévoir l'obligation de bivouaquer si l'on est bloqué de nuit, c'est-à-dire avoir emporté une sonde (pour trouver un endroit avec suffisamment de neige), une pelle, une toile (pour recouvrir le trou), des bougies (avec leur briquet !), un sac de couchage sarcophage (basses températures), un matelas (pour isoler de la neige), une ou deux couvertures de survie (dont une peut faire office de toit posée sur les bâtons et skis, le tout recouvert de neige).

Les coupe-vent

Si on ne peut creuser suffisamment, on montera des talus de neige de part et d'autre de la tranchée, recouvrant l'ensemble d'une toile, d'un traîneau ou d'un morceau d'épave...
À titre indicatif, le tableau ci-contre énumère quelques abris parmi les plus

efficaces avec les gains de température obtenus par rapport à l'environnement extérieur avec ou sans vent. Il démontre l'efficacité absolue des coupe-vent, et le pouvoir isolant exceptionnel de la neige, que l'abri soit sophistiqué comme dans le cas d'un igloo, ou rudimentaire comme dans celui des terriers ou grottes de neige. Même une tente à double toile doit être impérativement entourée d'un talus de neige « coupe-vent », ce qui présente trois sécurités :

- une meilleure isolation par diminution de la convection ;
- une diminution du risque d'ensevelissement par un poids de neige trop important ;
- une suppression du risque d'arrachement des fixations de l'abri.

Efficacité des différents abris

Types d'abri	*Conditions extérieures*		*Gain de température réel tenant compte du vent*
	Température	Vent	
Hutte de neige protégée par un parachute ou une toile quelconque	-25 °C	8 m/s	+ 25 °C
Tente arctique sans protection particulière	-42 °C -12 °C	6 m/s 0 m/s	+ 32 °C + 8 °C
Tente arctique entourée de murs de neige	-40 °C	6 m/s	+ 40 °C
Terrier de neige	-30 °C	7 m/s	+ 45 °C
Grotte de neige	-25 °C	0 m/s	+ 20 °C
Igloo	-25 °C - 40 °C	7 m/s 4 m/s	+ 35 °C + 35 °C

L'igloo

Nous ne discuterons pas le fait que l'igloo est très probablement le meilleur abri dont on puisse rêver, ne serait-ce que parce qu'il a toujours été l'unique habitation hivernale des Esquimaux sur le continent. Des principes simples président à sa construction qui nécessite néanmoins 5 à 6 heures, et je considère qu'un homme seul en survie tirera autant de bénéfice d'un abri plus sommaire et moins coûteux en calories : creuser la neige coûte 650 à 700 calories/heure soit 1 500 à 4 500 calories pour la construction d'un igloo en 2 à 6 heures...

L'igloo reste donc un exercice de style à n'envisager que sous réserve de plusieurs conditions : il faut être plusieurs, avoir du temps, béné-

En Laponie, les igloos sont recouverts de neige mais sont faits au départ avec de la tourbe qui est également un excellent isolant. Les éléments telluriques sont, d'une manière générale, les meilleurs protecteurs contre toutes les radiations et variations de températures.

ficier d'une neige adéquate (ferme et légère, déjà compactée par le vent), posséder une scie à neige, et, enfin, avoir la perspective de profiter au moins 2 jours d'un tel abri !

On trace un cercle d'environ 2,50 m que l'on dame, puis on commence à tailler des blocs d'environ 70 × 40 × 25 cm que l'on monte par couches successives et légèrement inclinées vers l'intérieur, sur toute la circonférence, en spirale, et toujours dans le même sens (celui des aiguilles d'une montre est plus pratique pour un droitier). On extrait un maximum de blocs à l'intérieur du futur igloo, de façon à abaisser ce qui sera le « plancher » (il y aura d'autant moins de parois à monter). Aux environs d'une cinquantaine de blocs, la clé de voûte sera taillée sur mesure et une aération y sera aménagée. On lissera l'intérieur pour éviter aux gouttes de condensation de tomber, et on aménagera une fosse à froid. L'entrée sera construite à l'opposé du vent, si possible avec un tunnel, et une bougie suffira à réchauffer l'atmosphère.

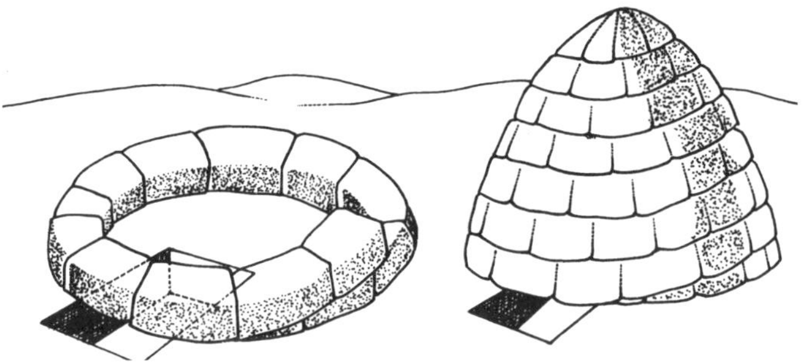

L'igloo

Quel que soit l'abri choisi, la couche devra être isolée au maximum du socle neigeux (contre le refroidissement par conduction), et surélevée par rapport au reste du sol, afin de réaliser une « fosse à froid ». Avec deux simples bougies de stéarine, la température à l'intérieur de l'abri peut devenir positive avec une température extérieure de −25 °C à −30 °C. On peut, également, utiliser des plaquettes d'alcool solidifié ou de l'huile. La lampe à huile est le meilleur moyen pour chauffer l'abri : deux ou trois mèches faites de n'importe quel tissu (toile, gaze pharmaceutique, mouchoir, etc.) et posées à la surface de l'huile contenue dans une boîte de conserve assureront une source de chaleur très suffisante.

La hutte de neige

Vous pouvez construire seul cet igloo en miniature, sous réserve de respecter certains principes :

– disposez plusieurs sacs à dos en cône, ou tous objets que vous pourrez récupérer afin de constituer ce qui sera le noyau de la hutte ;

– recouvrez de neige avec une raquette ou une pelle, tassez soigneusement, et laissez geler ½ heure avant de continuer ;

– ajoutez ainsi plusieurs couches jusqu'à obtention d'une épaisseur totale d'environ 1 m. Lissez la surface et laissez geler au moins 1 heure pour que la neige cristallise et se solidifie ;

– pendant cette solidification, rassemblez des bâtons d'environ 60 cm, et plantez-les dans la voûte perpendiculairement, vers le centre, d'environ 40 cm ;

– creusez un tunnel vers les objets du noyau, dégagez-les, vous obtenez ainsi une cavité que vous allez évider jusqu'aux extrémités des bâtons ;

– vous obtenez un mini-igloo d'une épaisseur de 40 cm !

Les gelures

On ne peut parler de survie au froid sans réserver une place spéciale aux gelures qui ont coûté la vie à tant d'alpinistes.

Les gelures interviennent selon deux protocoles possibles :

– soit, elles accompagnent l'hypothermie finale chez un sujet épuisé qui ne lutte déjà plus : elles sont indolores et ne constituent alors qu'un symptôme non déterminant dans la survenue de la mort ;

– soit, comme cela est très souvent le cas, elles surviennent chez un sujet en pleine activité physique ou psychique, le privant d'un seul coup de l'usage d'une main ou d'une jambe, l'immobilisant et devenant alors la cause unique de l'hypothermie et de la mort : c'est le cas de l'alpiniste bloqué en pleine paroi parce qu'il ne sent plus sa main ou son pied.

Il est donc vital de connaître, sinon le pourquoi de la survenue des gelures du moins les « trucs » élémentaires pour les éviter d'autant que **leur mode d'apparition est insidieux, progressif, indolore**. Tout au plus, sent-on quelques engourdissements avec une perte de sensibilité des extrémités. Ces simples symptômes doivent être considérés comme une sonnette d'alarme.

DEGRÉS	SYMPTÔMES	ÉVOLUTION
Premier	• pâleur de la peau • rougissement au réchauffement • enflure modérée • sensibilité conservée	Guérison en quelques jours
Deuxième superficiel	• enflure importante • peau violacée • sensibilité émoussée • possibilité de quelques phlyctènes (ampoules)	Guérison en 2 semaines avec possibilité de légères séquelles
Deuxième profond	• mêmes signes que ci-dessus aggravés • présence de phlyctènes contenant sérosités et sang (ne pas les percer) • peau cyanosée et froide sensibilité disparue	Guérison variable en fonction de complications éventuelles
Troisième	• mêmes signes aggravés • extrémités froides impossibles à réchauffer • pouls absent	Séquelles inévitables jusqu'à l'amputation *a minima*

/ La genèse des gelures en montagne

Le principal facteur responsable de la gelure des extrémités est la diminution du flux sanguin. Plus l'organisme refroidit, plus la vasoconstriction périphérique est importante. De plus, en altitude, l'hypoxie provoque une polyglobulie (augmentation du nombre de globules) compensatrice, ce qui provoque une viscosité accrue du sang qui, de ce fait, a d'autant plus de mal à gagner les capillaires des extrémités. Nous avons vu que l'altitude s'accompagne très souvent d'une déshydratation à l'effort. Cette déshydratation va, elle aussi, augmenter la viscosité du sang ; le risque de thrombose est donc augmenté.

On ne peut agir sur la polyglobulie qui est physiologique et involontaire, en revanche il ne dépend que de nous de boire en quantité afin d'éviter la déshydratation et diminuer le risque de survenue de gelures.

Une congélation cellulaire

Depuis 1940, on en restait à la classique conception dite « vasomotrice » de la gelure, qui estimait que la cause provenait d'une dysharmonie entre le retour à la normale du métabolisme cellulaire et le retour à la normale des conditions circulatoires. Cela impliquait deux temps : un temps d'exposition au froid durant lequel il n'y avait pas d'apparition de gelure, puis un second temps avec gelure. Cette théorie fut à l'origine de traitements bien particuliers, abandonnés depuis longtemps.

Aujourd'hui, on s'accorde sur une autre conception dite « thermique » : la nécrose* représentée par la gelure est due, en fait, à l'action directe du froid sur l'eau du protoplasme cellulaire. Cette eau se congèle au cœur de la cellule, provoquant une hyperconcentration saline et un déséquilibre osmotique et colloïdal, incompatible avec la vie au-delà d'un certain seuil. Nous savons déjà que tout ce qui fragilise la condition physique générale est un point d'appel aux gelures : alcoolisme, mauvais entraînement sportif, acclimatement insuffisant à l'altitude, déshydratation, alimentation insuffisante, mauvais équipement.

La prévention a été envisagée sur un mode local et général par diverses équipes. Précisons dès maintenant qu'en altitude « normale » (jusqu'à 2 000 m), aucun traitement médical général préventif n'a fait ses preuves à ce jour : il n'existe pas de médication orale préventive contre les gelures, **tout tient dans la prévention par des mesures locales de protection**. La prévention par un traitement médicamenteux oral relève du domaine de la recherche pure et n'est pas à retenir actuellement.

/ La prévention des gelures

Avant le départ

On évitera tout sous-vêtement qui serre trop les extrémités : chaussettes, bas, manches... Ne pas oublier que le retour veineux se fait par la surface des membres. Cette observation est d'autant plus justifiée qu'un des signes mineurs de la mauvaise adaptation à la montagne est l'apparition de discrets œdèmes au niveau de la face mais aussi des mains et chevilles. Le bracelet-montre serre davantage, les chaussettes laissent une empreinte profonde, la bague s'encastre dans le doigt...

Prévention locale

Toute médication préventive par voie générale (vasodilatateurs, etc.) serait illusoire, et seules sont valables les **applications locales de substances grasses** qui ont fait leur preuve depuis longtemps. Ce n'est d'ailleurs pas la substance médicinale contenue dans la crème ou la pommade qui est déterminante mais le coefficient de conductibilité thermique de la substance de base : lanoline, vaseline, saindoux. On pourra appliquer sur un début de gelure une pommade anti-inflammatoire, antalgique ou révulsive, etc., et observer une amélioration qui ne sera pas due aux corticoïdes par exemple, mais seulement au film gras qui aura isolé la peau de l'atmosphère ambiante. Des mécaniciens ont ainsi pu réparer des « chenillettes » dans l'Antarctique à mains nues dans le blizzard, sans réaliser que c'était l'huile ou la graisse qui leur évitaient les gelures.

Cette protection locale n'est, bien sûr, pas une sécurité à toute épreuve, mais diminue nettement le risque de gelures. Les vieux « routards du froid » ont d'ailleurs bien observé que l'on a moins de chance de faire une gelure si la peau exposée au froid n'est pas lavée. Cette absence d'hygiène constitue après quelques jours une pellicule où se mélangent aussi bien la crasse que la graisse à chaussures, l'huile des boîtes de sardines, le gras du saucisson. Pour peu ragoûtante que soit la méthode, la survie est souvent au prix de tels arrangements avec l'étiquette et cette méthode est un vieux truc des randonneurs des pôles ou de l'Himalaya. Les recherches scientifiques ont confirmé le bien-fondé de ces observations sur le terrain.

Les bons gestes

– Quand on est arrêté, s'efforcer de pratiquer des **contractions musculaires statiques** qui activent la circulation ;
– **éviter la position accroupie** qui comprime les grosses artères des jambes ;
– mettre **les mains** sur le ventre ou sous les aisselles ;
– **éviter tout contact métallique** dont la trop bonne conductibilité thermique va entraîner des gelures de contact ;
– **remplacer tout vêtement humide** : l'humidité multiplie par 14 l'action du froid ;
– **être à l'affût d'une perte de sensibilité des extrémités.** On sait que le grand danger des gelures est justement leur apparition insidieuse.

/ Le traitement des gelures

Lorsque malheureusement la gelure survient en dépit des conseils déjà indiqués pour la prévenir, il faut alors en éviter l'extension ou les complications.

Gestes à ne pas faire

Certaines méthodes « folkloriques » (flagellation, friction, massage...)

La **flagellation**, par exemple, a gardé très longtemps la réputation de réchauffer la gelure par activation de la circulation locale. C'est ainsi que dans plusieurs expéditions de haute montagne, certains alpinistes gelés ont été frappés à coups de corde dans la louable intention de « faire revenir le sang ». Cette thérapeutique est à éliminer.
Autre méthode très en vogue dans le milieu montagnard : la **friction** par la neige. Elle aussi est plus dangereuse que bénéfique. Même le massage fait plus de mal que de bien.

Le pilote Everts, posé en catastrophe en Alaska en 1954, raconte : « J'avais les deux pieds gelés, je me mis en devoir de les masser avec énergie. Pendant 2 heures, je les malaxais frénétiquement et je souffris le martyre quand le sang recommença à circuler. Je me croyais hors d'affaire, mais le lendemain matin, en guise de pieds, j'avais deux paquets de chair à vif qui durent être amputés de tous les orteils. »

La peau et les tissus sous-jacents deviennent très fragiles par grand froid et **tous les traitements « musclés » sont à proscrire définitivement.**

Les pansements compressifs

On se dispensera, également, de tout pansement compressif, sous prétexte que la gelure s'accompagne d'œdème : on ne ferait que gêner encore davantage la circulation.

Réchauffement artificiel avant le retour à la civilisation

La logique conduit tout naturellement à chercher à guérir la gelure par un réchauffement, de la même façon que boire guérit la soif. Ce traitement par réchauffement ne doit être, en tout état de cause, entrepris que si l'on est persuadé de pouvoir entretenir le réchauffage jusqu'aux premiers secours. Il n'y a rien de plus mauvais qu'une gelure que l'on aura réchauffée, avec force et douleur, et qui gèlera à nouveau parce que l'on n'aura pas les moyens d'entretenir le réchauffement. Il vaut mieux ne rien faire d'autant que sur le plan fonctionnel, on sera encore plus handicapé : **une extrémité réchauffée est rendue inutilisable par l'œdème, la douleur et sa grande fragilité.**

En situation de survie, surtout si l'on est seul, le réchauffement idéal à mettre en œuvre va être difficile : il doit être réalisé à une température d'eau de 42 °C, ni plus, ni moins (voir ci-dessous).

Gestes à faire

Ignorer la gelure jusqu'au traitement définitif et ininterrompu

En zone hostile, il faut continuer d'évoluer jusqu'au but. Les médecins anglo-saxons ont prouvé que l'on pouvait marcher longtemps avec les pieds gelés sans risque de complications supplémentaires. Le docteur William, spécialiste des gelures en Alaska, rapporte le cas de 12 personnes qui ont marché dans la neige durant 3 ou 4 jours avec des pieds complètement gelés. Certains n'ont subi aucune amputation, les autres une amputation *a minima* des orteils.

L'engelure

Sans similitude véritable avec les gelures, l'engelure survient de préférence en atmosphère froide, mais surtout lors d'une exposition prolongée à l'humidité ; elle guette donc le trekker qui évolue durant des journées entières dans la jungle de montagne (Irian Jaya Borneo) et dont les pieds macèrent dans des chaussures trop serrées (déclenchant alors ce que l'on appelle le « pied de tranchée », qui mit hors de combat au Viêtnam plus de GIs que les mines).

– Rougeur, fourmillements ou douleur, œdème et érosion cutanée sont les signes cardinaux de cette affection.

– Le traitement consistera en un repos, jambes surélevées, chaussures et chaussettes enlevées, peau asséchée avec soin. Il faut savoir qu'une fois les chaussures enlevées, vous ne serez plus en mesure de les remettre en raison de l'œdème. Commencez donc par enlever les lacets en attendant le moment le plus opportun pour vous arrêter au moins 12 heures.
L'amélioration se fera d'elle-même et progressivement.

Au repos, surélever le membre

Pendant la nuit, s'il s'agit d'une gelure du membre inférieur, celui-ci devra être légèrement surélevé pour éviter la stase (arrêt de la circulation) qui l'aggraverait.

En milieu civilisé, réchauffer avec de l'eau à 42 °C

À 45 °C, c'est la brûlure. Au-dessous de 42 °C, des études ont montré que les résultats sont nocifs. Ce protocole rigoureux implique que l'on ait de quoi chauffer l'eau et surtout de contrôler les 42 °C avec un thermomètre. Dès que la température cutanée est revenue à 37 °C, on laisse la gelure évoluer spontanément, en la protégeant bien sûr, et en activant normalement le membre concerné afin que cette gelure ne s'étende pas en amont.

Le devenir d'une gelure

La gelure est, en général, très mal perçue par celui qui en est atteint, car il y voit trop souvent le « début de la fin ». Mais le « raider » victime d'une gelure et qui doit subir encore plusieurs jours d'exposition au froid doit se rassurer :
– **il n'est pas obligatoire que la gelure s'étende, même si on ne la soigne pas immédiatement, même si elle paraît très noire ;**
– **la gelure est toujours plus étendue en surface qu'en profondeur** et paraît donc toujours, dans les premières semaines, beaucoup plus importante qu'elle ne l'est en réalité : c'est la raison pour laquelle on ne fait, en milieu hospitalier, pratiquement jamais d'amputation précoce sur une gelure mais on attend au contraire 4 à 8 semaines, afin d'avoir une zone de nécrose parfaitement délimitée ;
– **la noirceur de ses orteils ou de ses doigts ne signifiera pas forcément l'amputation totale à son retour à la civilisation.** À la différence d'une tumeur maligne pour laquelle on ampute en amont, les gelures relèvent d'une amputation localisée, dite *a minima*.

Le seul danger de complication, outre l'extension, est le tétanos et l'infection. Pour ce qui est du tétanos, le problème ne devrait pas se poser, tout montagnard se devant d'être à jour de ses vaccinations, particulièrement pour le tétanos, que l'on attrape sous toutes les latitudes. Pour ce qui est d'une autre infection, on absorbera chaque jour un antibiotique à large spectre (voir *La trousse médicale de survie*, p. 147).

III
La météorologie en montagne

Une adaptation optimale à tout milieu hostile requiert une connaissance élémentaire de la météorologie, mais on peut dire qu'en haute montagne, le mépris de cette règle est potentiellement mortel, comme en haute mer...
La montagne actuelle est le fruit de l'érosion depuis des centaines de milliers d'années, par le vent, le froid, les précipitations, le soleil, et l'intensité de ces phénomènes ne varie pas (voir le chapitre I). Il est évident que la frêle carcasse de l'homme ne pèse pas lourd face à de telles puissances naturelles et que sa survie passe autant par la connaissance que l'équipement.

La météorologie, une science aux principes simples

En météorologie, tout se passe dans l'atmosphère, pellicule gazeuse extrêmement mince d'environ 13 km d'épaisseur qui se raréfie progressivement jusqu'à disparition dans l'espace interplanétaire.
Si l'on représente la terre par une sphère de 2 m de diamètre, l'atmosphère météorologique ne dépasse pas 5 mm d'épaisseur. Les conséquences sont très importantes :
– prépondérance des mouvements horizontaux des masses d'air à la surface du globe (c'est ainsi qu'un ballon strastosphérique décollant des Alpes est assuré de faire le tour de la planète d'ouest en est) ;
– disproportion énorme entre la variation verticale et la variation horizontale des diverses variables atmosphériques. Ainsi, la variation verticale de la pression est de l'ordre de 1 mbar pour 10 m au voisinage du niveau de la mer, tandis que la variation horizontale est de l'ordre de 1 mbar pour 100 km (une baisse de pression de 5 à 10 mbars sur 100 km est exceptionnelle et annonciatrice d'une profonde dépression, voire d'une tempête).
L'atmosphère comporte plusieurs couches dont la plus importante est la troposphère, caractérisée par une décroissance régulière de la température avec l'altitude : **6 à 7 °C par 1 000 m**. On arrive ainsi, en zone tempérée, à –56 °C à la tropopause, limite entre la troposphère et la stratosphère. Dans la stratosphère*, au contraire, la température croît avec l'altitude (en raison de l'absorption du rayonnement solaire par l'ozone). Si cette atmosphère n'existait pas, la température au sol varierait de plusieurs centaines de degrés entre la nuit et le jour.
Les phénomènes atmosphériques qui nous intéressent se cantonnent à la troposphère. L'altitude différente de la tropopause selon la latitude est un fait très important, conditionnant l'intensité des phénomènes météorologiques, en particulier les orages.

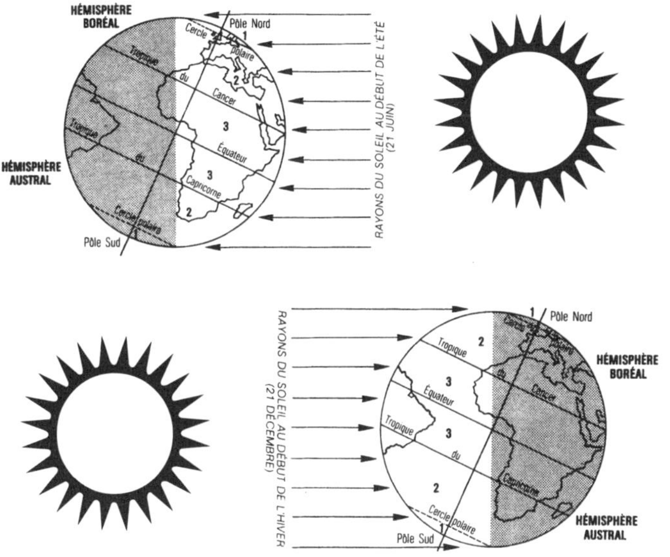

1. Zones polaires ou zones froides
2. Zones tempérées
3. Zones intertropicales ou zones chaudes

Insolation de la planète selon les saisons

La tropopause n'est qu'à 9 km d'altitude aux pôles, 17 km à l'équateur et 11 km aux latitudes tempérées. Les diminutions de pression atmosphérique sont donc beaucoup plus rapides aux pôles qu'à l'équateur, expliquant très probablement que certains membres de l'expédition de Tazieff, en Antarctique, aient été malades au sommet du volcan Erebus (4 023 m), alors qu'ils avaient dépassé sans problème les 8 000 m en Himalaya.

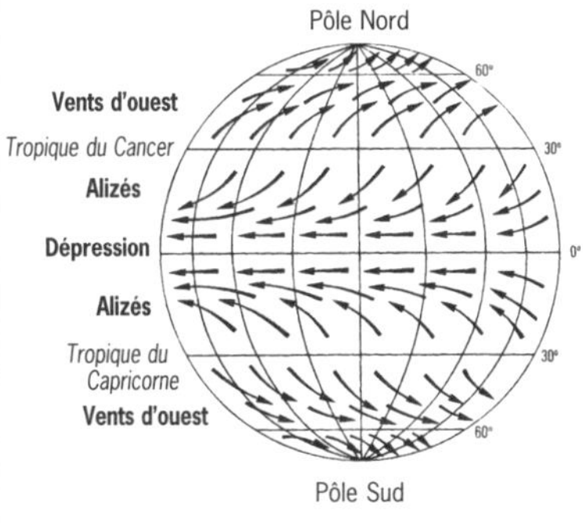

Les vents

La propagation de la chaleur dans l'atmosphère

Non seulement la terre est exposée à d'énormes variations de température (comme tout corps céleste exposé alternativement au froid spatial et à la chaleur rayonnante d'un soleil) mais elle dispose d'une atmosphère qui fait office de matelas thermique entre le sol et l'espace. Ainsi s'explique que les variations de température entre le jour et la nuit ne dépassent pas quelques dizaines de degrés. Si l'on ajoute que cette atmosphère est humide en raison de l'existence des océans, tous les paramètres sont réunis pour que d'énormes masses d'air se déplacent à la surface du globe, plus ou moins chaudes, plus ou moins humides, donnant lieu à des vents plus ou moins forts, des nuages très différents, des précipitations variables, autant de phénomènes apparemment insaisissables que l'homme moderne a réussi à expliquer puis à prévoir dans une large mesure à partir de lois physiques anciennes telles que celles régissant la propagation de la chaleur.

/ La conduction

Son rôle est négligeable car l'air, l'eau et la surface terrestre conduisent mal la chaleur (à la différence du cuivre par exemple).

/ La convection*

Elle joue un rôle très important dans l'atmosphère : l'air réchauffé au contact du sol s'élève puis est remplacé par de l'air froid qui s'échauffe à son tour et ainsi de suite. C'est ainsi que se forment les cumulus, d'autant plus importants que la journée avance, et que le sol de plus en plus chaud provoque une convection plus grande. C'est à cause de cette convection thermique qu'en été le vol en parapente est plus dangereux l'après-midi que le matin.

/ LE RAYONNEMENT

C'est un mode de propagation de la chaleur qui ne nécessite pas de support matériel. Son rôle est capital puisque c'est de cette façon que nous parvient l'énergie solaire. Ce rayonnement solaire ne réchauffe l'atmosphère qu'indirectement par l'intermédiaire du sol : **l'atmosphère est réchauffée par le bas**, point essentiel en météorologie.
Le sol réchauffé rayonne à son tour vers l'atmosphère, d'autant plus que celle-ci est moins nuageuse, expliquant les nuits froides dans les régions désertiques, les nuits glaciales en haute montagne.
Lorsque la montagne est recouverte de nuages au point de ne plus voir les étoiles, cet écran humide protège du refroidissement du sol par rayonnement nocturne vers la haute atmosphère. L'observation des astres par une belle nuit claire commande de se couvrir, car on est sûr que la température va diminuer au fil de la nuit. Inversement, au printemps, par température positive en fin de journée (5 à 10 °C par exemple), si le ciel est couvert, on a toutes les chances que la neige reste à l'état de « soupe » jusqu'au lendemain, avec les inconvénients que cela implique pour le ski.
Autre exemple : en plein hiver, lorsqu'une couverture nuageuse peu épaisse mais continue recouvre le fond des vallées, celles-ci restent à l'abri des grandes variations de températures, grâce à la protection de cet écran nuageux avec, par exemple, une température constante aux alentours de 0 °C ; plus haut, c'est-à-dire au-dessus de cette couche nuageuse, à la hauteur des stations la couverture nuageuse est nulle, le ciel reste clair pendant de longues périodes, et dans la journée, la température monte considérablement (par le rayonnement solaire) atteignant par exemple 10 °C ; c'est **le phénomène de l'inversion**, c'est-à-dire que, au lieu de diminuer avec l'altitude, la température dans les stations hautes est supérieure à celle des fonds de vallée (voir *Les particularités météorologiques en montagne*, p. 92).

Qu'appelle-t-on « l'effet de serre » ?

« L'effet de serre », c'est la prise au piège d'une partie de l'énergie solaire par l'atmosphère terrestre. Le rayonnement solaire (de courte longueur d'onde) traverse très bien l'atmosphère en l'absence de nuages et vient donc réchauffer le sol. Celui-ci renvoie à son tour un rayonnement infrarouge (longues ondes), mais qui, lui, traverse d'autant plus mal l'atmosphère qu'elle est encombrée de vapeur d'eau, gaz carbonique, méthane, ozone, poussières, et bien sûr de CFC, ces chlorofluorocarbones des bombes aérosols que l'on accuse actuellement de tous les maux. Ces impuretés se comportent un peu comme la vitre d'une serre qui laisse passer le soleil mais empêche la chaleur de s'échapper en la renvoyant au sol.

Si cet effet de serre n'existait pas, la température moyenne à la surface du globe serait de – 18 °C au lieu des 15 °C actuels. S'il n'y avait pas du tout d'atmosphère comme sur la lune, les jours seraient à 200 °C et les nuits à – 100 °C. La haute montagne est un milieu intermédiaire, puisque l'atmosphère qui la surmonte est moins épaisse, les écarts de température entre le jour et la nuit sont donc importants, avec un effet de serre réduit.

L'effet de serre n'est dangereux qu'à l'échelle de la planète, dans la mesure où la pollution provoquerait un réchauffement excessif susceptible, notamment, de faire fondre les glaces des pôles (et d'augmenter encore la fonte des glaciers de montagne).

La pression atmosphérique

La mesure de cette pression, et surtout de ses variations en un même point et dans une zone donnée, est la base des prévisions météorologiques.
La pression atmosphérique est proportionnelle à la colonne d'air surmontant le point de mesure jusqu'à la stratosphère et à la densité de cet air. La colonne surplombant les pôles est plus mince (9 km), mais, en raison de sa basse température, elle est plus dense, et les pressions moyennes au sol restent de l'ordre de 1 013 mbars (ou 76 cm de mercure).
Les plus basses pressions s'observent dans les cyclones tropicaux (souvent moins de 900 mbars dans l'œil du cyclone).
Les plus hautes pressions se rencontrent dans les anticyclones froids continentaux d'hiver (parfois plus de 1 070 mbars en Sibérie). Ces anticyclones froids et « lourds » sont très stables expliquant des périodes de beau temps s'étalant sur plusieurs semaines en hiver.
Sur les cartes météo classiques, les surfaces isobares sont représentées par des lignes d'égales pressions au niveau de la mer. En météorologie aéronautique, on utilise des cartes d'isohypses correspondant à certaines surfaces isobares standards (850 mbars, 700, 500, etc.). On obtient ainsi une carte en relief des surfaces isobares.

Représentation et signification du champ de pression

Les isobares

Les isobares à la surface du globe dessinent des lignes courbes dont certaines sont concentriques, centrées soit sur une dépression, soit sur un anticyclone.

La dépression est une zone de basses pressions par rapport aux régions environnantes. L'anticyclone est une zone de hautes pressions.

La nature visant toujours l'équilibre, dès qu'une région est le siège de surpression relative par rapport aux régions voisines, un déplacement d'air (le vent) s'établit pour enlever de l'air dans la zone anticyclonique vers la zone dépressionnaire.
Dans une **dépression**, les surfaces isobares sont inclinées vers le centre. Inversement dans un **anticyclone**, elles sont en pente vers la périphérie. Ces pentes sont très faibles, de l'ordre de 1 m pour 10 km près du sol, mais augmentent en altitude jusqu'à 1 m pour 1 km.

L'intensité des phénomènes atmosphériques, en particulier le vent, est proportionnelle à cette pente : **plus les lignes isobares sont rapprochées, plus le vent sera fort. Dans l'hémisphère nord, le vent laisse les hautes pressions à sa droite et les basses pressions à sa gauche**. C'est l'inverse dans l'hémisphère sud. Par ailleurs, **le vent rentre à l'intérieur de la dépression et sort de l'anticyclone selon des trajectoires courbes**. Ceci est une résultante des forces dites de « Coriolis », de la force centrifuge, et de la force de pression.

Avec les notions très simples que nous venons d'indiquer, il est déjà possible, par la simple observation du vent, de savoir si une dépression s'approche ou s'éloigne, ce qui peut être vital. Dans l'hémisphère nord, au passage d'un front, le vent tourne dans le sens inverse des aiguilles d'une montre, passant, par exemple, du sud-est au nord-ouest (inversement dans l'hémisphère sud).

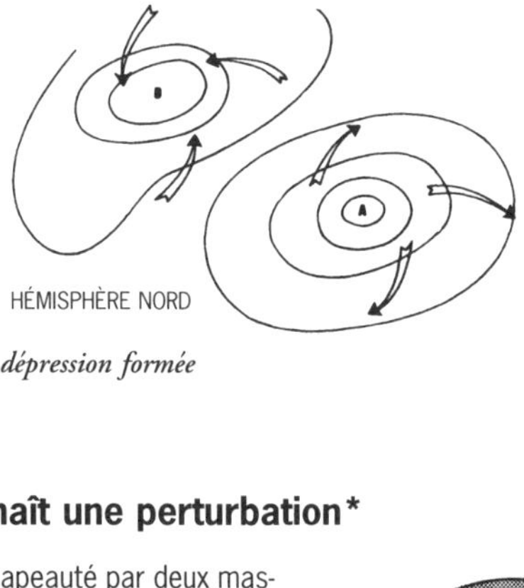

Schéma d'une dépression formée

Comment naît une perturbation*

Le globe est chapeauté par deux masses d'air polaire stable et froid encadrant une masse d'air chaud intertropical instable. Les deux masses d'air sont séparées par le front polaire qui se déplace entre les 40e et 60e parallèles. Au nord du front polaire, l'air froid a une direction générale est-ouest et, au sud, l'air chaud a une direction générale ouest-est.

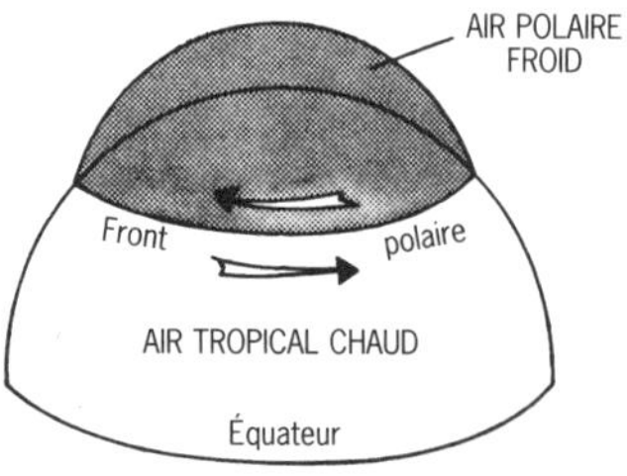

Schéma des masses d'air

Une perturbation* naît à partir d'une ondulation du front polaire. Cette ondulation consiste en une poussée de l'air froid dans l'air chaud selon une direction nord-est/sud-ouest. L'air froid se déplaçant plus vite que l'air chaud, le front chaud finit par être rattrapé et l'air chaud est refoulé en altitude (formant alors une occlusion).

L'occlusion signe le stade terminal de la perturbation.

L'évolution, ainsi décrite, dure environ **une semaine, pendant laquelle la perturbation parcourt 5 000 à 7 000 km**. Il y a, en général, une famille de perturbations qui se forment (3 à 5), plus ou moins étagées en latitude. C'est par ce mécanisme que l'équilibre thermique du globe peut se faire, l'air polaire descendant jusqu'aux latitudes tropicales tandis que l'air chaud gagne les régions polaires. Une telle perturbation s'accompagne de nuages spécifiques, permettant de savoir à quel stade on se trouve de la perturbation : à l'avant du front chaud, les cirrus élevés filamenteux annoncent souvent l'arrivée de la perturbation pour le lendemain.

Dans une dépression, il y a convergence de l'air et celui-ci s'échappe par le haut en formant des ascendances. Dans un anticyclone, l'air s'échappe par le bas (subsidence) vers les dépressions. Tout ce brassage incessant des masses d'air partout sur le globe détermine les climats.

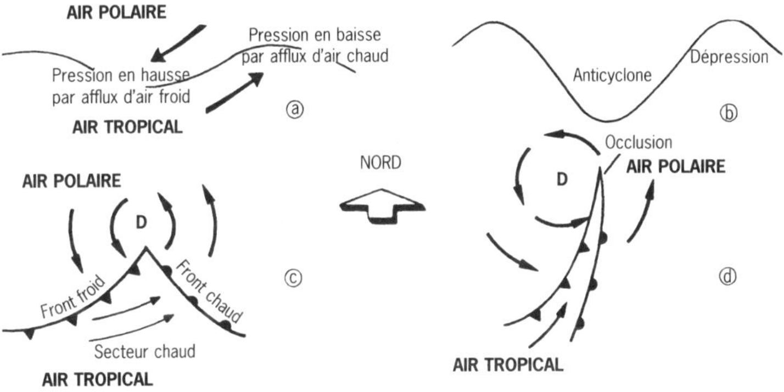

Formation d'une perturbation

Les nuages deviennent plus lourds, plus bas (cumulus, stratocumulus), la pluie s'installe (nimbostratus). Le vent passe du sud-est au sud-ouest alors que le front chaud passe et que la bruine s'installe sous un ciel bas (stratocumulus, stratus). Le vent passe brusquement au nord-ouest au passage du front froid, alors que la pluie reprend (altostratus, stratocumulus). Le ciel de traîne succède à la perturbation le jour suivant avec des cumulus isolés, et une très bonne visibilité.

Ce descriptif, un peu caricatural, connaît bien sûr des variantes, mais un « voyageur tout-terrain » ne saurait en ignorer les grandes lignes.

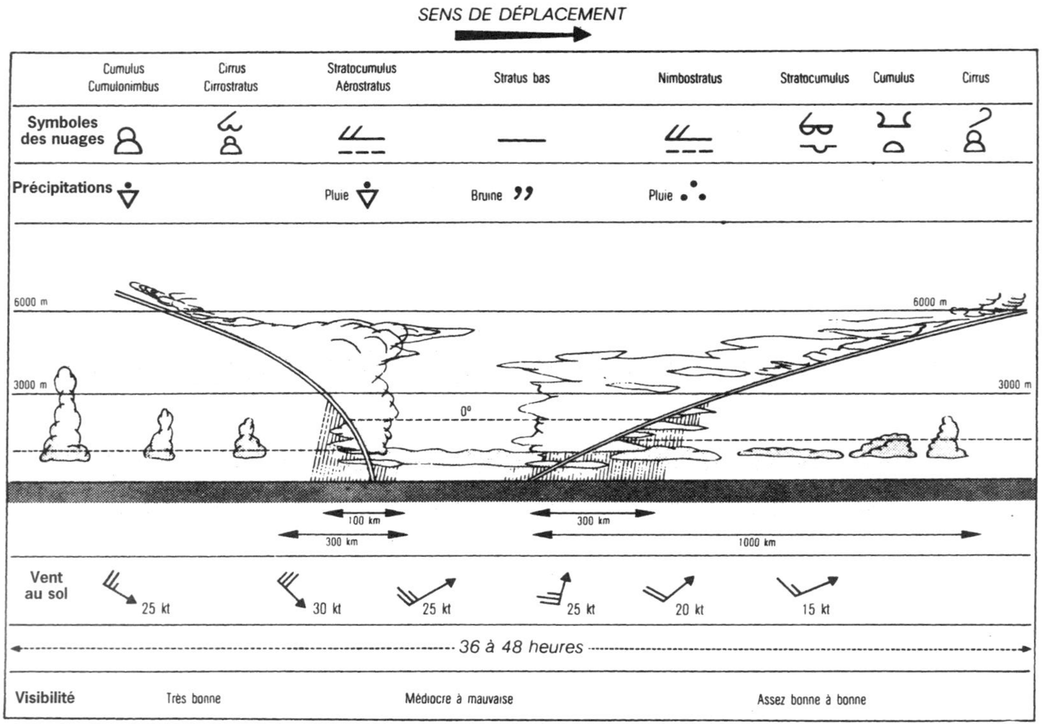

Phénomènes météorologiques accompagnant le passage de fronts chaud et froid

L'HUMIDITÉ ET LES NUAGES

L'eau contenue dans l'atmosphère joue le rôle de régulateur thermique en raison de ses capacités d'absorption de l'infrarouge et de sa forte inertie calorifique. Sous un ciel couvert, les variations de température entre le jour et la nuit sont faibles.

Plus l'air est chaud, plus il peut contenir d'humidité, jusqu'à un maximum où il est saturé, il y a alors condensation avec formation de nuages.

Inversement, l'air froid contient peu de vapeur d'eau, expliquant que par grand froid, il neige relativement peu.

Supposons un bel après-midi d'été : l'air chaud contient une certaine quantité de vapeur d'eau, non saturante donc parfaitement transparente. Que cet air chaud vienne à monter par convection* (par exemple, dans une bulle thermique au-dessus de rochers qui restituent beaucoup de chaleur), sa température va diminuer jusqu'à voir sa vapeur d'eau se condenser et se transformer en petit cumulus de beau temps (de couleur blanche). En fin d'après-midi, et particulièrement sur les chaînes de montagnes, ces cumulus peuvent céder la place à de gros cumulonimbus, aboutissement final de la convection thermique, qui augmente avec l'ensoleillement au cours de la journée. L'air continue alors son ascension (jusqu'à la limite de la troposphère, c'est-à-dire environ 11 km en Europe) et l'eau se transforme en glace dans les parties supérieures du nuage avant de redescendre. La glace va fondre au cours de cette descente, la particule se réchauffer, puis remonter à nouveau sous l'influence des mouvements convectifs toujours très forts dans ces nuages ; 6 à 8 cycles peuvent ainsi se succéder pendant la formation du cumulonimbus.

C'est également par le jeu des condensations par refroidissement nocturne que s'expliquent les brouillards matinaux. Avec le réchauffement diurne, ces brouillards disparaissent en général dans la matinée, en même temps que le plafond des nuages bas s'élève. **Si les brouillards et stratus bas n'ont pas disparu 2 heures après le zénith, la situation a peu de chance de s'améliorer** dans l'après-midi. La connaissance de cette règle sommaire est importante en survie quand on est bloqué par le brouillard en haute montagne.

L'intérêt de ce paramètre est évident en montagne : plus l'humidité relative est élevée, plus la nébulosité sera grande, la visibilité réduite, et les précipitations probables.

L'humidité relative désigne, en pourcentage, la quantité de vapeur d'eau contenue dans un certain volume d'air, par rapport à la quantité maxi-

male (saturante) qu'il pourrait contenir à la même température. Par exemple, en montagne, au-dessus d'une inversion hivernale, l'air peut être très sec avec une humidité relative à 10 ou 15 %, expliquant un ciel très bleu, pur de tout nuage. En revanche, au sein d'un nuage, on subit une humidité de 100 % et la luminosité est d'autant plus faible que le nuage est plus épais (la lumière est décomposée par les gouttelettes), jusqu'à la pénombre en plein après-midi si l'on se retrouve sous un gros cumulonimbus (voir *La foudre*, p. 75).

/ La formation des nuages

La condensation nécessite un refroidissement de l'air. Le mécanisme à l'origine du refroidissement pour la grande majorité des nuages est celui de **la détente**. Un volume d'air qui gagne de l'altitude (par onde thermique, par le vent, ou par soulèvement obligé au-dessus d'une montagne) subit une baisse de pression, c'est-à-dire qu'il se détend. **Qui dit détente, dit refroidissement** (l'air sortant d'une bouteille d'air comprimé est toujours froid, au point souvent de déposer du givre sur l'orifice de sortie). Lorsque l'air est suffisamment refroidi pour atteindre la saturation, le nuage apparaît, c'est le niveau de condensation. Les nuages peuvent être très étendus (dans une dépression ou à l'arrivée sur une montagne) ou très localisés (au-dessus d'une muraille au soleil par exemple). La montagne module leur forme mais aussi leur topographie ; c'est ainsi qu'une ligne de crêtes dominant des versants au soleil provoquera au-dessus d'elle une ligne de nuages (cumulus de beau temps).

/ Les différents types de nuages

Il existe une dizaine de genres de nuages en fonction de leur forme et de leur altitude.

À l'étage supérieur (6 000 à 8 000 m)

Les **cirrus** sont les plus élevés, filamenteux et blancs car composés de cristaux. Parmi eux, le **cirrostratus** est intéressant car il annonce, le plus souvent, l'arrivée de précipitations dans les heures à venir. Il se présente sous la forme d'un voile blanchâtre et transparent, occupant tout ou partie du ciel ; surtout, il se signale le plus souvent par un halo autour du soleil ou de la lune (dû à la diffraction de la lumière sur les cristaux de glace). Lorsque ce halo n'existe pas et que l'on hésite sur la nature du nuage, il suffit d'interposer la main entre l'astre et les yeux : si le halo apparaît au bout des doigts, c'est bien un cirrostratus.

À l'étage moyen (2 500 à 6 000 m)

On trouve les **altocumulus** (en galets ou rouleaux peu épais blanc-grisâtre) et les **altostratus** (en nappe suffisamment mince pour laisser deviner le soleil et sans halo cette fois).

À l'étage inférieur (300 à 2 000 m)

On rencontre le désespérant **nimbostratus** qui recouvre tout le ciel de son linceul grisâtre, et la terre de chutes prolongées de pluie ou de neige. Le **stratus** est plus bas, donnant souvent du brouillard dans les vallées, moins épais et s'accompagnant souvent de bruine. On trouve, aussi, à cet étage inférieur le populaire **cumulus**, dont la base se situe entre 800 à 1 200 m en hiver et 2 000 à 2 500 m en été. Ces niveaux moyens sont intéressants à connaître pour les adeptes du parapente, qui auront soin d'éviter de voler sous les gros **congestus**. Leurs sommets en chou-fleur éclatant surmontent une base horizontalement grisâtre. Ils peuvent être très petits, matérialisant une bulle thermique, ou bien menaçants et gris donnant parfois des averses. Une catégorie particulièrement fréquente en montagne et très évocatrice de vents forts en altitude est celle des **altocumulus lenticularis**, encore appelés en aéronautique **lenticulaires**. Matérialisant les sommets des ondes générées derrière le relief par du vent fort, ils ont une forme d'amande, d'assiette ou d'os de seiche. Ils permettent le vol d'onde en planeur, à l'origine des records du monde d'altitude, de durée et de distance, mais annoncent le plus souvent une détérioration importante.

Le roi des nuages est le cumulonimbus, dont la base oscille entre 1 000 et 1 500 m, et le sommet entre 6 000 à 7 000 m en hiver et 12 000 à 14 000 m en été. Composé d'eau et de glace, il peut s'accompagner de chutes de pluie, neige, grésil ou grêle et de vents extrêmement puissants (voir *Les orages*, p. 73).

/ Atmosphère stable ou instable?

La notion d'atmosphère stable ou instable est importante pour comprendre quel type de nuage on va rencontrer, en fonction de la température des masses d'air. **En résumé, une masse d'air froid est stable** (fonds de vallées en hiver) et **une masse chaude est instable** (la montagne en été).

L'atmosphère stable

En schématisant, l'atmosphère est stable lorsqu'une couche d'air froid est surmontée d'une couche plus chaude : l'air froid plus doux reste au sol ; cette situation est fréquente en automne-hiver et va souvent de pair avec du brouillard ou des stratus bas, véritables mers de nuages sans mouvement vertical, recouvrant parfois l'Europe pendant des jours.

L'instabilité

Elle démarre quand l'air chauffé par le sol monte, d'autant plus haut qu'il est plus chaud et plus humide (la condensation produit de la chaleur qui amplifie l'ascension). C'est la situation de saison chaude avec la formation de cumulus. Ces derniers démarrent en montagne le matin sur les versants est et sud-est avec les petits cumulus-humilis blancs, puis vers les versants sud avec les cumulus-mediocris vers midi, les gros congestus l'après-midi et les cumulonimbus en fin de journée.

Les nuages d'instabilité

Ils regroupent toute la famille des cumulus, et sont dus à des ascendances thermiques dans la grande majorité, surtout en montagne. Il est intéressant de savoir qu'ils **démarrent en mars pour se terminer en septembre**, de façon quasi systématique en rapport tout simplement avec la hauteur du soleil sur l'horizon : celui-ci ne chauffe pas suffisamment les reliefs avant mars, et plus assez après septembre (les records de durée en parapente ou planeur prennent donc place au printemps ou en été).

Les orages

Particulièrement dangereux en montagne (à cause des ascendances forcées par le relief) et en mer équatoriale (à cause de leur développement vertical), leur mécanisme sommaire est important à connaître. Un orage est synonyme d'éclairs, de tonnerre et de cumulonimbus. Il peut y avoir orage sans grêle (tropiques), mais **jamais de grêle sans cumulonimbus**. Si on reçoit de la grêle la nuit, on a tout intérêt, en montagne, à vérifier l'arrimage de la tente et du matériel, ainsi que la sécurité du lieu de bivouac (voir *La foudre*, p. 75). On aura souvent été prévenu par des éclairs, du tonnerre, des vents forts et changeants, un assombrissement considérable.
Les orages sont fréquents dans la zone intertropicale, rares dans les régions polaires (quelques-uns en été) et dans les zones désertiques où ils constituent la seule source de précipitation. Dans les régions tempérées, on les observe surtout en été et particulièrement sur les régions continentales.

Conditions nécessaires à la formation d'orages

Les deux conditions nécessaires à la formation d'orages sont :
- une forte humidité de la troposphère ;
- un gradient de température élevé sur une grande épaisseur.

Cela permet aux particules d'air de monter jusqu'au niveau de la tropopause. Le sommet des orages se situe toujours au niveau de la tropopause, soit 9 km aux pôles, 17 km à l'équateur. Cet immense développement vertical explique la rareté et la violence relative des orages polaires, l'extrême violence, en revanche, des orages équatoriaux.

Particularités des orages en montagne

En montagne, le danger est considérablement accru parce que le relief aggrave les mouvements ascendants dans le nuage et parce que l'homme se trouve non plus en dessous mais dans le nuage avec les dangers du foudroiement, et de l'exposition directe au froid, au vent et aux précipitations.

Tous les fronts peuvent être une source d'orages. Les orages de fronts froids sont cependant les plus violents, formant souvent une ligne continue de grains qui se repère de loin. Ils sont surtout intenses de jour (la convection thermique renforçant la convection frontale).
Sous l'action du soulèvement d'une masse d'air humide, la cellule orageuse se forme en 30 à 45 minutes, passant d'un gros cumuluscongestus blanchâtre au cumuluscalvus très élevé et à la couleur grise menaçante. **L'enclume qui coiffe le nuage indique qu'il est en voie de dissipation.**
Les précipitations accompagnent les courants descendants les plus violents, rebondissant sur le relief, prenant une direction horizontale qui peut varier de 180° en quelques secondes. Les courants ascendants peuvent atteindre 60 m par seconde, et même les avions de ligne disposent de radars spéciaux afin d'éviter ces nuages dangereux.

Un parachutiste fut ainsi pris dans un cumulonimbus aux États-Unis et retrouvé plusieurs centaines de kilomètres plus loin, mort de froid et d'asphyxie après être monté probablement à plus de 10 000 m.

Les parapentistes doivent évidemment fuir les conditions favorables à la formation de cumulonimbus, particulièrement l'après-midi en été.
Une fois que le nuage à commencé à se déverser, des coulées d'air froid tombent littéralement au-dessous du nuage, accompagnées de vents violents, et suivent par gravité les versants, les cols, les vallées, jusqu'à atteindre les lacs où ils peuvent surprendre les plaisanciers naviguant en toute sérénité sous un ciel immaculé. Des drames sont ainsi arrivés sur les lacs de Genève et d'Annecy, dus à des rafales venues du Jura, du Bornan, du Valais. Depuis, des stations météo automatiques ont été installées dans les reliefs concernés, afin de prévenir de tels phénomènes.

La foudre

"Vous avez toutes les chances de vous en tirer"

René Desmaison raconte

21 août 1966 : René Desmaison vient de participer en compagnie du populaire Gary Hemming au sauvetage des deux Allemands coincés dans la paroi des « Drus ». La longue descente de toute l'équipe commence.

« L'incroyable descente commence. Le vide est immense. Les cordes et les bras solides. Au "bloc coincé", nous retrouvons la cordée de soutien. Le dernier bivouac, demain peut-être Chamonix. Il neige, je regarde ma montre : 2 heures du matin. Encore 3 heures avant le jour. Au loin, un éclair, grondements de tonnerre, l'orage se rapproche à une vitesse incroyable. L'emplacement où je suis couché est si étroit que j'ai dû m'attacher au rocher pour ne pas basculer dans le vide. En même temps que l'éclair, une violente décharge me traverse le corps. Malgré moi, j'ai crié. Une odeur de souffre flotte dans l'air. Nous sommes au cœur de l'orage. Impossible de bouger. Un terrible silence pèse sur nous. Une explosion de fin du monde éclate dans ma tête. Une deuxième décharge me parcourt de la tête aux pieds. Lentement la peur nous pénètre.
Des compagnons semblent recevoir des décharges moins violentes. Quelques secondes... Pour la troisième fois, je suis frappé avec une violence inouïe par la foudre. Allongé sur la neige, je ne retrouve plus ma respiration. J'ai mal partout. Mon compagnon, Vincent, couché près de moi, est touché par la même décharge. "Vincent, il faut partir de là !" Mais le vide nous entoure. J'ai tout à coup le sentiment que le prochain coup de foudre sera le bon, j'ai atrocement peur. À 80 cm de ma tête, est suspendu un paquet de pitons et de mousquetons. Cette masse de métal fait paratonnerre, il faut absolument la décrocher. J'ai peur de toucher ces pitons, mais, très vite, je me décide, c'est la seule chance.
Je lance les pitons plus loin dans la neige. Au même instant une quatrième décharge me renverse sur la neige. Je suffoque, je gémis, mon impuissance devant ce danger augmente mon angoisse.
La neige tombe, épaisse, le calme revient. Jusqu'au jour, je fais des efforts pour retrouver ma respiration normale et je réalise alors combien j'étais commotionné. À 7 heures, la longue descente dans le vide commence. Rappel après rappel, nous approchons du glacier des "Drus". »

Cette histoire est intéressante car très significative, à plusieurs titres, de la fréquence des foudroiements en montagne à leur relative innocuité le plus souvent. La mort immédiate est, en général, le fait d'une électrocution bien sûr, mais aussi d'un traumatisme par projection violente ou par chute d'un lieu élevé. L'arrêt respiratoire (rare) par inhibition des centres respiratoires situés sur le trajet de la foudre peut se voir ainsi que la fibrillation ventriculaire ou l'arrêt cardiaque pour les mêmes raisons. Ce qu'il faut retenir dans une telle situation de survie, c'est que **vous avez toutes les chances de vous en tirer dès lors que vous n'êtes pas au bord d'une paroi, non attaché, que vous êtes accroupi loin de tout élément saillant susceptible d'attirer la foudre**. Se souvenir également que la fureur des cieux ne dépasse guère 1 heure le plus souvent et que vous pouvez rester calme un tel laps de temps.

Ce qui peut arriver

Seule une faible partie du courant pénètre dans le corps, la majeure partie s'écoulant à la surface. Les brûlures sont donc le plus souvent superficielles. L'arc de foudre reste dans la grande majorité des cas superficiel, déterminant des marques de brûlures rosées, en arborescence au niveau des épaules et du tronc (très caractéristiques et permettant le diagnostic de foudroiement chez quelqu'un amnésique de l'événement). D'autres séquelles peuvent se retrouver dans les 2 années suivantes : des paresthésies et des douleurs d'un membre traversé, une surdité d'un côté, une cataracte, des troubles du rythme cardiaque, un stress post-traumatique.
Le plus souvent, vous vous en tirerez avec un roussissement de la barbe, des cheveux et des poils (y compris pubiens), qui justifie qu'un foudroyé « sente le roussi ». Des brûlures moins superficielles peuvent se voir, qui résultent de la fonte d'un sous-vêtement et surtout d'objets métalliques tels que chaîne, montre ou fermeture Éclair (zip).
Le foudroiement est rare en plaine mais beaucoup plus fréquent en montagne. C'est logique quand on connaît le mécanisme de la foudre.

/ Le mécanisme de la foudre

Pas de foudre sans cumulonimbus

Le cumulonimbus est le seul nuage qui s'accompagne de grêle ou de foudre. Son développement vertical est le plus important, allant des basses couches jusqu'aux limites de la tropopause. Celle-ci est d'autant plus haute que l'on se rapproche de l'équateur, expliquant la violence exceptionnelle des orages sous les latitudes intertropicales. L'intérieur du nuage est le siège d'ascendances et descendances très fortes (plus ou moins 20 m/seconde), assurant un cycle vertical aux particules d'eau jusqu'à ce que celles-ci se transforment en glace dans les hautes couches.

Ces mouvements très importants créent une ionisation du nuage qui devient, en quelques heures, un gigantesque accumulateur électrique dont l'énergie équivaut pour un nuage moyen à des millions de kwatts.

Schématiquement, les charges positives s'accumulent au sommet, et les négatives dans la partie inférieure. La surface de l'écorce terrestre est normalement recouverte de charges négatives, mais la polarité s'inverse sous le nuage, créant des différences de potentiels de plusieurs centaines de millions de volts, entre la base du nuage et le sol. C'est la couche d'air entre les deux qui tient lieu d'isolant.

L'éclair

Ce n'est rien d'autre qu'une décharge électrique annulant provisoirement la différence de potentiel entre deux nuages ou entre le nuage et le sol. Juste avant, en montagne en particulier, l'ionisation croissante de l'air peut se traduire par une luminescence diffuse (surtout au niveau des aiguilles dont l'effet de pointe augmente le gradient) des « feux de Saint-Elme », des « lumières des Andes » (illumination de certains sommets), la perception de « sifflements » ou d'« abeilles ». L'éclair en zigzag est large d'une cinquantaine de mètres et s'accompagne de milliers d'ampères qui, en quelques microsecondes font monter la température de l'air à 30 000 °C, susceptibles de vitrifier le rocher touché (ce qu'on appelle les « fulgurites ») ou de percer des statuettes posées sur certains sommets (la vierge des Drus, la croix du Géant...).

Il existe une loi physique par laquelle les charges positives se concentrent sur les zones à forte courbure, ce qui a pour effet d'augmenter le champ électrique. La courbure la plus forte est la pointe, c'est donc sur tous les objets pointus que la foudre se dirigera préférentiellement : les paratonnerres ou les arbres isolés en plaine, les pics rocheux en montagne.

À mesure que la journée avance surtout en été, la chaleur du sol accélère les mouvements convectifs au sein du nuage, expliquant la plus grande fréquence des orages en fin d'après-midi.

L'influence du relief

L'activité des phénomènes météorologiques est, en règle générale, accélérée par le passage sur les chaînes montagneuses, c'est ce que l'on

appelle l'influence « orographique ». Le relief est souvent le déstabilisateur qui va déchaîner l'orage, d'une part en raison du soulèvement qu'il provoque, d'autre part en raison du rapprochement sol-cumulonimbus.
On imagine bien la mise à la terre idéale (mouvement de la décharge électrique vers la terre) que peut représenter le massif des Drus, hérissé de pointes granitiques, alors qu'un cumulonimbus arrivant de l'ouest, sans obstacle, vient s'y empaler. La vierge carbonisée dominant les Drus en témoigne.
La foudre provient du contact entre l'éclair traceur venu du nuage et l'arc en retour venant du sol, chacun de polarité opposée. La foudre est « attirée » par les zones du sol riches en charge positives.
À hauteur égale, un massif comme les Drus recevra beaucoup plus souvent la foudre en raison justement de ses immenses flèches rocheuses lancées vers le ciel. L'effet de pointe tient exclusivement à la forme, et non au matériau, comme on le croit souvent.

Comment se protéger de la foudre en montagne

Ne pas perdre son temps

Il faut agir très vite dès que l'on aperçoit arriver la grosse masse gris-violacé d'un cumulonimbus, particulièrement quand on entend ce qu'on appelle les « abeilles » (grésillement dû à l'ionisation de l'air).

Éviter un impact direct de la foudre

On doit quitter au plus vite toute proéminence, toute crête... Si l'on est sur une crête, il faut descendre au moins à une longueur de corde des sommets (20 à 30 m). On doit rechercher l'abri d'un point d'impact potentiel : on est beaucoup plus en sécurité au pied d'un rocher qu'isolé au milieu d'un alpage, dont nous constituerons alors nous-mêmes le point proéminent. Le tout est de connaître quelques règles :
– le rocher dont on recherchera l'abri fera au moins 5 m de hauteur. S'il mesure 20 m, ce sera d'autant mieux ;
– on considère que la zone abritée d'un impact direct par ce rocher correspond à un cercle centré sur ce rocher, et dont le rayon est égal à sa hauteur ;
– la zone idéale est, en fait, une couronne, car il conviendra de s'asseoir à une

distance d'au moins 2 m du pied du rocher, afin d'éviter d'être victime des courants de dérivation.
Cette protection idéale n'est donc pas celle que l'instinct nous commanderait, c'est-à-dire les trous, les fissures, les grottes, l'abri d'un surplomb : toutes ces « cachettes » sont particulièrement atteintes par la foudre, alors que notre surface, à « ciel ouvert » sera, elle, épargnée à tous les coups.

Se protéger des courants de décharge

Ces courants de décharge qui suivent immédiatement l'impact de la foudre se dirigent vers l'écorce terrestre par les trajets de moindre résistance, c'est-à-dire les mêmes que ceux de l'eau qui a une excellente conductivité électrique : fissures, rigoles, goulottes, etc. Ces cachettes bien tentantes sont décidément des pièges à éliminer à tout prix.

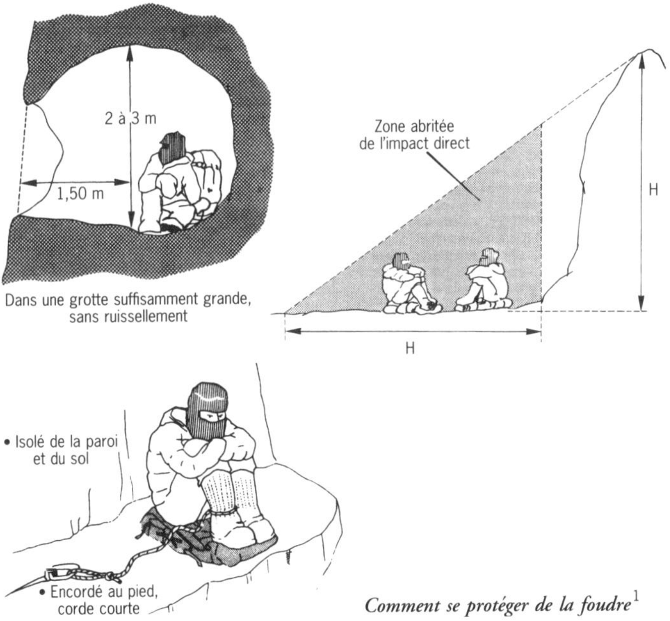

Comment se protéger de la foudre[1]

1. Dessins reproduits à partir de *Médecine et Sports de Montagne*, J.-L. Étienne, Agla, 1983.

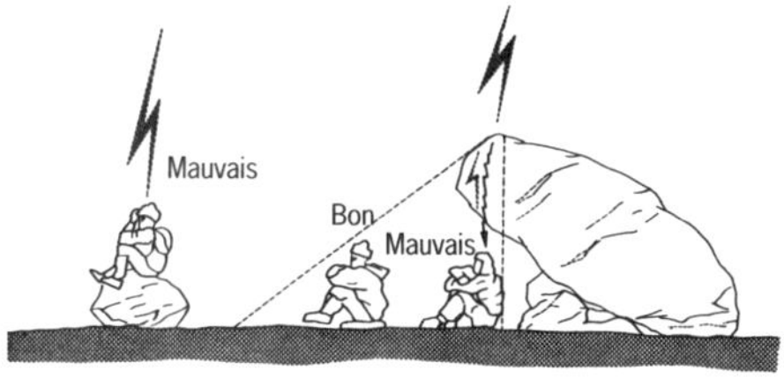

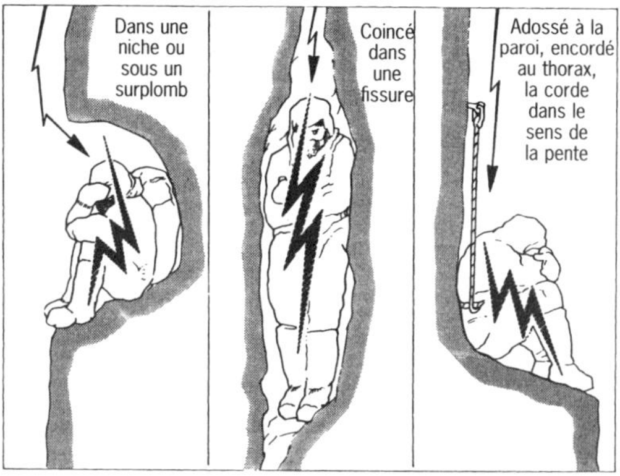

Les pièges à éviter[1]

Si l'orage surprend l'alpiniste en pleine paroi, celui-ci devra prendre les précautions suivantes, dans la double optique de **s'isoler au maximum** et de minimiser les atteintes éventuelles d'un courant qui passerait quand même :

– s'asseoir sur un sac, un paquet de cordes, des cailloux... ne pas oublier que le corps, surtout s'il est humidifié par la pluie ou la sueur, offre moins de résistance que la roche, et sera donc un cheminement privilégié. Il existe des sacs anti-orage en aluminium qui agissent comme une cage de Faraday ;

– s'éloigner au maximum de la paroi si l'on est sur une vire, et avoir soin de s'encorder, en raison notamment des réactions musculaires violentes qui accompagnent souvent les décharges, afin de ne pas être précipité dans le vide ;

– la corde doit être la plus horizontale possible afin de ne pas suivre le trajet de la descente du courant. Elle sera, de plus, attachée au pied, et non à la taille ou aux aisselles afin d'éviter au courant de passer par les organes vitaux que sont le cœur et les poumons (Desmaison, après avoir été projeté malgré lui sur la neige, avait de la peine à récupérer sa respiration, en raison sans doute d'une « sidération » transitoire de ses muscles respiratoires) ;

1. Dessins reproduits à partir de *Médecine et Sports de Montagne*, J.-L. Étienne, Agla, 1983.

– se pelotonner sur soi-même au maximum, afin de diminuer le plus possible la distance entre les « points contact » du corps avec la paroi. La différence de potentiel créée est, en effet, proportionnelle à cette distance ;
– ne pas s'adosser à une paroi ou un mur où qu'il soit ;
– empêcher le piolet de dépasser du sac ;
– établir une distance de 2 à 3 m entre chacun, car la foudre peut se propager d'une personne à l'autre.

Dans cette situation, vous diminuerez considérablement les risques d'allonger la liste des victimes de fulguration.

Lorsque l'orage gronde, il ne faut pas hésiter à se coucher à terre en position fœtale, car le risque de foudroiement augmente avec le carré de la hauteur. Si vous êtes dans une « montagne à vaches », il ne faut surtout pas s'abriter sous un arbre isolé pas plus que sous une tente ou un parapluie.

Une voiture peut constituer un abri sûr (à défaut d'une vraie maison) sous réserve qu'elle soit fermée, entièrement métallique (non décapotable auquel cas il n'y aurait plus cage de Faraday), **antenne rentrée**. Si vous pensez pouvoir gagner un abri, hâtez-vous sans courir, car le courant d'air occasionné par la course peut canaliser le flux électrique.

En France, vous pouvez vous renseigner auprès de Météo France sur les risques d'orage en cours (3617 Météorage).

Des chiffres et des idées reçues

- Chaque année, 15 à 30 décès recensés en France sont dus à la foudre, pour 60 à 100 foudroiements. C'est dire que l'on a 4 à 5 fois plus de chance de s'en tirer que d'en mourir (et encore davantage si l'on est accompagné d'un médecin susceptible de pratiquer une réanimation (bouche-à-bouche et massage cardiaque).
- Les centres d'enregistrement estiment à 1 ou 2 million(s) le nombre d'impacts au sol mais en majeure partie dans le sud-est, zone des plus hauts massifs montagneux et surtout entre mai et septembre quand le climat est chaud et humide.
- Ce sont plusieurs millions de volts qui traversent ou contournent le corps humain, mais ce sont des courants continus dont la dangerosité n'a rien à voir avec celle des courants alternatifs industriels inventés par l'homme, d'où les chances importantes de s'en tirer. **Ne jamais paniquer si vous êtes pris dans les éclairs : vous avez toutes les chances de vous en tirer.**
- Le passage du courant de foudre dure au plus quelques millièmes de seconde et vous pouvez donc secourir vos compagnons touchés sans aucun risque (le foudroiement et l'électrocution par fil n'ont rien à voir !).
- Des statistiques tenues par le Dr Cabane (Hôpital Saint-Antoine à Paris) montrent que 2/3 des accidents sont dus à l'affolement et à la négligence. Ils pourraient donc être évités.

Les vents en montagne

/ Les vents locaux

Royaume des microclimats, la montagne est le siège permanent de brises et vents spécifiques qu'il faut connaître.

La brise de jour : brise d'aval ou brise montante

Sous l'influence du soleil irradiant les pentes, deux brises complémentaires prennent naissance :
– une brise de pente montante plus importante sur le versant le plus au sud et créant un appel d'air qui est à l'origine de la brise d'aval ;
– une brise d'aval qui alimente la brise de pente depuis la vallée ; ainsi s'organise depuis les plaines un flux qui traverse les vallées vers les sommets.
Cette brise est **surtout une brise d'été** peu importante en hiver. Elle démarre en milieu de matinée et s'arrête avec le coucher du soleil.
Sa vitesse moyenne est de 15 à 20 km par une belle journée estivale et peut, à la longue, dans les vallées les plus exposées, incliner les arbres vers l'amont. Drainant l'humidité des vallées vers le haut, cette brise facilite la formation des nuages d'instabilité au-dessus des crêtes, jusqu'au cumulonimbus en fin d'après-midi.

La brise d'aval

En hiver, sur les versants enneigés exposés au sud, la brise de pente n'est pas négligeable, au point d'attirer dans la journée les brouillards des vallées (en situation d'inversion).
Ces brises font, bien sûr, le bonheur des vélivoles et parapentistes dès le printemps.

La brise de nuit

La brise de nuit : brise d'amont ou brise descendante

À l'inverse du phénomène précédent, cette brise se rencontre **tout au long de l'année par temps nocturne clair**. Le sol diffuse sa chaleur donc se refroidit, et l'air à son contact devenant plus froid s'alourdit, coulant vers le bas par simple gravité, remplissant les fonds de vallées sur 100 à 200 m d'épaisseur selon que ces vallées sont plus ou moins ouvertes sur les plaines. À la différence de la brise d'aval, cette brise est un courant froid peu perceptible sensoriellement, mais que la moindre fumée dénonce immédiatement. Elle s'établit peu de temps après la fin de la brise d'aval : c'est le « renversement de brise ». Si le ciel est couvert en altitude, la baisse de température est faible et la brise d'amont ne s'établit pas.

Le vent de glacier

Comparable à la brise d'amont, il descend du haut du glacier vers la vallée, mais il souffle aussi bien la nuit que le jour, été comme hiver. On le sent surtout en été, par contraste de température quand on est en dessous de la langue glaciaire. En atmosphère instable avec des bulles thermiques sur les rochers voisins, le pôle froid du glacier attire les retours descendants des cellules convectives, expliquant les nuages tout autour, mais pas au-dessus de lui. Tout ceci est valable bien sûr par vent faible.

Cette brise de glacier connaît des extrêmes en Antarctique, ou les énormes calottes donnent naissance à des vents catabatiques (*Kata* : qui descend) dépassant souvent 150 km/h.

/ L'ÉCOULEMENT DE L'AIR EN MONTAGNE

Qui n'a jamais vécu de tempête en montagne ne peut pas imaginer combien des vents maîtrisables en plaine deviennent insupportables dans certaines zones de haute montagne, occasionnant froid intense, déséquilibre, balayage des campements et des hommes. Il est donc indispensable de connaître la genèse de ces vents qui conditionne les lieux à éviter en cas de tempête (voir *Les avalanches*, p. 105).

Il existe trois formules d'écoulement de l'air : **laminaire**, **tourbillonnaire** et **turbulent.**

Elles conditionnent le dépôt irrégulier des couches de neige et donc le départ des avalanches, mais indiquent aussi les précautions à prendre, en parapente par exemple.

Quand la pente est forte mais le vent modéré (inférieur à 40 km/h), il y a alors création d'un tourbillon à axe horizontal sur les deux versants :

- **au vent**, la branche du tourbillon contre le relief est descendante ;
- **sous le vent**, elle est ascendante.

Pente douce et vent inférieur à 40 km/h

Écoulement laminaire

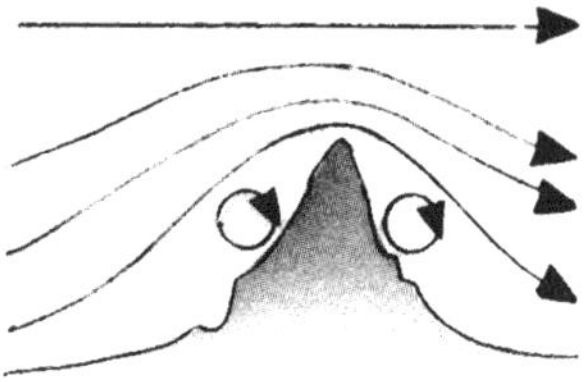

Pente forte : tourbillons sur les pentes

Écoulement tourbillonnaire

Vent supérieur à 40 km/h

Écoulement turbulent

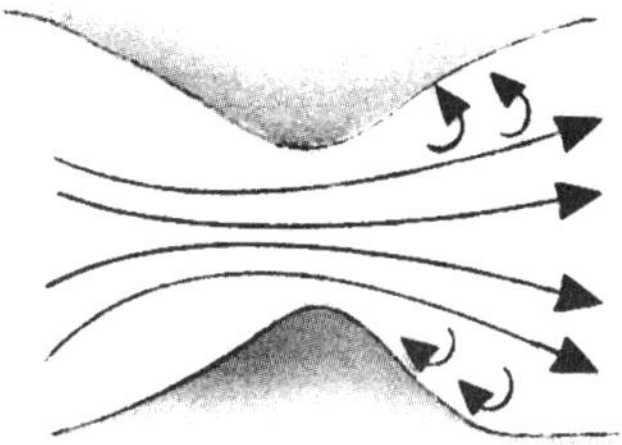

Écoulement de l'air dans un goulet (vu du dessus)

Si le vent forcit (supérieur à 40 km/h), les tourbillons réguliers cèdent la place à des turbulences anarchiques avec des rabattants sous le vent (rafales à contre courant du flux principal) dangereux pour le vol libre.

- **Un écoulement est laminaire** quand la pente du relief est inférieure à 40° et quand les filets d'air sont parallèles avec des vitesses identiques (inférieure à 40 km/h).
- **L'écoulement est tourbillonnaire** quand les filets d'air se ferment sur eux-mêmes. Cette boucle peut être régulière et stable, et il s'agit d'une forme d'écoulement laminaire (dans la mesure où les filets d'air sont stables, permanents et donc prévisibles).
- **Un écoulement turbulent** désigne, en revanche, des filets d'air aux vitesses et directions anarchiques.

Distances d'influence des reliefs sur le vent

Une montagne isolée perturbe l'écoulement des veines d'air jusqu'à une hauteur égale au tiers de son altitude au-dessus de la plaine qui l'environne.

• **Verticalement**, s'il s'agit d'une chaîne de montagnes, la hauteur d'atmosphère influencée est de 4 à 5 fois l'altitude moyenne, c'est-à-dire jusqu'à la tropopause pour les grandes chaînes : au-dessus du massif du Mont-Blanc, par exemple, par effet de foehn, on peut observer un épaississement des cirrus côté au vent, et leur disparition sous le vent, selon une ligne très bien limitée au-dessus du massif (les lignes de condensation des jets sont encore plus démonstratives du phénomène).

• **Horizontalement**, l'écoulement de l'air commence à être dévié 70 km en amont d'une montagne de 2 000 m (par accumulation de l'air).

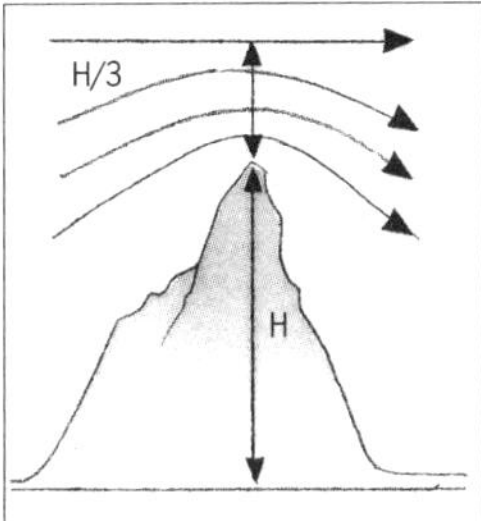

Montagne isolée

/ Les ondes de relief

Par vent fort en atmosphère stable, des ondes sinusoïdales apparaissent sous le vent de la chaîne, avec une amplitude verticale de 500 à 2 000 m, une longueur d'onde de 10 à 20 km, et une dimension horizontale pouvant atteindre 100 km (c'est-à-dire une demi-douzaine d'ondes successives). **Les vents atteignent couramment 100 km/h** (ascendants ou descendants), c'est dire combien ils peuvent être dangereux pour l'aviation légère, mais aussi mis à profit par les planeurs (vol d'onde qui permet des records de distance et d'altitude).

Sous les sommets des ondes, prennent place des rotors (rouleaux) à axe

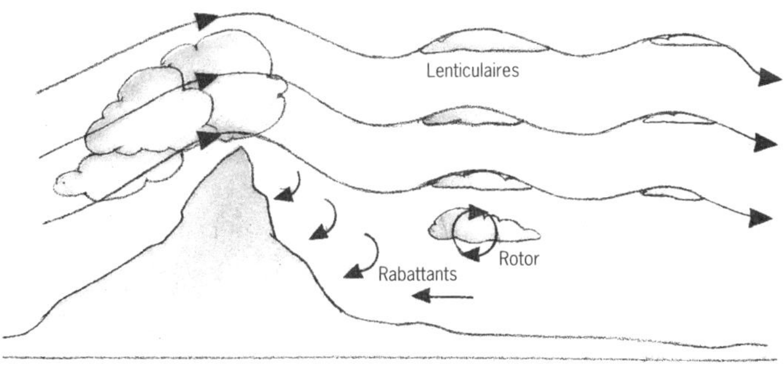

Train d'ondes en aval d'une chaîne par fort vent établi

Les ondes de relief

horizontal, d'un diamètre d'environ 500 m, avec des vents verticaux d'au moins 40 km/h. Ces phénomènes sont dangereux quand ils sont invisibles, mais ils sont heureusement souvent matérialisés par des altocumulus lenticularis, dits « nuages lenticulaires », qui épousent la forme de l'onde. Ils sont donc lisses et convexes en leur partie supérieure, horizontaux au-dessous, blancs éclatants le plus souvent (en raison de leur faible épaisseur), en pile d'assiettes renversées quand ils sont plusieurs. Ils se présentent en lignes parallèles au relief, et à l'étage moyen, c'est-à-dire entre 3 000 et 6 000 m (mais on en voit souvent au-dessus du mont Blanc à plus de 5 000 m). En raison de l'amortissement des ondes, les lenticulaires sont de plus en plus fins à mesure que l'on s'éloigne du relief. La particularité de ces nuages est d'être statiques en dépit des très forts vents qui les traversent, ce qui est logique puisqu'ils sont liés au relief.
Le rotor dangereux est souvent matérialisé par un cumulus peu développé, également statique, à l'étage inférieur.

/ L'effet de foehn

Le foehn est un vent du sud, violent et chaud, qui souffle dans les vallées alpines, d'autant mieux que ces vallées sont axées nord-sud. D'abord observé dans les Alpes suisses et autrichiennes (beaucoup de vallées nord-sud), il souffle en fait dans le monde entier. Le vent froid et humide soufflant sur un versant se transforme en vent chaud déchargé d'humidité de l'autre côté.

Pas de foehn sans montagne

Toute masse d'air humide obligée de franchir un relief subit dans son ascension forcée un refroidissement par détente (1 °C pour 100 m en air sec et 0,5 °C en air saturé). Il peut y avoir condensation si l'humidité et le refroidissement (donc la hauteur du relief) sont suffisants, et formation d'un nuage important jusqu'à la chute de pluie ou de neige. Il en résulte moins d'eau dans la masse d'air une fois qu'elle a passé la crête, comme si la montagne l'avait essorée.
L'air cherchant toujours à revenir à son niveau initial, la masse nuageuse redescend sur le versant sous le vent, subissant un réchauffement par compression. Il en résulte une évaporation du nuage qui disparaît à un niveau bien supérieur au niveau de condensation qui prévalait au versant au vent. On observe, ainsi, un ourlet sombre qui dépasse vers la crête sous le vent et que l'on appelle le « mur de foehn ». Le réchauffement est d'autant plus grand que l'air est sec (1 °C pour 100 m de descente).

Ce phénomène est plus ou moins marqué selon l'importance de la chaîne de montagnes et la force du vent. Il peut provoquer une simple accalmie des précipitations ou une éclaircie complète. Outre les avalanches que ce réchauffement provoque et la méfiance qui doit en résulter par certains régimes de vents, il déclenche dans certaines régions d'Afrique ou d'Asie une véritable pathologie (« le vent qui rend fou »), principalement causée par la déshydratation.

Le climat bien particulier de Grenoble

Il s'explique par un foehn particulier, c'est-à-dire qu'il y a bien réchauffement par une masse d'air qui descend d'un relief, poussée par le vent, mais il n'y a pas de précipitations au préalable puisque l'air arrive du sud après avoir survolé le grand plateau du Vercors à 1 500 m. La capitale dauphinoise étant à 200 m, si l'air arrive déjà sec du sud de la France, le réchauffement sera de (1 500 − 200) × 1 °C par 100 m soit 13 °C. Il fait ainsi couramment 30 °C à Grenoble en été si on ajoute les 3 à 4 °C dus au soleil. C'est le faux foehn.

De la pluie froide au vent chaud

D'une manière générale, on observe :

– **sur la face au vent** : un épaississement des masses nuageuses, des précipitations plus fortes et plus durables, une recrudescence des orages ou même leur apparition ;

– **sur la face sous le vent** : un amincissement ou bien une disparition des nuages, une accalmie dans les précipitations, voire leur arrêt, une diminution de l'activité des orages.

Ce contraste entre le temps pluvieux et frais avec un plafond bas et brumeux du côté au vent, et un temps sec et doux avec une visibilité parfaite sous le vent explique les différences considérables entre des régions voisines, séparées par un relief soumis à des vents dominants. Qui n'a pas constaté la brusque différence entre la Lorraine humide soumise aux vents d'ouest et l'Alsace et ses vignobles, seulement séparées par la petite chaîne des Vosges ? Les mêmes vents dominants d'ouest à nord-ouest expliquent les précipitations importantes sur les Alpes du nord et l'ensoleillement caractéristique des Alpes du sud (Serre-Chevalier). La vallée de Chamonix est souvent noyée sous une chape de nuages venus de l'ouest, qui se déversent sur le massif du Mont-Blanc ; il suffit d'emprunter le tunnel pour découvrir, 11 km plus loin, Courmayeur sous le soleil. L'inverse se produit par vent d'est à sud-ouest. Au pied de la chaîne, la région des lacs italiens connaît un climat méditerranéen grâce au foehn venu du nord.

Le foehn s'établit principalement en automne et de février à mai (maximum en avril), ce qui correspond à un régime de vents dominants de sud-ouest sur l'Europe de l'Ouest. On assiste, alors, dans les régions concernées à un changement de masses d'air en quelques minutes : la température s'élève d'une

dizaine de degrés, l'humidité relative chute en même temps que la visibilité devient parfaite et qu'un vent de 20 à 30 nœuds (35 à 50 km) s'établit. Bourg-Saint-Maurice, par exemple, connaît un tel régime 5 semaines par an.
En été, le foehn est rare, à cause de l'instabilité de l'air qui empêche l'air « froid » venu de l'amont de reprendre sa place en aval.

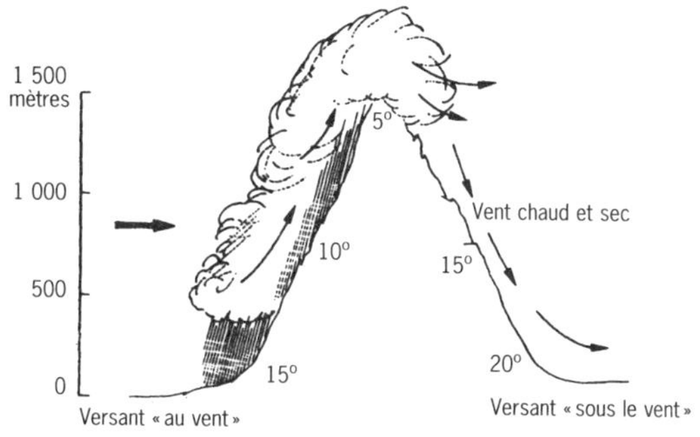

Effet de foehn

Comment déterminer la direction du vent

Le vent en altitude, celui qui amène les nuages, n'est qu'une indication de régime général ; le vent que l'on éprouve dans la montagne peut être très différent en force et en direction, en raison d'une aérologie très variable en fonction de chaque lieu, il faut donc se fier à d'autres paramètres. La réponse à ce genre de question est capitale en avion, lorsque, privé de références sensorielles, on décide ou non de se poser sur un glacier à haute altitude.
En dehors bien sûr de l'impression de brise sur le visage et de la direction de flottement d'un morceau de tissu, d'autres paramètres visuels peuvent donner une idée précise du vent à quelques centaines de mètres ainsi que du régime dominant dans la vallée ou le col où l'on se trouve. On en déduira, notamment, les versants susceptibles d'être surchargés de neige sous le vent.

/ L'observation des nuages ou de leurs ombres

Le déplacement de l'ombre d'un petit nuage donne exactement la direction du vent en altitude (utile en avion).

/ Les corniches

Surplombant le vide, leurs extrémités pointent vers l'aval du vent dominant comme autant d'indicateurs (les doubles corniches sont de rares exceptions témoignant de turbulences locales exceptionnelles), le vent momentané peut bien sûr être diamétralement opposé...

/ Les « crêtes fumantes »

Très révélatrices d'un vent fort en altitude, les crêtes ou les sommets semblent fumer : il s'agit de la neige emportée par le vent. Phénomène de « chasse-neige », la longueur du panache est proportionnelle à la force, et la neige matérialise même parfois les tourbillons qui prennent place sur les versants sous le vent. Ces versants sous le vent seront d'autant plus dangereux puisque c'est là que la neige se dépose préférentiellement. Il faut moduler cette information en fonction de la qualité de la neige : si les sommets ont été recouverts, la nuit précédente, de neige fraîche, il est évident que la poudreuse sèche et légère ne demande qu'à s'envoler à la moindre brise, et les fumées que l'on observe alors peuvent n'être que le signe de vents relativement faibles (20 à 30 km/h).

/ Les congères

Les amoncellements de neige autour des arbres et rochers sont une indication sûre de la direction du vent : la partie convexe et arrondie se trouve face au vent, tandis que les pointes latérales fuient sous le vent.

Congères

/ Les zastrugis

Ces vagues de neige formées par le vent présentent toujours leur versant abrupt face au vent. Toujours associées à des vents forts et prolongés, on les trouve souvent dans des cols (effet de venturi qui renforce le vent) où elles atteignent couramment 50 cm (1 m ou plus dans les régions polaires).

Skier dans un champ de zastrugis est difficile, voire impossible si l'on se dirige dans la même direction que le vent dominant.

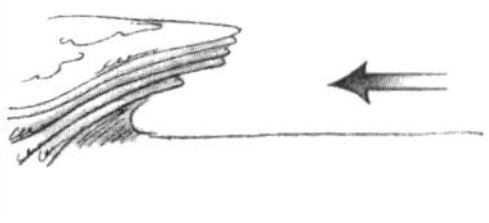

Les zastrugis

/ La gelée blanche

La gelée blanche indique, quand elle existe, la direction du vent actuel ; elle se dépose sur tout objet proéminent au-dessus de la neige (aussi bien sur un télésiège à plusieurs mètres de hauteur) grossissant rapidement vers la direction d'où vient le vent, prolongeant les objets d'une dentelle, impressionnante de finesse d'autant plus longue que le vent est plus fort. La présence de gelée blanche indique aussi que la neige exposée au vent a été consolidée, voire cimentée par les dépôts de gelée blanche.

/ La végétation

Les Conifères peuvent pencher dans la direction opposée à l'origine du vent, et les branches être moins nombreuses face au vent. Un aspect similaire peut être donné par les avalanches passées, mais dans ce cas la direction est sensiblement parallèle à la ligne de plus grande pente (qui n'est par forcément celle du vent dominant !) et l'écorce des arbres recèle des cicatrices de branches arrachées ou d'impacts de roches.

/ Les barkhanes

Résultant aussi de la sculpture de la neige par le vent, le barkhane est un croissant en surface du manteau neigeux avec le côté convexe face au vent.

Les particularités météorologiques en montagne

L'inversion : un phénomène fréquent en hiver

Dans une atmosphère habituelle (dite « standard ») la température diminue régulièrement avec l'altitude. Lorsque la température augmente avec l'altitude, ce phénomène rare prend le nom d'inversion.

Phénomène bien connu en météorologie, il est particulièrement « palpable » et visible dans les reliefs : tous les habitués de la montagne ont eu l'occasion, en automne ou en hiver, de constater que, parfois, la température augmente avec l'altitude au lieu de diminuer.

Ce phénomène est dû au refroidissement des basses couches pendant la nuit, alors que la chaleur du sol rayonne vers l'espace. Il est d'autant plus marqué que le ciel est clair et qu'il n'y a pas de vent (régime « anticyclonique »). Le phénomène s'autoamplifie souvent au fil des jours tant que l'anticyclone persiste : **le soleil hivernal trop bas sur l'horizon ne parvient pas à réchauffer la couche froide** qui s'épaissit jusqu'à atteindre 800 à 1 200 m (au lieu des quelques dizaines de mètres du départ). On peut ainsi chausser ses skis en fonds de vallées par – 5 °C et se retrouver 1 000 m plus haut à + 5 °C voire + 10 °C ; non seulement on sentira le réchauffement dans le télésiège, mais on observera souvent le sommet des brumes ou des nuages juste sous l'inversion

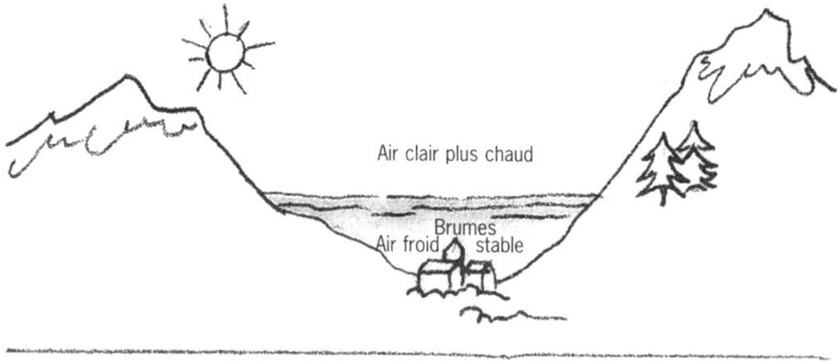

L'inversion

(rappelons que plus l'air est froid, plus vite il arrive à saturation pour une même quantité d'eau contenue, plus il y a condensation).

Cette couche froide des fonds de vallées est, également, alimentée par l'air froid qui « ruisselle » des versants supérieurs se refroidissant la nuit.

Dernier phénomène participant à pérenniser l'inversion : lorsqu'elle surmonte une couche nuageuse, le sommet de celle-ci rayonne vers l'espace pour son propre compte, se refroidissant et fabriquant encore un peu plus d'air froid qui tombe au fond des vallées.

Ces véritables « lacs » d'air froid peuvent rester dans les vallées plusieurs semaines en hiver, d'autant plus stables qu'ils sont plus froids et plus épais, et que la pression est plus forte (situation anticyclonique à 1 030 mbars par exemple). On peut ainsi vivre dans des stations de moyenne altitude (1 000 à 1 500 m) sans voir un seul nuage en altitude tandis que les fonds de vallées restent invisibles sous les nuages coincés sous l'inversion. On vit alors un véritable privilège, l'impression d'appartenir à un monde à part...

Il faut une perturbation active (dépression) accompagnée de vents suffisamment forts pour chasser cet air froid. Cela s'accompagne souvent de fortes chutes de neige dans les fonds de vallées.

/ La neige rouge

Il m'est plusieurs fois arrivé de découvrir, d'avion, certains hivers, les Alpes littéralement empoussiérées de rouge du jour au lendemain, comme salies par une soufflerie géante, les talwegs apparaissant même en brun, remplis de la poussière rouge descendue des versants voisins.

Ce n'était rien d'autre que du sable venu du Sahara. Dans les déserts chauds, les ascendances dues à la chaleur ne forment pas de nuages, mais entraînent le sable fin sur quelques dizaines de mètres de hauteur, occasionnant des tourbillons bien connus et sans danger. Lorsqu'un talweg* dépressionnaire descend jusque sur la Mauritanie, les fortes ascendances que l'on rencontre dans toute la dépression (phénomène de convergence), entraînent alors le sable fin à des kilomètres de hauteur, puis vers l'Europe dans un flux de sud-ouest. Le sable suit les nuages pour retomber en pluies ou neiges sanglantes sur l'Europe. L'albédo* de la neige s'en trouve considérablement diminué, et l'absorption de chaleur très augmentée accélère la fonte, jusqu'à la chute suivante qui rendra à nouveau la montagne immaculée.

/ L'isotherme 0 °C

Encore appelée « l'iso 0 °C » en jargon météo ou aéronautique, cette surface réunissant tous les points de l'atmosphère où la température est de 0 °C n'indique pas pour autant le niveau de la neige sur les pentes (qui dépend avant tout de la température du sol). L'altitude de cette surface varie, en Europe, du sol (en hiver) jusqu'à 5 000 m (en été). Dans les régions polaires, l'iso 0 °C se trouve au niveau de la mer, ou même n'existe pas quand les températures restent constamment négatives durant des mois.

La constance de cette altitude d'un jour à l'autre signifie qu'il n'y a pas de brassage de masses d'air importantes et constitue, en cela, un indice de stabilité probable du temps. C'est donc un paramètre accessible à tous auprès des services météo et facile à interpréter.

Il faut tenir compte des vents, de l'ensoleillement, de la nature du sol ou des parois pour, à partir de l'iso 0 °C, prévoir l'état de la neige ou évaluer le risque de chutes de pierres.

L'iso 0 °C varie près du sol si l'air est sec et calme et le ciel dégagé

L'isotherme 0 °C

IV
Nivologie et avalanches

Des notions élémentaires sur la formation et l'évolution de la neige sont utiles pour la survie en montagne, que l'on soit skieur, randonneur, ou alpiniste. Qu'il s'agisse de planter sa tente dans le brouillard hivernal ou sous le blizzard, que l'on soit obligé de franchir un pont de neige sur une crevasse ou de suivre une ligne de crête sur une plaque à vent, nous aurons toujours à évaluer un risque lié au même élément : la neige.

La nivologie : une science récente et nécessaire

De la neige folle qui tombe des nuages à 30 cm par seconde ne pesant que 30 kg/m^3, jusqu'au glacier écrasant les reliefs de ses 917 kg/m^3, l'élément de base est exactement le même, sauf qu'il a subi une métamorphose intégrale. En fonction du temps, de la météorologie locale, de la teneur en eau toujours plus grande, on passe des magnifiques cristaux de neige fraîche aux impressionnants séracs* de glace bleutée. Cette transformation est provoquée par deux types de métamorphoses qui sont souvent intriquées dans le temps : la métamorphose « destructive » et la métamorphose « constructive ». Beaucoup d'idées fausses circulent à leur sujet, encouragées par des explications livresques rarement simples. Une fois leur mécanisme compris, tout le reste n'est qu'enchaînement logique, et un peu de bon sens suffit à retrouver seul « l'intimité des choses ».

/ Comment se forme la neige

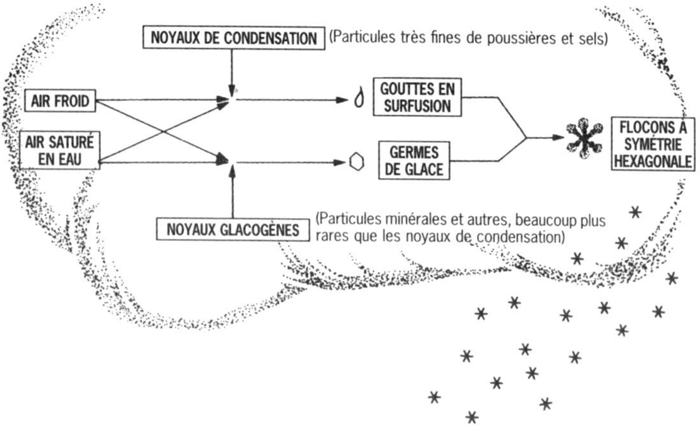

Formation de la neige

Propriétés thermiques du manteau neigeux

Quelques notions simples sont importantes à connaître pour comprendre la genèse des avalanches.

Les trois caractéristiques de base propres à la neige

• La haute chaleur de fusion de la glace

Plus une neige est ancienne, plus elle contient de glace, et plus il faut de chaleur pour la faire fondre. Pour chaque gramme de glace, il faut 80 calories pour la faire fondre en liquide sans changement de température.

• Une conductivité de chaleur très basse

La neige est un très bon isolant thermique, sa conductivité est 10 000 fois moindre que celle du cuivre.

• La présence d'eau dans la neige

Elle existe sous forme de vapeur, liquide ou glace. Vapeur et liquide jouent un rôle déterminant dans le transfert de chaleur dans la couverture neigeuse (voir *L'évolution du manteau neigeux*, p. 99).

La fourniture de chaleur à la base du manteau neigeux est relativement limitée : c'est la chaleur résiduelle de l'été, qui fait fondre un peu de neige en hiver (sauf si du temps froid précoce a précédé la première chute). Une fois la neige tombée, elle isole le sol d'un échange de chaleur avec l'extérieur. La chaleur géothermique stockée suffit à faire fondre de petites quantités de neige au long de l'hiver ; cela signifie que la température à l'interface sol-neige reste près du point de fusion (qui est lui-même proche de 0 °C, très légèrement positif).

Dans les zones tempérées, le fond du manteau neigeux est presque toujours à 0 °C.

C'est à la surface que la chaleur est gagnée et perdue en quantités beaucoup plus grandes, et la température subit de larges fluctuations tout en restant négative (la température de la surface de la neige, qui est composée de glace solide, ne peut jamais être positive puisque la glace fond immédiatement au-dessus de 0 °C).

Les principaux vecteurs de chaleur à la surface de la neige

Il s'agit des :
– turbulences, vent ;

– radiations (solaires, infrarouges) ;
– condensation – évaporation – sublimation ;
– averses ;
– conduction interne.

Le vecteur le plus important est l'air, qui par turbulence peut apporter ou enlever de la chaleur. Quand l'air est calme, il n'y a pas d'échange calorique par brassage. *A contrario*, la quantité de neige qui peut être fondue par un vent fort et chaud, de type foehn ou chinook (dans les montagnes Rocheuses), est beaucoup plus grande, dans un temps donné, que celle obtenue par n'importe quel autre moyen, même le soleil. On comprend donc pourquoi **de tels vents doivent faire immédiatement redouter les avalanches.**

Beaucoup d'énergie arrive à la surface de la terre par radiations d'ondes courtes (visibles) venues du soleil, mais 90 % de ces radiations arrivant sur la neige sont immédiatement renvoyées (albédo*). En revanche, la neige absorbe et irradie à la fois les radiations infrarouges (ondes longues invisibles), participant activement aux échanges thermiques avec l'environnement (sol, nuages, espace...) de jour comme de nuit.

Quand le ciel est clair, la neige perd de la chaleur dans l'espace par infrarouges, la quantité dépendant de celle de la vapeur d'eau, du gaz carbonique, et de la température de l'air. On sait que par ciel clair, les nuits sont d'autant plus fraîches que l'on voit mieux les étoiles.

Par ciel couvert, la neige perd de la chaleur par infrarouges si les nuages sont plus froids et sinon gagne de la chaleur. Au printemps, quand il y a des nuages mais que de plus l'air est chaud, la neige fond rapidement.

On dit que la balance est positive si la neige gagne de la chaleur (donc va fondre) et inversement. C'est ainsi qu'en hiver, la balance est, en général, positive le jour et négative la nuit.

À haute altitude en hiver, même à midi par temps clair, le bilan peut rester négatif si le soleil est bas et que l'apport par radiation solaire visible est inférieur à la perte par infrarouges. C'est ainsi que, en dehors de certaines pentes exposées plein sud et suffisamment inclinées face au soleil, la neige résiste très bien à une journée d'ensoleillement de décembre, pouvant garder intactes ses caractéristiques de poudreuse froide.

Le réchauffement est à son maximum au printemps (et en été bien sûr) par temps de brouillard ou nuages bas, particulièrement s'il pleut.

/ L'ÉVOLUTION DU MANTEAU NEIGEUX

La métamorphose destructive : tassement du manteau neigeux

Elle démarre dès les premières heures sur la neige fraîchement tombée. Le terme « destructive » n'a rien à voir avec un danger accru d'avalanche, mais avec une destruction des fines arborescences de la neige fraîche au profit des plus grosses. Il y a évaporation aux pointes des cristaux et dépôt dans les cavités des flocons grâce aux différences de tension de vapeur d'eau. L'évolution se fait vers une simplification de structure, passant de l'étoile fraîche souvent très ramifiée à une forme poudreuse où l'on ne distingue plus qu'une forme étoilée approximative, puis à une forme finale grossièrement sphérique, dite « granuleuse ».

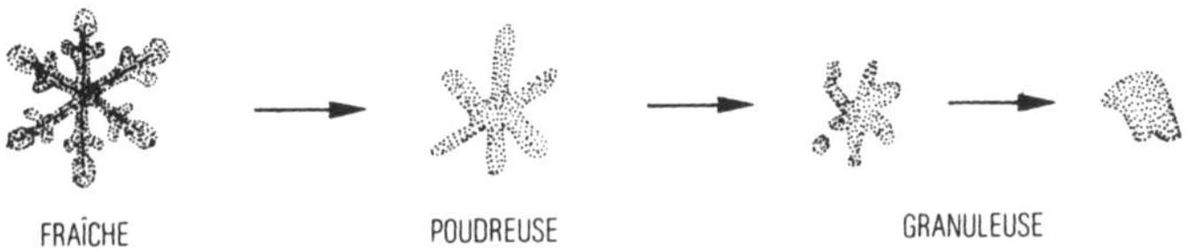

Métamorphose destructive

« La nature a horreur du vide », et ce passage d'une forme sophistiquée à une forme arrondie participe au tassement progressif de la neige. Cette métamorphose est un phénomène irréversible, et la neige devenue granuleuse ne redeviendra jamais poudreuse. On confond souvent neige « fraîche » et « poudreuse » alors que cette dernière est une neige déjà partiellement transformée.
Cette métamorphose dure quelques jours, et se fait d'autant plus rapidement que la température remonte vers 0 °C. Elle n'a, cependant, rien à voir avec la fusion. **C'est un phénomène plutôt bénéfique** par le tassement du manteau neigeux qu'elle provoque.

La métamorphose constructive : fragilisation du manteau neigeux

Elle est due au gradient de température entre la surface neigeuse, dont la moyenne sur 24 heures est très froide (– 15 °C souvent), et la couche profonde au contact du sol (– 1 °C par exemple). Si la couche du manteau est de 70 cm, le gradient sera, dans cet exemple, de 0,20 °C par centimètre. Plus le gradient est élevé, plus cette métamorphose est rapide. Les grains près du sol se subliment (passage de l'état solide à l'état de vapeur directement) et la vapeur d'eau ainsi produite remonte vers les couches superficielles encore aérées, et beaucoup plus froides. Cette vapeur va se condenser autour des grains froids supérieurs leur donnant une forme caractéristique de petites pyramides ou gobelets renversés. Il y a donc « transport de glace vers le haut » d'où affaiblissement de la densité des couches inférieures et fragilisation de l'ensemble.

La formation de ces « pyramides gobelets » est à l'origine du terme de métamorphose « constructive », un qualificatif encore trompeur, puisque ces gobelets n'ont aucune cohésion, prêts à rouler comme des billes, formant ce que l'on appelle la **« neige coulante ». C'est donc un phénomène dangereux.**

Cette évolution ne se fait pas si une nouvelle chute vient tout recouvrir : cette nouvelle couche de neige fraîche baisse, en effet, le gradient de température au sein de la couche précédente et la tasse sous son propre poids, la rendant moins poreuse, empêchant toute circulation verticale de vapeur.

Du point de vue de la métamorphose constructive, toute couche est donc protégée par celle qui la recouvre, si celle-ci tombe à temps. Si elle tombe une fois que la métamorphose constructive s'est faite, elle va recouvrir un véritable tapis de billes, donnant un ensemble très instable. C'est ainsi que se justifie le danger, très grand, d'avalanche lors des hivers tardifs, quand d'épaisses couches de neige tombent en janvier sur une première couche unique tombée début décembre et complètement remaniée en véritable « tapis roulant ».

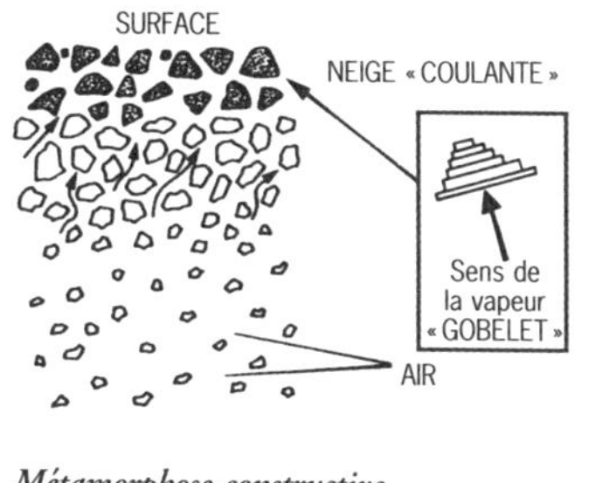

Métamorphose constructive

La métamorphose de compression : consolidation du manteau neigeux

Elle se surajoute aux deux autres : sous le poids des couches successives, les cristaux se soudent, consolidant l'ensemble (sauf s'ils sont posés sur une base de neige coulante !), exactement à la façon des cubes dans un seau à glace, qui ont tendance à se souder et à se tasser. **Cette métamorphose consolide le manteau neigeux.**

La métamorphose de fonte : liquéfaction et névéification

Lors d'une insolation prolongée avec une température supérieure à 0 °C, il y a un mécanisme inverse de la métamorphose constructive ; la neige de surface fond, et l'eau coule dans le manteau, allant se geler autour des grains plus profonds restés à température négative. Il y a transport de glace, vers le bas cette fois. La base va devenir de plus en plus compacte. C'est ainsi que se forme **la neige de printemps** et, à plus longue échéance, le **névé** qui se conservera d'une année sur l'autre à haute altitude.

/ Le vent et la neige

L'action combinée de ces deux éléments météorologiques participe à la formation de plaques à vent, corniches et ponts de neige qui sont autant de pièges potentiels en montagne, dans le Grand Nord, en Antarctique sur la banquise. À l'inverse, les congères peuvent être des abris potentiels.
Le transport de la neige commence avec une vitesse de vent de l'ordre de 4 m/s pour de la neige fraîche meuble à 10 m/s pour de la neige plus ferme.

Plaques à vent

Le vent a pour résultat une moindre épaisseur du manteau neigeux sur le versant au vent, au profit du versant sous le vent, où les tourbillons rabattent parfois plusieurs mètres d'épaisseurs dans certaines combes.
Il en résulte **deux sortes de plaques à vent** :
– celles qui sont du côté des vents dominants sont mieux plaquées et uniformément collées sur les couches inférieures ;
– celles qui sont sous le vent subissent un vent tourbillonnant irrégulier, et n'adhèrent aux couches inférieures que localement, un peu comme des tôles soudées par points, résistant mal au choc d'une corniche qui se détache, cassant sous le poids d'un marcheur. La marche sera donc plus assurée du côté au vent.

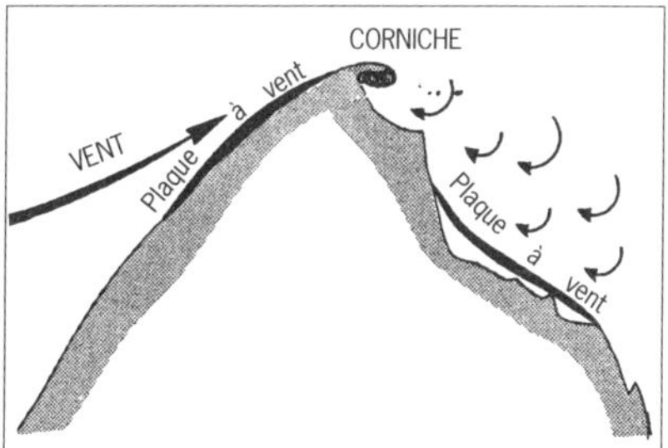

Plaques à vent

Corniches

Le vent soufflant sur une arête déporte la neige, formant des corniches qui surplombent le vide parfois de plusieurs mètres. Dans le doute, au lieu de suivre le fil de l'arête, on évolue quelques mètres plus bas, sur le versant au vent.

Il est essentiel de savoir faire les nœuds de ceinture (qui ne doivent en aucun cas être des nœuds coulants) et marcher en tenant la corde légèrement tendue. Moyennant ces précautions faciles, une chute dans une crevasse est immédiatement enrayée, et le risque devient très faible. Cela implique, cependant, de ne pas être seul, auquel cas il faudra longer les bords du glacier, sonder soigneusement devant soi, et s'encorder comme l'on pourra si l'on dispose d'une corde.

Ponts de neige

L'expression « pont de neige » est inadéquate, car elle évoque une solidité rarement atteinte. Seules les arches de glace jetées en travers des crevasses sont solides. Plus le printemps avance, plus le pont de neige est à la crevasse ce que la trappe est aux oubliettes. Des oubliettes qui font couramment 100 m de profondeur...

Enjambant les crevasses, ils sont, par définition, **dus à l'action du vent**. Il s'agit donc de neige métamorphosée, d'autant plus rapidement qu'elle a été soufflée par le vent. Ces ponts sont souvent invisibles sur les glaciers, ne se signalant que par une blancheur un peu grise ou un changement de courbure. Bien souvent, on s'enfonce beaucoup moins sur un pont de neige que sur le manteau environnant. Cela est dû à la métamorphose de la neige à la verticale du trou, métamorphose se faisant à la fois par le dessus et le dessous qui surplombent le vide.

Sur un glacier, il est indispensable de s'encorder. La chute dans une crevasse est mortelle d'emblée, ou souvent secondairement par refroidissement intense contre des parois glacées entre lesquelles la victime s'enfonce progressivement.

La connaissance de la simple formule de physique : P = F/S (Pression = Poids appliqué, divisé par la Surface de contact) peut nous sauver la vie sur un glacier. Le poids du corps couché, réparti sur 1 m^2, exercera une pression négligeable au regard de celle qu'exercera le même poids appliqué sur la surface de deux semelles de chaussure. Il est fréquent de poser un avion de plus d'1 t sur un pont de neige sans que rien ne se passe en raison de la surface importante des skis. Il est tout aussi fréquent que le passager débarquant sur un glacier sans raquettes se retrouve avec de la neige jusqu'à la ceinture.

Il y a quelques années, sur le glacier des Améthystes, l'un de ces passagers s'écartant un peu de l'avion pour satisfaire un besoin naturel, était occupé à tracer de belles arabesques dans la neige immaculée du glacier, lorsqu'il entendit tout à coup, à ses pieds, un bruit de cascade se perdant dans des profondeurs insondables. Il avait la chance d'être sur un pont de neige aussi mince que solide, mais interrompit là ses œuvres contemplatives, ne se déplaçant plus qu'encordé à un hauban de l'avion...

/ Température et résistance de la neige

Il semble logique d'admettre que plus la neige est froide, plus elle est résistante. C'est vrai en règle générale, mais le type de neige doit nuancer fortement ce principe :

– une neige de printemps, très humide par définition, sera très molle à – 2 °C et solide comme du béton à – 30 °C. Ce type de neige perdra d'autant plus brusquement sa résistance lors d'un réchauffement, que sa teneur en eau est grande ; une énorme masse d'eau commence à fondre, expliquant que ce soit plus souvent les neiges anciennes qui s'écroulent que les neiges fraîches ou poudreuses ;

– pour des neiges fraîches, poudreuses ou coulantes, le refroidissement n'améliore pas beaucoup la résistance mécanique, comme il le fait pour une neige humide ; pour des neiges poudreuses, le refroidissement ne provoque qu'une infime augmentation de la résistance en pérennisant l'intrication des étoiles. Ce refroidissement bloque surtout la métamorphose destructive, empêchant les cristaux d'évoluer, maintenant des équilibres instables, qui basculeront au moindre impact (vent, cailloux, skieur, onde sonore...). C'est la raison pour laquelle, il faut **éviter les grandes pentes enneigées pendant au moins 2 jours après une chute de neige fraîche**, le temps pour celle-ci d'amorcer sa métamorphose destructive.

Avalanche de chiffres et de faits

– Une avalanche peut atteindre une masse de 1 million de tonnes et une force d'impact de 145 t/m^2 48 fois la force suffisante pour détruire un chalet.

– La vitesse aérienne d'une avalanche de poudreuse peut atteindre 360 km/h, soit 1,5 fois la vitesse record jamais atteinte par un skieur.

– Le premier édit interdisant la coupe des arbres au-dessus d'un village remonte à 1397.

– L'avalanche spontanée la plus meurtrière eut lieu au Pérou en 1970. La ville de Yungay fut rasée et il y eut 18 000 victimes.

– En 218 av. J.-C., les Alpes enneigées tuèrent la moitié des 38 000 soldats d'Hannibal, dont une majorité par avalanches.

– Les Alpes sont de loin les montagnes les plus meurtrières de la planète avec 120 morts par an (dont 25 en Suisse et 80 en France), contre seulement 20 morts par an en Amérique du Nord et 30 au Japon.

– En Suisse, sur 1347 survivants à l'ensevelissement par avalanche (en 30 ans) 39 % se sont dégagés eux-mêmes, 34 % ont été dégagés par des coéquipiers épargnés, 27 % par des secours organisés.

– On compte 50 % de survivants après 30 à 45 mn d'ensevelissement, 20 % après 2 h : le temps perdu dans les recherches, c'est la mort assurée.

– La profondeur d'enfouissement influe directement sur les chances de survie : – 50 cm : 45 %, + 2 m : 1 %, + 3 m : 0 %. D'où l'intérêt de « nager » dans la neige.

TYPOLOGIE DES AVALANCHES

Les avalanches représentent un danger intemporel. En décembre 1916, les troupes italiennes et autrichiennes combattent pour le contrôle des montagnes Dolomites que les deux pays revendiquent. Erwin Aichinger, alors âgé de 22 ans, est lieutenant dans les troupes à ski autrichiennes. Il raconte.
« *Nous venions de subir 3 jours de neige ininterrompue. Des vents très violents plaquaient la neige sur les pentes à avalanches. Quand la tempête s'arrêta, les combats reprirent. Des deux côtés, on s'aperçut alors que les coups de canon déclenchaient des avalanches. Une idée diabolique vint alors aux artilleurs. Ils haussèrent leurs visées vers les sommets des montagnes, là où d'énormes masses de neige étaient accrochées, et les firent ainsi dévaler. En dessous, les soldats terrifiés fuirent vers leurs abris, mais les avalanches les détruisirent. Les sauveteurs furent également tués. En 48 heures, 6 000 soldats autrichiens succombèrent, parmi les Italiens... qui sait combien périrent.* »
On estime à 17 000 le nombre de morts qu'il y eut de part et d'autre, pendant ces 2 jours d'apocalypse. Cette bataille fut une sinistre avant-garde du contrôle moderne des avalanches par explosifs.

LES DEUX GRANDS TYPES D'AVALANCHE SELON LA NEIGE

L'avalanche de poudreuse

La neige fraîche et la neige poudreuse sont capables de rester accrochées à des parois verticales, plus ou moins collées par le vent, réalisant un véritable « plâtrage » de la haute montagne qui devient alors aussi dangereuse que belle. Que quelques centimètres cubes se détachent et ce peut être la réaction en chaîne, l'avalanche dévalant les pentes jusqu'à 250 km/h.
Cette avalanche est sans conteste la plus dangereuse pour trois raisons :
– sa rapidité ;
– les autres avalanches de tout type qu'elle peut déclencher en aval (elle est par essence l'avalanche des hauts sommets) ;
– sa nature d'aérosol qui vient littéralement noyer les alvéoles pulmonaires des skieurs ou randonneurs emportés, provoquant une mort très rapide si l'accidenté n'est pas secouru d'urgence, ou ne parvient pas à se dégager lui-même dans les premières secondes.

Pourquoi de telles vitesses alors que l'aérosol de poudreuse ne pèse qu'environ 15 kg/m^3, 15 fois plus que l'air, mais 70 fois moins que l'eau ? De multiples explications ont été avancées, indéfendables sur le plan de la physique. Certains sont même allés jusqu'à parler de 600 km/h et d'un « bang sonique » à l'avant de l'avalanche qui déchirerait les poumons de certaines victimes...
Cette avalanche très rapide de particules légères vient buter contre l'air immobile, provoquant un tourbillon ascendant et un nuage caractéristique. La zone de compression à l'avant de l'avalanche provoque des dégâts d'autant plus impressionnants que la vitesse est grande.
Il n'est pas nécessaire d'être victime d'une avalanche d'une telle ampleur pour se retrouver en situation de survie critique. Même une mini-avalanche de poudreuse peut emporter, ensevelir et noyer, en quelques minutes, le skieur ou le marcheur malchanceux ou imprudent.
Cette avalanche de poudreuse se déclenche même en l'absence de soleil, **de préférence en hiver**, après une chute récente, et c'est en de telles périodes que l'on s'en méfiera particulièrement. On peut être victime de ces avalanches dans tous les massifs montagneux de la planète, de l'Alaska à la Terre de Feu, des Appalaches à la Mongolie ; l'alpiniste, le skieur, le trekker, le chasseur, l'égaré doivent tous s'en méfier.

En 1971, alors que le fuselage miraculeusement intact de leur avion avait préservé 27 d'entre eux, les survivants uruguayens, naufragés à 4 000 m dans les Andes, furent décimés par une avalanche de poudreuse qui s'engouffra dans la carlingue, étouffant 8 de ces miraculés en quelques secondes. Ils avaient déjà passé une quinzaine de jours dans leur abri de fortune, au pied de pentes escarpées les menaçant d'énormes couches de neige. Ils avaient eu le temps de peser la gravité de leur situation et s'étaient déjà résolus depuis quelques jours à manger les corps de leurs compagnons. Ils avaient aperçu le premier jour un des survivants éjecté lors du crash, et qui tentait de les rejoindre : il avait glissé dans l'épais manteau neigeux, disparaissant à tout jamais dans une avalanche de poudreuse. Aucun d'entre eux n'était montagnard et n'avait envisagé l'éventualité d'une avalanche. S'ils y avaient pensé, ils auraient occulté l'entrée béante de la carlingue qui faisait face à la montagne. Lorsque l'avalanche de poudreuse se déclencha, elle envahit silencieusement l'intérieur de la cabine, noyant d'un aérosol glacé tous ceux qui dormaient, s'accumulant par endroits jusqu'au plafond, se tassant autour des malheureux, les paralysant au sein d'une véritable gangue. Les 9 qui ne purent être rapidement dégagés moururent noyés ou étouffés. Leurs cadavres permirent à leurs 19 compagnons rescapés de survivre avant d'être sauvés, 2 mois plus tard.

L'avalanche humide

À l'inverse de la précédente, elle est beaucoup plus facilement déclenchée par le soleil, ne dépassant pas 40 à 100 km/h au maximum, ne provoquant pas de nuages, produisant peu de souffle, ne surmontant pas les obstacles importants. **Elle se déclenche souvent au printemps** lors d'un redoux ou de chutes de pluie. De multiples classifications existent, pas toujours rigoureuses.
On a ainsi parlé « d'avalanches en boules », ces boules étant provoquées par la turbulence et l'humidité au sein de la masse visqueuse en glissement.
Si la neige est très mouillée (par de la pluie ou un réchauffement faisant fondre la glace), elle est incapable de faire des boules et dévale à la façon d'un torrent, se terminant sur une pente moins forte par un cône de déjection ; on parle alors de « neige pourrie ». Le cône va se tasser, mettant plusieurs mois pour fondre.

Caractéristique physique commune à toutes les avalanches

C'est incontestablement leur aptitude, lorsqu'elles butent sur un obstacle dur, à se transformer en véritable béton.
Toutes les neiges contiennent de l'air en grande proportion. Lorsque ce matériau poreux est entraîné à grande vitesse et brusquement arrêté contre un obstacle, l'air est violemment compressé, n'ayant pas le temps de s'échapper. Cette compression entraîne un dégagement de chaleur qui accélère immédiatement la métamorphose, transformant la neige en un matériau d'autant plus compact qu'elle est plus mouillée. C'est ainsi que dans les années 70, les dizaines de victimes prises au piège dans un restaurant de Val-d'Isère durent être dégagées au marteau piqueur. Toutes celles qui n'avaient pas eu le réflexe de dégager un volume minimal devant leur visage n'eurent aucune chance. La gangue devient alors si dense que même les mouvements inspiratoires sont impossibles.
Les deux tableaux ci-dessous aideront à distinguer les différentes classes d'avalanche à partir de deux paramètres facilement perceptibles.

Distinction selon les états de neige (de la très sèche à la très humide)

Type	*Sous-type*	*Neige*
Avalanche de neige sèche (par ordre décroissant de légèreté)	nuage de poudreuse avalanche poudreuse sans nuages avalanche de plaques à vent	poudreuse (aérosol) coulante (en gobelets ou amorphe) dure, ventée, sèche
Avalanche de neige humide (par ordre croissant d'humidité)	avalanche de planches avalanche de boules avalanche de fusion franche	humide de printemps (heures chaudes) pourrie

Distinction selon le comportement de la neige

La neige vole	nuage de poudreuse
La neige glisse	avalanche poudreuse sans nuages
La neige roule	avalanche de boules
La neige descend d'un bloc	avalanche de plaques et planches
La neige coule	avalanche de fusion franche

/LES DEUX GRANDS TYPES D'AVALANCHE SELON LA FORCE

Les avalanches de neige sans cohésion

Leur caractéristique immédiatement visible est de partir d'un point et de grandir pendant la descente. Leur point de départ peut être infime, dû à la chute de quelques dizaines de grammes de neige d'un rocher surplombant ou au travail interne de la couche superficielle. Elles s'élargissent vers le bas en déclenchant de la neige peu cohérente, un peu à la façon d'une avalanche dans une dune de sable. Elles se produisent tout au long de l'année, aussi bien sur des neiges fraîches en hiver qu'humides au printemps ou en été. La neige sèche « déclenchera » sur des pentes jusqu'à 55 % alors que la neige humide, granuleuse, glissera mieux sur des pentes à 15 %.

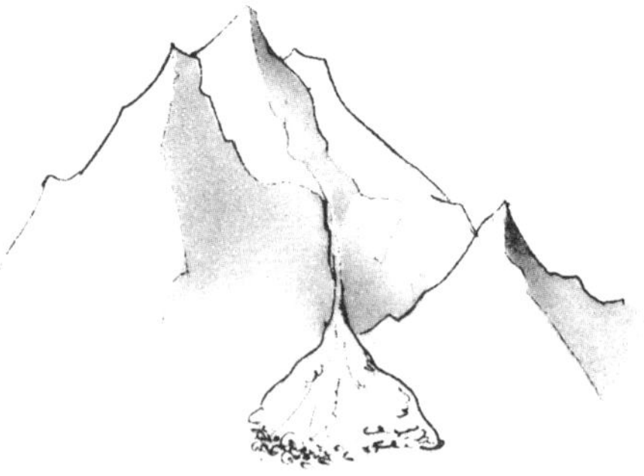

Avalanche de neige sans cohésion

Relativement modestes, ces avalanches offrent un risque limité quand il s'agit de neige sèche, légère, mais peuvent entraîner le skieur vers une falaise ou dans une crevasse.
Quand il s'agit de neige humide, surtout sous la pluie, ces avalanches sont très dangereuses, traversant souvent de longues distances avec un pouvoir de destruction terrible.

Les avalanches de plaques

Sur 267 avalanches observées en France, en 1993, par des pratiquants de la montagne (sans déclenchement de secours), 164 (60 %) étaient des avalanches de plaques déclenchées accidentellement par des skieurs. L'avalanche de plaques est, de loin, le danger n° 1 du skieur hors-piste.
La cohésion de la neige fait partir de grandes surfaces d'un coup qui peuvent englober tout ou partie de l'épaisseur du manteau neigeux. Elles se répandent sur une surface de glissement qui peut être l'herbe elle-même ou bien une sous-couche de neige en gobelets par exemple (voir *La métamorphose constructive*, p. 99). Elles sont toujours séparées de la neige intacte en amont par une ligne de fracture nette.
On distingue, là aussi, deux catégories :
– les avalanches de plaques de neige dure, sèche, qui gardent leur cohésion pendant le glissement, et peuvent entraîner des plaques de plusieurs m^2 en bas. La fracture est brusque, rapide et peut se signaler par un craquement fort ;

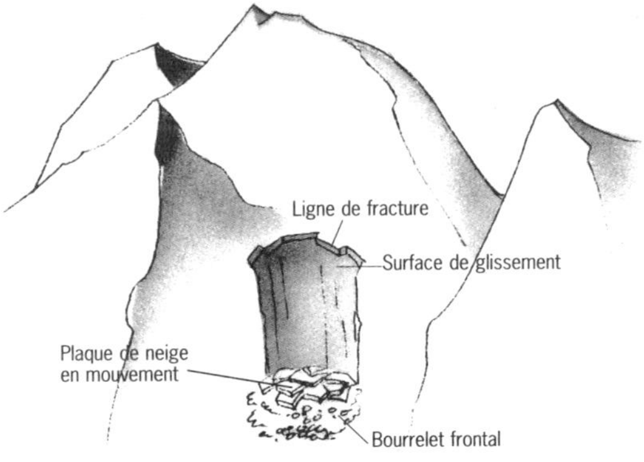

Avalanche de plaques

– les avalanches de plaques de neige molle, qui présentent bien une ligne de fracture, mais qui une fois en mouvement prennent un aspect d'avalanche de neige sans cohésion.

Les avalanches de plaques ne sont pas l'apanage d'un type particulier de neige, elles **sont les plus meurtrières**, et le plus souvent déclenchées par les victimes elles-mêmes. Les déclenchements spontanés sont surtout le fait d'une période de vent fort, d'accumulation de neige fraîche, et à un degré moindre de variations de température. Bien sûr, si tous ces facteurs se cumulent (tempête de neige dans un front chaud par exemple) le danger sera très grand, même s'il ne dure que quelques heures. Il faut savoir, en effet, qu'une neige proche de 0 °C peut évoluer vite et les conditions dangereuses ne pas persister longtemps (grâce à la métamorphose). À l'inverse, **plus la température est basse après une chute de neige, plus le danger peut persister**. Plus il y a de chutes de neige successives à intervalles irréguliers, plus il y a de couches et donc d'interfaces entre des neiges parfois très différentes, et donc de surfaces de glissement pour des avalanches de plaques.

Mortalité selon le type d'avalanche
(sur une période de 12 ans, étude autrichienne)

Nombre de morts	*Avalanche sans cohésion*		*Avalanche de plaques*	
	sèche	humide	sèche	humide
326	14	16	234	62
100 %	4 %	5 %	72 %	19 %

L'avalanche de plaques de neige sèche est donc de très loin la plus fréquente et la plus meurtrière ; c'est celle qui emmène la majorité des skieurs en hiver, le plus souvent après une chute de neige récente. Il faut donc **toujours y penser durant et après une grosse tempête d'hiver.**

La conduite à tenir en situation avalancheuse

/ Étudier l'aspect du terrain

Repérer les pentes de 30 à 45°

La plupart des avalanches partent sur des **pentes de 30 à 45°** avec un pic entre 35 et 40°.
L'utilisation d'un inclinomètre est utile pour habituer le profane à évaluer *de visu* la pente d'un versant, car on a tendance, sans instrument, à l'exagérer de 10 à 15°. Les avalanches sont extrêmement rares sur une pente inférieure à 20° (la neige doit être très humide), et les pentes fortes (supérieures à 45°) se purgent le plus souvent d'emblée pendant la chute de neige ou quelques heures après. Les pentes intermédiaires restent les plus dangereuses, raison pour laquelle il est parfois préférable de pratiquer une ascension directe dans un couloir pentu (selon la plus grand pente) plutôt que de faire plusieurs « zigzags » dans des pentes un peu moins inclinées (*a fortiori* en descente).
L'inclinaison joue aussi un rôle déterminant par rapport au rayonnement : pen-

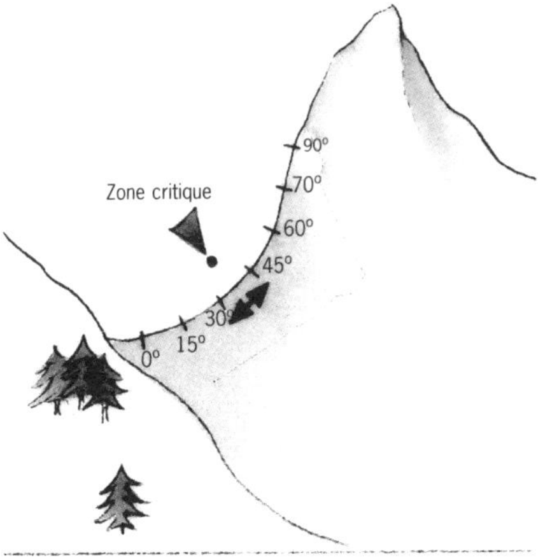

Situation avalancheuse, pentes de 30 à 45°

dant la journée une pente recevra d'autant plus de chaleur qu'elle est perpendiculaire au rayonnement maximal, c'est-à-dire celui du midi ; en hiver, les pentes sud-ouest les plus inclinées seront donc les premières à se transformer ou à laisser réapparaître l'herbe. Dans le sens inverse, le rayonnement nocturne est d'autant plus fort vers l'atmosphère que la pente est faible ; ceci peut expliquer qu'une croûte de regel supporte mieux un skieur sur une surface peu inclinée plutôt que sur une pente forte.

Éviter les fonds de vallées encaissées

On évitera les fonds de vallées encaissées où les avalanches peuvent partir des deux côtés, sans que l'on ait de zone plate où s'échapper.

Préférer les versants au vent

On préférera les versants au vent, où la neige est moins épaisse et plus souvent stabilisée.

Fuir les versants sous le vent

On fuira les versants sous le vent, avec ses plaques à vent, ses dépôts de neige importants et souvent les corniches qui le dominent comme autant d'épées de Damoclès prêtes à se décrocher.

Les lignes de crêtes : îlots de sécurité

Les lignes de crêtes, les sommets de moraines, les rochers et les lisières sont autant d'îlots de sécurité où l'on peut s'arrêter. On ne bivouaquera jamais au milieu d'une pente ouverte lisse et dégagée ; un bel alpage estival, avec ses surfaces d'herbe lisse, peut se transformer, l'hiver, en véritable piège à avalanches.

Pentes ouvertes : avalanches larges

Sur les pentes ouvertes, les vitesses d'écoulement sont plus faibles que dans les goulets ou les couloirs, mais les avalanches sont plus larges, descendant sur de grandes distances et entraînant des volumes souvent énormes. Il faut donc éviter ces zones dans les périodes à risque.

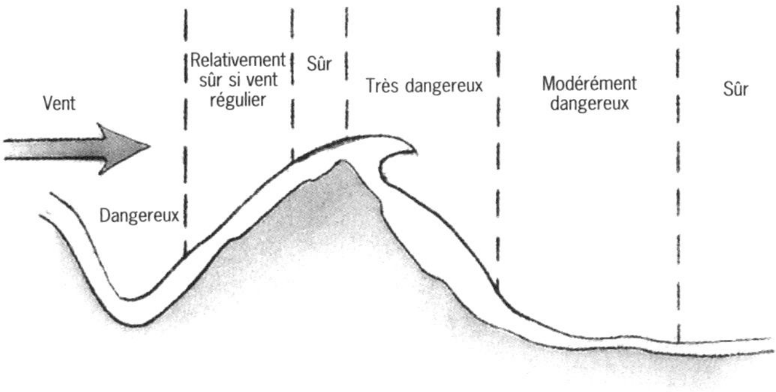

Les lignes de crêtes

Avalanches de falaises et de goulets

Les avalanches de falaises et de goulets sont les plus dangereuses par leur vitesse acquise, et la profondeur d'enfouissement toujours plus importante. On ne les traversera donc que si l'on est obligé, rapidement, et un par un.

Arêtes sommitales

L'observation des arêtes sommitales est à la fois simple et instructive. On sait que le versant sous le vent est constamment le siège de suraccumulation de neige, sur une distance approximative de 30 m à partir du sommet. Ces accumulations sont, pour des raisons aérodynamiques simples, d'autant plus grandes que le versant au vent est moins incliné (voir schéma ci-dessous).

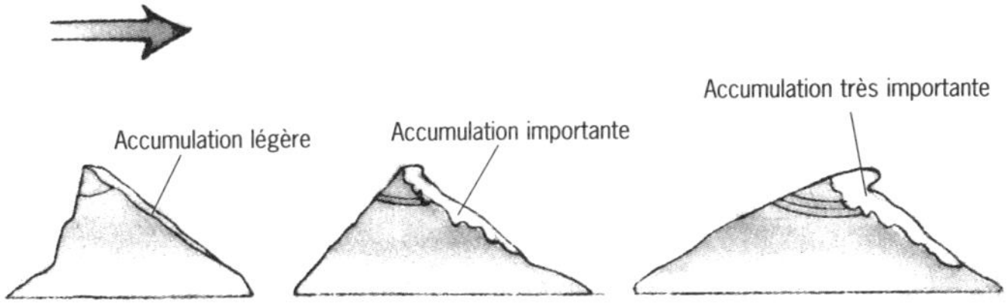

Arêtes sommitales

Selon le profil du versant au vent, l'accumulation sous le vent peut être très variable, et un skieur peut déclencher une avalanche de plaques derrière un replat, alors qu'il ne se passera rien quelques dizaines de mètres plus loin derrière une arête plus aiguë.
Ce profil est davantage à prendre en compte que l'aspect de la neige qui peut être de toute nature : poudreuse à 60 kg/m^3, jusqu'à neige dure à 300 kg/m^3.
Ne pas oublier, cependant, que l'aérologie de montagne est versatile, et que le versant au vent d'un jour peut être le « sous le vent » du lendemain. Ce rapport entre l'accumulation de neige sur le versant *sous* le vent et la forme du versant *au* vent s'appelle **l'effet d'arête.**
Si l'on doit parcourir une arête, il faudra le faire côté au vent, et à distance de la corniche qui surplombe le versant sous le vent.

Les cols

Les cols cumulent deux effets qui justifient de leur forte activité avalancheuse : l'effet d'arête et l'effet de venturi (accélération du vent dans un rétrécissement). C'est ainsi que l'on peut retrouver en fin d'hiver des épaisseurs de neige supérieures à 10 m derrière certains cols, expliquant non seulement les avalanches mais aussi les réouvertures tardives à la circulation. On suivra donc les mêmes conseils que précédemment.

Talwegs et épaules

Entre les talwegs* et les épaules (les creux et les bosses), la sécurité est à chaque fois un cas particulier dont l'étude doit prendre en compte plusieurs paramètres. On sait que les épaules permettent de s'échapper plus facilement mais leur convexité est le siège de tensions dans le manteau neigeux, à l'origine d'avalanches. À l'inverse, les talwegs sont moins favorables au déclenchement comme toutes les zones de compression, mais le risque d'ensevelissement par une avalanche venue des hauteurs environnantes est aggravé.
Le chemin à prendre viendra notamment de l'observation de l'état de charge des crêtes : si le vent a dégagé partiellement ou consolidé un côté, c'est là qu'il faudra passer ; si la neige s'est déposée uniformément partout en couche modérée et récemment, les talwegs seront préférables.

Les avalanches de glaciers

Le risque d'avalanche intrinsèque au glacier offre des particularités notables.

- **Dans la zone d'ablation** (bas du glacier), les roches et cailloux à la surface du glacier forment autant de points d'ancrage du manteau neigeux.
- **Dans la zone supérieure**, en revanche (celle des cirques glaciaires et couloirs), l'ancrage est plus difficile car les pentes sont fortes, voire très fortes (glaciers suspendus), la surface de la glace est dure, homogène, lisse et très froide (inférieure à 0 °C, ce qui ne facilite pas la fusion de la neige avec la glace). Les épaisseurs de neige dans ces zones sont, en général, faibles, voire inexistantes, mais lorsqu'une plaque se déclenche, elle est souvent de grande dimension. En dehors de l'ébranlement mécanique qui peut la faire partir (nouvelle chute de neige ou chute de cailloux, passage d'un skieur aimant le risque), c'est surtout au moment du redoux qu'il faut se méfier (lubrification de l'interface glace-neige transformant le glacier en toboggan géant).
- **Dans les zones intermédiaires** modérément inclinées où la neige s'accumule, les crevasses sont autant de purges naturelles que de pentes instables. Elles « avalent » les premières petites avalanches et forment des points d'ancrage ultérieurs de l'ensemble du manteau quand celui-ci s'épaissit au cœur de l'hiver. On peut donc dire que les zones crevassées comportent moins de risques d'avalanche (en dehors, bien sûr, des avalanches de poudreuse, qui, elles, ne connaissent pas d'obstacles), mais la progression y est évidemment plus lente et implique de s'encorder car les fronts de neige ne sont pas tous stables.

Variations de pente et avalanches

Les variations de pente s'accompagnent de concavités ou de convexités avec des efforts dans le manteau neigeux en compression ou en traction.

Si l'on traverse une **zone convexe**, qui est donc en tension, l'effet des skis est comparable à celui de ciseaux sur une étoffe tendue : la rupture s'amorce au niveau des spatules pour filer très vite beaucoup plus loin, déclenchant éventuellement une avalanche de plaques sous le skieur.

Dans une concavité normalement plus solide, si la neige est tendre, les skis s'enfoncent et peuvent alors fragiliser la zone de compression sur laquelle s'appuie la neige en amont, risquant le déclenchement par traction des pentes supérieures. Rien n'est simple avec la neige !

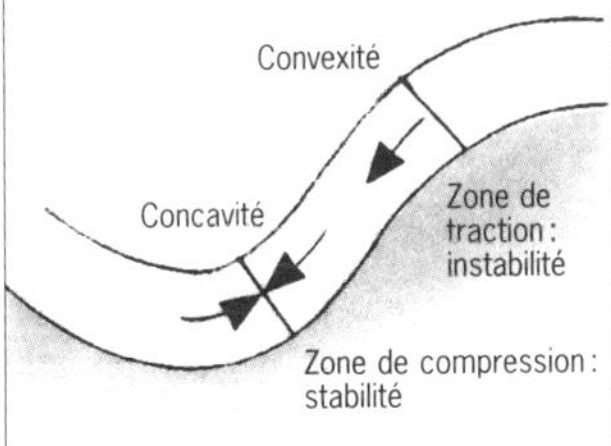

Variations de pente et avalanches

Évaluer la stabilité de la neige d'après la météo

Savoir reconnaître les cristaux de neige à la loupe est une leçon de choses intéressante, mais à condition de ne pas omettre de rechercher les évidences concrètes (par exemple si des cassures apparaissent dans la neige à distance des skis, il est urgent de changer de zone). L'observation des paramètres météorologiques est, en revanche, décisive.

En fonction de la température

– Par température froide, le danger peut persister longtemps.
– Près du point de fusion (0 °C), la neige change vite et le danger ne dure pas longtemps.
– S'il pleut ou s'il y a fonte (température positive), les processus de métamorphose sont court-circuités ; le danger peut survenir rapidement, mais dure, en général, quelques heures seulement.
– Lorsque les températures sont nettement positives, que de l'eau libre lubrifie ou affaiblit des couches de neige potentiellement instables, il faut craindre **l'avalanche de neige humide**. L'eau fondue, et particulièrement la pluie, est un excellent transporteur de chaleur vers les couches profondes. Il faut s'en souvenir particulièrement au printemps.

En fonction de la saison

Les effets de gradients de température (métamorphose) sont plus prononcés au début de l'hiver ; ils diminuent au printemps alors que le manteau neigeux se réchauffe.

En fonction des précipitations

– Après une chute de neige, il faut craindre les avalanches de plaques, nous l'avons déjà souligné ; la plaque est le plus souvent composée de neige molle, de basse densité puisqu'elle est fraîche, et peut rapidement devenir instable pour une durée limitée. Si la température reste à quelques degrés sous 0, la neige se stabilise vite. Si, en revanche, la température demeure nettement négative, le danger peut persister plus longtemps, jusqu'à plusieurs jours.
– Plus la tempête de neige est forte, plus le risque est grand ; **dès 30 cm d'épaisseur déposée, il faut se méfier** ; 1 m dans une seule tempête entraîne

un risque très important et 2 m ou davantage (grands blizzards) en quelques jours peuvent générer des avalanches partout.
– Plus importante encore que la quantité est l'intensité de la chute : quand les pentes sont brusquement chargées (par précipitation ou vent fort), la neige n'a pas le temps de se répartir correctement et l'instabilité croît très vite. Le seuil critique pour les avalanches de plaques est de l'ordre de 2,5 cm/h. On exprime aussi l'intensité de précipitation par la TEL (Teneur en eau liquide), qui mesure l'humidité de la neige. Cet indice désigne la quantité d'eau qui résulterait de la fonte de la neige tombée (en % du volume).

En fonction du vent

– La force du vent est un paramètre déterminant. C'est le vent qui répartit la neige sur les sites. La vitesse critique est de 25 à 30 km/h, au-delà de laquelle commencent les transports dangereux. **De 30 à 80 km/h, les vents sont très souvent générateurs d'avalanches.**
– La direction du vent détermine, quant à elle, les versants qui seront chargés et où les corniches se formeront.
– Si le versant fraîchement enneigé a été exposé à des vents forts (qui peuvent entasser jusqu'à 2 m en quelques heures, même par faible précipitation), il faut alors craindre **les avalanches de plaques de neige dure**, qui ne sont pas les plus fréquentes, mais les plus dangereuses et imprévisibles. Plusieurs skieurs peuvent traverser sans que rien ne se passe, et l'avalanche se déclenche soudain au passage d'un nouveau skieur. Les différents tests (notamment le test des skis) ne détectent pas ces avalanches, et le seul moyen efficace (mais pas à 100 %) est le test à l'explosif, régulièrement utilisé dans les stations le matin après des chutes de neige. Quand on suspecte ces avalanches, il faut renoncer à skier sur les versants exposés.

En fonction de l'évolution récente de la météo

N'importe quel changement rapide d'un quelconque paramètre météorologique est un avertissement d'avalanche possible : brusque changement de la direction du vent au cours d'une tempête, de l'ensoleillement, de la nature des cristaux de neige, fin d'une période de temps stable, survenue de la pluie en plein hiver, etc. Il est beaucoup plus facile de déceler les conditions conduisant à 100 % de certitude d'avalanche, que de déterminer la stabilité de la neige à 100 %. En résumé, **la plupart des avalanches sont causées par un rapide changement de l'état d'énergie mécanique et thermique de la couverture neigeuse.**

LES TESTS POUR CONNAÎTRE LE MANTEAU NEIGEUX

Les variations de la neige sont parmi les plus importantes de la nature, c'est ainsi que **la neige lourde pèse 50 000 fois plus que la poudreuse**. Tout montagnard, même occasionnel, devrait donc être en mesure de faire la différence entre de tels extrêmes, puisqu'il en va de sa vie.

Les spécialistes du réseau nivo-météorologique de Météo France utilisent les sondages par battage et stratigraphie*. Le randonneur peut utiliser des moyens plus sommaires comme le test manuel de dureté, le test de la pelle (résistance des couches au cisaillement), le test du bâton (développés ci-après).

Les six paramètres utiles pour analyser le manteau

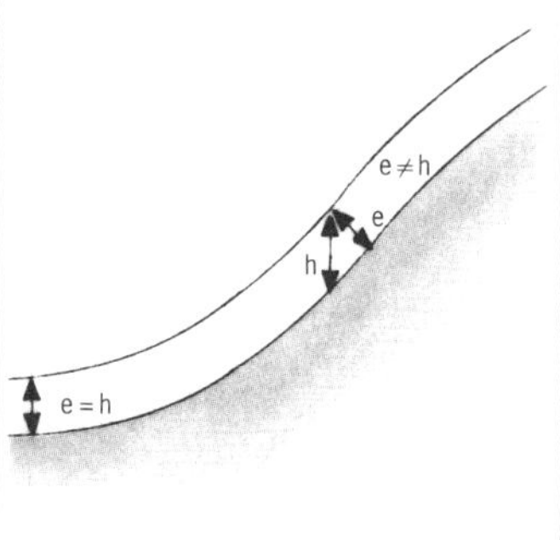

Différence épaisseur/hauteur

- **La hauteur** : mesurée en centimètres, elle est verticale (alors que l'épaisseur est moindre puisque perpendiculaire à la ligne de pente) ;
- **la nature des grains** : déterminée avec une loupe, ou à l'œil nu s'il s'agit de gobelets ;
- **la masse volumique** : dépend de l'humidité, de l'âge, etc. Elle varie de 20 à 600 kg/m^3 (au-delà, c'est de la glace jusqu'à 900 kg/m^3) ;
- **la température** : mesurée avec un banal thermomètre, ou une sonde électronique pour les professionnels ;
- **la teneur en eau liquide** (TEL) : elle est proportionnelle à l'humidité de la neige. C'est le rapport (en %) du volume d'eau liquide sur le volume total de neige ;
- **les qualités mécaniques** : résistance au cisaillement (avec un scissomètre pour les professionnels, avec une pelle pour les autres) et résistance à la pénétration (sondage par battage, ou test manuel qui a, bien sûr, notre préférence).

La neige est un matériau plastique ayant à la fois des propriétés élastiques et visqueuses. La viscosité (qui augmente avec le froid) explique que lorsque la neige se dépose en couches sur une pente, elle tend à se déformer sous l'influence de la gravité, vers le bas.

Profil stratigraphique

Le but est de **détecter dans l'épaisseur du manteau neigeux s'il n'y a pas une ou plusieurs couches instables susceptibles d'entraîner un décrochement de l'ensemble**. C'est un souci que l'on doit avoir dès que l'on projette un raid prolongé, qui va nous exposer au risque d'avalanche.
Pour cela, on creuse une tranchée verticale dans le manteau qui expose les différentes couches.
On étudie d'abord la dureté (D) de chaque couche, proportionnelle à sa cohésion. Plus la cohésion d'une couche est grande, moins il y a de chance de rupture à l'intérieur de cette couche.
On peut apprécier à la main la dureté (D) de chaque couche selon que l'on enfonce :

Le poing	Degré 1	Cohésion très tendre
Les quatre doigts	Degré 2	Cohésion tendre
Un doigt	Degré 3	Cohésion dure
Un crayon	Degré 4	Cohésion très dure
Un couteau	Degré 5	Cohésion compacte

On peut aussi apprécier l'ordre de grandeur de l'humidité de chaque couche en essayant de faire des boules de neige avec une main gantée :

Confection de boules impossible	Degré 1	Neige sèche
Confection de boules possible	Degré 2	Neige peu humide
La boule mouille le gant	Degré 3	Neige humide
L'eau suinte de la boule	Degré 4	Neige mouillée
Confection de boules impossible	Degré 5	Mélange eau + neige

Plus une couche est humide, plus elle est instable et dangereuse, pouvant se transformer en tapis roulant pour les couches supérieures.
Le sondage par battage est souvent associé, pour mesurer la résistance, qui est proportionnelle à la cohésion du manteau. On enfonce un tube (et ses rallonges éventuelles) jusqu'au sol en laissant tomber le long d'une tige un poids (appelé « mouton ») d'une distance fixe ; la résistance est proportionnelle au nombre de

lâchés nécessaires. Le skieur ou le randonneur se contentera du test manuel qui ne nécessite aucun matériel autre qu'une pelle, voire un ski.
On peut ainsi déceler des couches cohérentes séparées par des couches fragiles (pouvant être minces) qui confèrent au manteau une structure en plaques. Une couche de bonne cohésion n'est pas synonyme de stabilité si cette couche repose sur une autre très humide sur laquelle elle peut glisser. Par ailleurs, ces derniers tests ne donnent aucune idée de la résistance à la traction ou du frottement entre deux couches, paramètres pourtant essentiels dans la détermination du risque. D'où l'utilité d'effectuer en plus le test de la pelle.

Le test de la pelle : étudier la résistance des couches au cisaillement

Plusieurs noms désignent ce test, facilement accessible, pour déterminer au sein du manteau neigeux quelle est la surface de glissement potentiel, et donc quelle épaisseur glissera en cas de déclenchement d'une avalanche. On a vu qu'une petite pelle était indispensable dès lors qu'on part en raid, ce test est alors facile à réaliser.

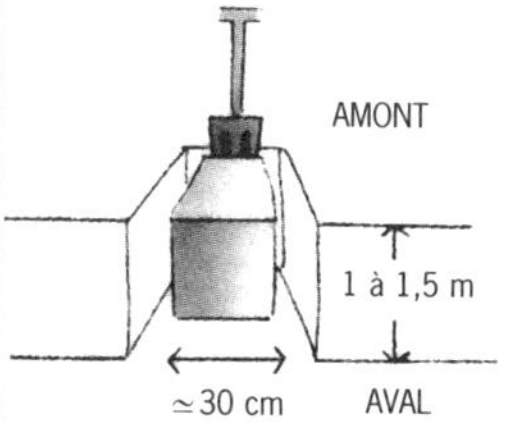

Le test de la pelle

On commence par creuser une tranchée de 1 à 1,5 m de profondeur (on en profite, au passage, pour faire un sondage stratigraphique). On dégage, ensuite, un bloc vertical sur toute la hauteur de la tranchée d'une largeur d'environ 30 cm (celle de la pelle), et d'une profondeur équivalente ; côté amont, on sépare avec précaution le bloc du reste du manteau neigeux à l'aide du talon d'un ski sur une profondeur d'environ 70 cm. On introduit délicatement la pelle dans l'interstice ainsi obtenu et on tire vers soi avec les deux mains le manche de la pelle de l'amont vers l'aval. Le plus ou moins grand effet constaté permet d'apprécier la résistance au cisaillement : plus il est grand, plus le glissement d'une plaque est improbable. Ce test est évidemment subjectif, même si les Suisses l'ont normalisé de façon très précise (ils utilisent pour leur part un bloc trapézoïdal de base 60 × 60 × 20 cm). Il est très prisé en Amérique du Nord où les guides et les moniteurs l'enseignent systématiquement à leurs groupes.
– S'il y a glissement significatif d'une couche sur une surface plane, on observe cette surface et le type de grains qui la composent. Ce test ainsi effectué

n'indique pas jusqu'à quelle charge le manteau est stable (pour répondre à cette question d'une façon normalisée, il faut utiliser le test dit du « coin suisse », ou du « bloc norvégien »).

– On peut donc compléter ce test en plaçant la pelle sur le sommet du bloc, et en appuyant dessus : la force nécessaire à la rupture est une indication, cette fois, de la résistance au cisaillement et de la charge supportable par le manteau.

– On peut considérer que le manteau neigeux est stable si la neige est relativement dense et s'il n'y a pas de surface de rupture sur une profondeur de 70 cm : on peut alors passer à ski ou à pied.

Le test du bâton

Très simple à mettre en œuvre, il donne une idée de la cohésion des couches superficielles sur lesquelles glissent les skis en enfonçant le bâton (par la poignée ou la rondelle). Par un simple planté de bâton, on sent des couches superficielles sans cohésion qui laissent passer même la rondelle et donc susceptibles de se décrocher à tout moment sur les pentes ou une croûte de regel qui arrête le bâton. Évidemment subjectif, ce test permettra néanmoins de se faire une idée de l'état superficiel du manteau, sous réserve de le pratiquer souvent, pour obtenir avec le temps sa propre échelle de comparaison.

/ Savoir regarder la neige de surface

Cette aptitude, indispensable au bon skieur, n'est pas suffisante pour juger du risque d'avalanche, mais constitue un complément utile aux tests précédents. De toute façon, un sportif ou un « raider », quel qu'il soit, ne peut être réellement performant dans le milieu où il évolue que s'il est capable d'analyser ce dernier. **On ne maîtrise bien que ce que l'on connaît.** Entre la poudreuse froide, sèche et légère qui comble tous les skieurs, et la lourde neige mouillée, gorgée d'eau qui ne glisse pas, de nombreux stades intermédiaires existent.

La poudreuse profonde

Lorsque l'épaisseur de la poudreuse dépasse 40 cm et que les skis ne rencontrent plus de surface d'appui (neige dure ou plus dense) pour faciliter le virage, on parle de neige « profonde ».

Le coin suisse

Ce test d'essai de glissement pour évaluer le risque a été adopté par l'armée suisse, ce qui constitue, à mon avis, une référence. Le bloc prédécoupé a la forme d'un solide triangle équilatéral d'une surface de 3 m^2, que l'on charge afin d'apprécier le risque d'avalanche.

Comme pour les autres tests, **il faut toujours choisir un lieu représentatif de la pente que l'on souhaite traverser** : orientation, altitude, pentes comparables ; pour ce dernier paramètre, on peut extrapoler sous réserve de faire l'essai sur une déclivité d'au moins 30°. Pour la sécurité, on choisira un lieu isolé ou protégé (arbres, rochers...) ou un haut de pente. À la différence des tests précédents, celui-ci nécessite plus de temps et de matériel. On commence par creuser une tranchée de 3 m de long (perpendiculaire à la pente), et d'au moins 1,50 m de haut, si on n'a pas le temps d'aller jusqu'au sol.

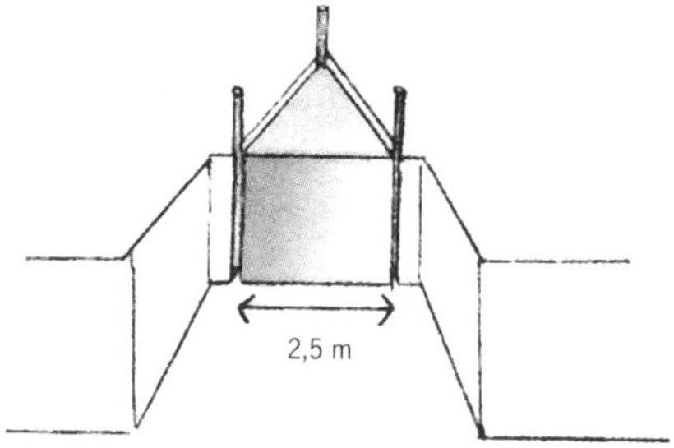

Le coin suisse

Au bord de la tranchée, on plante deux sondes à avalanche (ou deux bâtons à rondelles amovibles) le plus profond possible à 2,5 m de distance, puis une troisième à 2,5 m de la base. On obtient ainsi une surface de 3 m^2. Ces mesures doivent être respectées car l'essai est normalisé. On isole, ensuite, le coin du reste du manteau avec une cordelette pour scier (section 3 à 6 mm nouée tous les 30 cm), une scie (1,2 kg) ou le talon d'un ski, qui a l'avantage d'être « autotransporté » même si la profondeur du coin va être limitée par les fixations dès que la neige présentera une certaine cohésion (60 cm). À la fin de la manœuvre, le coin n'est plus relié au manteau que par la surface inférieure.

Il faut, enfin, charger le coin : un skieur pénètre délicatement (par l'amont) à hauteur du centre de gravité, c'est-à-dire à environ 80 cm de la base (si les skis dépassent de part et d'autre du coin, cela n'a pas d'incidence sur le test). Le skieur va alors augmenter progressivement la charge en effectuant des flexions puis des sauts (4 fois de suite).

Cette méthode est fiable, sauf dans le cas de neige humide, et peut être réalisée en 10 minutes par deux skieurs expérimentés. Elle doit être utilisée dès que tout un groupe va être amené à skier sur un versant de déclivité supérieure à 30°.

La poudreuse croûtée

Sous l'influence du soleil et/ou d'un redoux, la poudreuse est soumise aux diverses métamorphoses et va se **« croûter »** légèrement, n'opposant qu'une faible résistance aux skis (ou plutôt aux chaussures). Si le réchauffement (par le soleil ou le vent) est fugace sur une poudreuse froide en profondeur, on peut avoir de la **neige collante** qui ne dure que quelques heures au maximum (les peaux de phoque ou les skis se transforment alors en « sabots »).

La vieille poudreuse

On la rencontre dans les couloirs ombragés au printemps ; elle est dense et métamorphosée, mais a gardé ses caractéristiques de neige sèche qui la rendent si agréable tard dans la saison.

La neige « gros sel » du printemps

Elle reste relativement agréable à pratiquer car la métamorphose a fabriqué des grains ronds en surface alors que le dessous reste dur (croûte de regel).

La « soupe » de printemps

Quand la fonte gagne en profondeur (soleil plus haut et plus longtemps), on a affaire à « la soupe », qui commande de skier tôt le matin si on veut l'éviter.

La neige « pourrie »

Si tout le manteau est concerné par la soupe, on parle de neige « pourrie », et l'on ne peut plus skier.
Ces trois derniers états sont réversibles chaque jour tant que le cycle gel nocturne/dégel diurne se prolonge.

La neige mouillée

Elle est saturée d'eau, lourde et peu glissante, et ne se rencontre pas seulement au printemps mais aussi en hiver, à l'occasion de chutes de pluie. C'est la neige la plus dure que l'on puisse rencontrer après qu'elle se sera verglacée en période de gel.

La tôle ondulée

Pénible à skier, elle provient de l'influence du vent qui a soufflé la neige en vagues compactes (zastrugis, barkhanes). Le vent peut aussi lustrer une neige dure où les skis laissent seulement l'empreinte des carres.

La différence entre croûte et plaque

Elle tient à l'épaisseur : la croûte casse sous le passage d'un skieur et ne dépasse pas 5 cm d'épaisseur, alors que la plaque se durcit sur plusieurs dizaines de centimètres sous l'influence du vent (plaques à vent), mais aussi du soleil, du regel et de la pluie.

L'**aspect vitrifié de la surface** vient du regel nocturne de la couche superficielle fondue dans la journée par le soleil ou un redoux.

Comment évoluer sur les pentes à risque

– **Le port de l'ARVA (Appareil de recherche de victimes d'avalanche) doit être systématique** pour tous les membres de l'équipe et mis en fonctionnement sur émission dès le départ de la course. Il doit être porté près du corps pour le protéger du froid, et fixé solidement (au niveau de la ceinture par exemple) pour ne pas risquer d'être arraché en cas d'enfouissement ; pas question évidemment de le mettre dans le sac à dos.

– Pendant l'ascension, il faut conduire la marche de telle façon qu'**un seul randonneur soit exposé** à la fois (si l'un est emporté, tous les compagnons pourront donner l'alerte et surtout le rechercher). Pour cela, les distances à respecter entre skieurs vont de 10 à 200 ou 300 m pour éviter les surcharges. Les randonneurs non exposés doivent surveiller la ou les personnes exposées afin de pouvoir reconstituer le trajet d'une disparition éventuelle : les recherches doivent être limitées à l'aval du point de disparition.

– Les bâtons doivent être tenus en dehors des dragonnes et les lanières des skis retirées.

Il y a quelques années au Canada, une énorme avalanche emporta 10 personnes ; 2 furent capables de creuser et de se dégager elles-mêmes puis de sauver une troisième enterrée près de la surface. Les 7 autres, profondément enfouies, moururent. Toutes étaient restées attachées à leurs skis par des lanières de sécurité, à la différence des 3 survivants. De tels exemples se passent de commentaires.

– **Ne pas s'encorder.**

– **Les vêtements doivent être hermétiquement fermés**, la survie au froid en dépend en cas d'enfouissement.
– **Les sangles doivent être relâchées** pour pouvoir s'en débarrasser en cas d'avalanche, car le sac comme les skis sont un facteur d'enfouissement profond.
– On essaie, bien sûr, de **rester hors des zones dangereuses** car les statistiques sont formelles : la plupart des victimes d'avalanche les déclenchent elles-mêmes.
– Ne pas considérer qu'une pente est sûre sous prétexte que l'on y voit les traces d'un ou plusieurs skieurs (surtout en cas de neige dure et de basse température).
– Il faut **savoir déchausser** pour monter et/ou descendre à pied le long d'une ligne de plus grande pente plutôt que de traverser en diagonale à ski (moins de chance de déclenchement). Se rappeler aussi que l'itinéraire le plus court d'un point à un autre peut ne pas être le meilleur.
– À la descente, se souvenir que la sollicitation imposée au manteau neigeux est proportionnelle à la vitesse et à l'intensité de la godille, c'est-à-dire jusqu'à plusieurs centaines de kilos. La contrainte imposée par une chute est du même ordre de grandeur. Il sera donc préférable sur une pente suspecte de faire **des virages larges et sans à-coups** (pas de godille), voire des conversions si l'on n'est pas sûr de soi en virage.
– Ne pas oublier le **test des skis**, rapide et facile à interpréter : si le passage des skis entraîne des craquelures, il y a possibilité d'avalanche de plaques. Si les craquelures courent devant les skis, c'est un signe alarmant. Ce test est toujours intéressant à utiliser en haut de chaque pente. Le test du coin suisse ou un sondage sont révélateurs, en cas de doute, de la stabilité (voir encadré, p. 122).

Les risques de déclenchement d'avalanche

Degré de charge	Déclenchement	*Conclusion*
a : spontané	lors du sciage	ne pas traverser
b : charge partielle	lors de la mise en place du skieur	ne pas traverser
c : charge totale	lorsque le skieur est en place	ne pas traverser
d : flexion	lors de flexions énergiques	à éviter si possible
e : saut	lors de petits sauts	prendre des précautions
f : saut depuis le haut	lors de sauts (à pied) depuis le haut	solide
g : pas de rupture	rien ne se passe	très sûr

(Extrait de *Guide neige et avalanches*, sous la dir. de Christophe Ancey, Édisud, 1996)

LA CONDUITE À TENIR EN CAS D'AVALANCHE

/ SI VOUS ÊTES PRIS DANS UNE AVALANCHE

– **Crier** pour alerter vos coéquipiers, puis **couvrir votre visage** avec capuche, bonnet, n'importe quoi qui puisse éviter la redoutable pénétration de l'aérosol de poudreuse dans les poumons.
– **Jeter bâtons, sac à dos et skis** si possible.
– **Ne pas tenter de s'opposer au flot** : c'est dérisoire et provoque l'ensevelissement.
– **Nager** quel que soit le type d'avalanches, faire des mouvements des bras et des jambes identiques à ceux de la brasse, seul moyen de rester en surface. Ceci est efficace surtout dans les petites avalanches, mais vous n'aurez pas le loisir de quantifier celle qui vous emportera, et vous devrez donc « nager » avec espoir...
– Si ces efforts vous semblent vains, **couvrez votre visage** avec vos mains pour empêcher la neige d'obstruer nez et bouche. Quand l'avalanche ralentit, avant que les masses de neige ne s'immobilisent, il faut mettre **les bras en position de « roulé-boulé »**, ce qui a pour effet de préserver un espace devant le thorax et un autre autour de la bouche. Il faut **agiter les jambes au maximum**, le plus longtemps possible, en sachant qu'**il n'est possible de bouger que pendant le mouvement** de l'avalanche. Le guide Pierre Paquet, complètement enseveli loin de tout secours au glacier de la Pilate, est ainsi parvenu à se dégager tout seul en creusant la neige avec son couteau de poche à partir d'une cavité qu'il avait su préserver autour de son thorax. Moins chanceux, ou moins athlétique, son compagnon était mort.
– Si vous êtes enseveli, essayez d'**éviter la panique** et les efforts désespérés pour vous libérer, toutes choses qui ne feront que décupler la consommation d'oxygène. Le self-control est essentiel pour toute situation de survie, mais aussi les pensées positives : se souvenir par exemple que 1 m^3 de neige contient couramment 40 à 80 % d'air selon sa nature, et que certaines victimes chanceuses ont été retrouvées vivantes après plusieurs heures...
Dans la neige molle, il est possible de se dégager soi-même en creusant ; encore faut-il s'assurer de creuser vers le haut, ce qui n'est pas forcément évident en l'absence de luminosité et lorsque on est maintenu de toute part. On connaît l'histoire de cet enseveli qui détermina le haut du bas en satisfaisant un besoin naturel soumis à la gravité. Il vaut mieux saliver pour repérer la

verticale plutôt qu'uriner, car ce dernier moyen augmente le refroidissement par conduction. À noter, également, si vous pouvez entendre très clairement des sons de la surface, les sauveteurs peuvent ne pas vous entendre car le bruit de fond n'est pas le même et la neige est un très bon isolant phonique.
– Si vous êtes près de la surface, tenter de sortir un pied, une main, un bâton, un ski, pour se faire repérer.
– **Ne pas céder à l'endormissement** qui conduit souvent à l'hypothermie mortelle.

Si vous êtes témoin d'une avalanche avec ensevelissement

– Pendant l'avalanche, vous devez **observer le(s) point(s) de disparition de la victime** et vérifier qu'elle ne réapparaît pas plus bas. Les recherches commenceront en aval de ce point.
– **Marquer ce dernier point** par un ski, un bâton, une branche, n'importe quoi que l'on puisse repérer facilement ; ce marquage est important pour restreindre le périmètre de recherche.
– Vous êtes le sauveteur : n'éludez pas vos responsabilités en allant chercher du secours sans réfléchir, car chaque minute qui passe est une chance de survie en moins. Après 30 à 45 minutes selon les statistiques (américaines ou helvétiques) les chances de survie ne sont plus que de 50 % et de 20 % seulement après 2 heures. En effet, 2/3 des victimes meurent par suffocation, contre 1/3 par blessures au cou et à la tête.
– Si vous êtes seul, vous devez **d'abord rechercher avec acharnement durant une quinzaine de minutes** dans les zones préférentielles (amont des rochers, arbres, replats, creux, bordures de l'avalanche) avant d'aller chercher du renfort. Si vous êtes plusieurs, n'envoyer qu'une seule personne donner l'alerte.
– Commencer la **recherche d'indice** (ski, vêtement, etc.) et écouter (coups de sifflet, cris, etc.).
– Faire des **sondages de fortune** (avec bâtons-sondes ou bâtons, skis, branches) particulièrement aux endroits où l'on trouverait un objet quelconque.
– Si vous êtes équipé d'ARVA, appuyer sur « réception » et entamer les recherches. C'est le seul équipement susceptible de retrouver une victime dans ce qu'il est convenu d'appeler **le quart d'heure vital**. Si plusieurs sauveteurs sont équipés, il peut être plus pratique d'utiliser les écouteurs plutôt que les haut-parleurs afin de ne pas se gêner et d'espacer les chercheurs d'une vingtaine de

mètres de chaque côté de la ligne de plus grande pente démarrant à partir du point de disparition.

– **Sonder** dès que l'on a localisé la zone d'enfouissement avec une sonde spéciale, ou bien un bâton inversé, un ski...

– Dès que la victime est dégagée vivante, **ne pas croire pour autant qu'elle est définitivement sauvée** : des gestes de secourisme élémentaire sont indispensables en cas de suffocation (dégagement des voies aériennes et bouche-à-bouche si nécessaire) et un réchauffement obligatoire dans tous les cas. L'hypothermie ne s'arrête pas sous prétexte que la victime est soustraite au milieu réfrigérant de l'avalanche, elle nécessite **un apport de calories**, faute de quoi elle s'aggrave pendant le transport et peut conduire par exemple à la fibrillation cardiaque et la mort. **Il faut couvrir et réchauffer** par tous les moyens disponibles. Le sang glacé bloqué dans les extrémités lorsque la victime était enfouie et plus ou moins consciente se remet en circulation lors du dégagement, et peut aggraver l'hypothermie au niveau du noyau vital. Il faut impérativement **enlever tous les vêtements humides** quitte à déshabiller complètement et transitoirement la victime sur place. Toutes les chaufferettes disponibles seront alors disposées autour du cou, du thorax et des flancs.

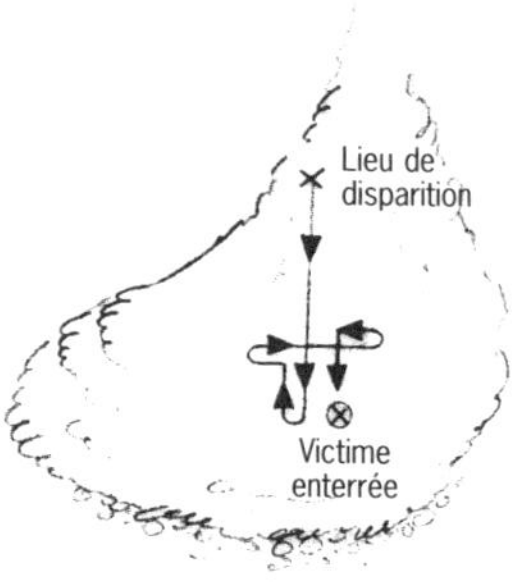

Technique de recherche avec un détecteur électronique

De quoi meurt-on dans une avalanche ?

Les causes mécaniques par projection, collision, compression, chute, sont évidentes. L'effet de souffle est moins connu, et pourtant toujours présent en cas d'avalanche de poudreuse, dont on sait que certaines peuvent atteindre plusieurs centaines de kilomètres par heure. L'énorme déplacement d'air qui les accompagne (*blast* en anglais) peut provoquer l'éclatement des alvéoles pulmonaires par hyperpression aérienne. Cette hyperpression peut provoquer une hyperpression vasculaire qui entraîne elle-même parfois des hémorragies oculaires, hépatiques, ou de la rate.

Les avalanches de poudreuse sont particulièrement mortelles pour une autre raison spécifique : la noyade. L'aérosol de cristaux de neige qu'elles entraînent pénètre les alvéoles pulmonaires, au contact desquelles il fond.

L'asphyxie (65 % des cas) intervient pour 20 % par manque d'air, 20 % par compression, 25 % par inhalation d'aérosol de poudreuse.

Les traumatismes divers se partagent 35 % des causes de décès.

/Les moyens de localiser une victime d'avalanche

Si la victime ne porte pas d'appareil de signalement (ce qui ne devrait plus jamais exister...), les sauveteurs disposent de moyens classiques et efficaces que sont : le sondage, les chiens d'avalanche, en attendant le développement de nouveaux moyens plus ou moins théoriques de détection comme : l'émission de chaleur (détection d'infrarouges), l'émission ou la réflection de sons ou d'ultrasons, la réflection radar (limitée en l'absence de réflecteurs dans les vêtements), la réflection de lumière (laser ou effets diélectriques).
Si la victime avait prévu de se protéger par un moyen de détection, celui-ci peut être passif ou actif.

Les moyens de détection passifs

- **Réflecteur radar ;**
- **transpondeur radar** (utilisé en Suède, Italie, Yougoslavie) ;
- **objet métallique** (l'intérêt de ce moyen de détection réside dans le fait que même les imprévoyants ont toujours un objet métallique sur eux) ;
- **aimant permanent** (détectable par magnétomètre mais cher).

Les moyens de détection actifs

- **Source radioactive** : pour être vraiment efficace, la dose devrait être dangereuse !
- **source chimique** (gaz, etc.) ;
- **transmetteur électromagnétique ;**
- **signal mécanique** : la corde d'avalanche est bien connue et assez efficace, d'autres moyens tel que le ballon censé rester au-dessus de la surface après gonflement (non automatique) ne sont pas très convaincants pour le moment (le ballon est encombrant, coûte 7 000 F et impose de tirer sur une poignée).

Beaucoup de ces méthodes nécessitent un appareil de détection volumineux et donc difficile à mettre en place rapidement. Elles permettent surtout de retrouver des corps plutôt que de sauver des vies...
Les anciennes méthodes mécaniques (corde et sondage) restent utiles à cause de leur simplicité ; le chien d'avalanche est un moyen superbe, même s'il requiert entraînement (du chien et du maître) et maintenance lourde. La balise électronique domine la technologie récente car elle rend possible une recherche immédiate par les survivants.

Je détaillerai donc les quatre moyens actuellement les plus efficaces et complémentaires dans l'ordre d'ancienneté :

Les sondes

La sonde est une longue tige rigide de 4 à 6 m, utilisée par les professionnels, ou bien pliable et légère (éléments mis bout à bout jusqu'à 3 m) ou encore bâton-sonde télescopique (jusqu'à 3 m) qui aura notre préférence en raison de sa polyvalence. La recherche se fait par perception sensorielle de l'obstacle que représente le corps de la victime à l'enfoncement dans la neige. En l'absence d'ARVA, des sondages systématiques doivent être immédiatement pratiqués dans les zones préférentielles en même temps que les recherches visuelles (toujours le « quart d'heure vital »). Dangereuses seulement dans les neiges dures (risque d'embrochement de la victime), **ces sondes doivent toujours figurer dans le matériel d'une équipe de randonnée**. Aux États-Unis, les bâtons-sonde télescopiques sont systématiquement utilisés pour les randonnées dans l'arrière-pays.

Les chiens d'avalanche

Le chien possède une certaine facilité pour un tel travail puisque même des chiens non entraînés sont capables de découvrir une victime par instinct, surtout s'il s'agit du maître de l'animal. Son flair lui permet de localiser n'importe quelle personne sans aucune restriction, quelle que soit la qualité de la neige et la profondeur d'enfouissement.

En général, ce sont des bergers allemands. Apparu dans les années 50, **le chien d'avalanche demeure le moyen le plus efficace pour retrouver une victime qui n'est pas équipée d'un ARVA**. Il va de pair, bien sûr, avec son maître, pour qui il recherche la victime afin de lui faire plaisir. C'est, de plus, un moyen très rapide : 1 hectare en 20 minutes. Il faudrait 4 heures à 20 sauveteurs pour accomplir le même travail : le travail de 20 hommes en 12 fois moins de temps !
Le seul inconvénient, souvent rencontré, est le délai de mise en place de l'équipe cynophile (c'est-à-dire le chien et son maître).
Les cadavres ne sont retrouvés que jusqu'à 2 m en neige poreuse, 1 m en neige compacte. À noter que, pour le cas exceptionnel où un chien serait immédiatement sur les lieux, il peut être troublé car il faut quelques minutes avant que l'odeur de la victime ne remonte à la surface. Le passage normal des sauveteurs sur l'avalanche ne perturbe pas l'animal, même s'il est préférable de dégager la zone de recherche avant l'arrivée de l'animal. Le chien pouvant être distrait par des odeurs parasites (animaux enterrés, débris organiques...), on évitera d'uriner à proximité de l'avalanche !

La corde d'avalanche

Faite de nylon rouge ou orange, longue d'environ 15 à 20 m, on la laisse traîner derrière soi en zones à risque. Quelques marques ou de petites flèches métalliques indiquent la direction du porteur. Des tests avec mannequins ont montré que ces cordes ne sont pas infaillibles, mais elles restent utiles. Pour éviter qu'elles s'emmêlent aux coéquipiers ou aux arbres, il suffit de l'enrouler en dehors des zones à risque.

Les ARVA (Appareils de recherche de victimes d'avalanche)

Ce sont des émetteurs-récepteurs fonctionnant sur 457 KHz, qui est devenue la fréquence standard internationale (avant 1995, une balise « Skadi » ou « Echo » achetée en Autriche ou aux États-Unis, ne fonctionnait pas en France pour cause de non uniformité de fréquence). De petite taille (deux paquets de cigarettes) et faible poids (200 g), l'ARVA est le seul moyen ambulatoire de retrouver en 5 minutes (pour une personne familiarisée avec son utilisation) une victime d'avalanche. Son seul inconvénient est son prix (1 500 F), encore cher en 1998, mais dérisoire par rapport au sauvetage d'une vie.
À souligner que **l'ARVA va de pair avec l'emport d'une pelle et d'une sonde** (au moins deux par équipe au cas où le porteur de pelle serait le disparu...). Il existe maintenant des pelles très légères et démontables, faciles à ranger dans un sac, et dont le prix est d'environ 80 F. Sans cette pelle, on perd le bénéfice de la découverte rapide de l'ARVA, car il faut des dizaines de minutes pour creuser à 1 m avec les mains ou un ski. L'ARVA doit être fixé près du corps, **jamais dans le sac à dos.**
Il existe sur le marché des émetteurs simples, moins chers, mais incapables de recevoir, et de portée inférieure à l'ARVA normal. Disons-le : leur vente devrait être interdite...
Rappelons que les piles doivent être testées (préférer un modèle avec testeur incorporé) et l'appareil mis en position « émission » (ou « transmit »).
Une fois la victime détectée au mieux, c'est la sonde qui permettra de préciser sa position exacte ainsi que la profondeur à creuser avec la pelle. L'ARVA indique la position à 2 ou 3 m près. Tout détenteur d'un ARVA devrait faire au moins un exercice de recherche au début de chaque hiver, pour vérifier son matériel et son savoir-faire.

Des chiffres édifiants

Depuis 1971, l'ANENA (Association nationale pour l'étude de la neige et des avalanches) a recensé en France 881 accidents par avalanche, ayant occasionné 668 morts et 519 survivants (après ensevelissement complet).
Plus de la moitié de ces survivants ont été dégagés dans le premier quart d'heure.
Les pourcentages de survie en fonction des moyens utilisés parlent d'eux-mêmes :

- Victimes dégagées par leurs propres moyens ou des témoins directs : 81 %
- Sondage : 35 %
- Chien : 22 %
- ARVA : 86 %

Ces chiffres soulignent la nécessité du port de l'ARVA.

V
Santé et forme physique

La montagne est un milieu potentiellement hostile par sa géologie spécifique, sa météorologie particulière, et donc les contraintes physiologiques qu'elle impose.
Des notions de physiologie sont indispensables pour y vivre harmonieusement. Ce chapitre fournit des recettes pour être au mieux de sa forme et ne pas être surpris par les maladies qui peuvent survenir en haute altitude.

LE MAL DES MONTAGNES : PRÉVENTION

Presque aussi spécifiquement que le milieu sous-marin, la montagne a sa pathologie propre qu'on ne trouve dans aucun autre environnement. De même que tout plongeur doit savoir ce que sont le mal des profondeurs ou l'hyperpression pulmonaire, tout montagnard s'aventurant au-delà de 3 000 m doit connaître les grandes lignes de cette pathologie que l'on appelle « le mal des montagnes ». **La méconnaissance de ce mal peut conduire tout simplement à la mort en quelques heures.**
La prévention consiste en une ascension lente et une redescente à la moindre alerte. Le mal des montagnes recouvre en fait trois entités que je schématiserai au maximum.

/ LE MAL AIGU DES MONTAGNES : « MAM »

Qu'est-ce que le MAM ?

Il atteint 50 % des sujets des deux sexes qui ont dépassé l'altitude de 2 500 m depuis au moins 6 heures. Alpinistes et randonneurs sont donc exposés de manière très fréquente et de la même façon. Il ne s'agit en aucun cas d'une pathologie d'exception puisque même des montagnards chevronnés, épargnés depuis toujours, sont devenus soudainement victimes du MAM. Nul ne peut savoir à l'avance s'il sera épargné ou non, sauf s'il applique les mesures préventives, qui ont le désagrément de ralentir la progression, mais qui sont efficaces à quasiment 100 %.
Les médecins spécialistes du problème codifient le MAM selon une échelle de gravité basée sur le nombre et la nature de certains signes cliniques, en fonction de quoi ils prennent leur décision thérapeutique. Dans le cadre d'une expédition sans médecin, il faudra adopter une attitude beaucoup plus manichéenne.

Le sujet atteint présente un ou plusieurs des symptômes suivants

– Des maux de tête dans 95 % des cas ;
– des nausées et une perte de l'appétit dans 30 % des cas ;
– une insomnie dans 70 % des cas, contrastant avec une somnolence dans la journée. Le sommeil est souvent agité, peuplé de cauchemars. Vertiges et essoufflement excessif interviennent moins souvent ;

– une diminution du débit urinaire et/ou des vomissements qui sont des signes de gravité.

Un seul de ces signes, isolé ou pas, doit faire immédiatement penser au MAM. L'origine de cet ensemble de symptômes est un œdème cérébral, lui-même dû à une réponse inadaptée de l'organisme à l'hypoxie*. Cette dernière entraîne, en effet, une augmentation du débit cérébral, d'où résulte une augmentation de pression à l'intérieur de la microcirculation, ce qui provoque une filtration forcée, à travers les capillaires, et donc l'œdème. La boîte crânienne étant un espace inextensible, l'œdème cérébral a pour effet de comprimer le cortex et les différents centres de commande contenus dans le cerveau. Cette cause très « mécanique » est à l'origine des maux de tête, nausées, vertiges, insomnies, etc.

Les sujets s'adaptant correctement à l'hypoxie seraient ceux possédant une grande sensibilité des chémorécepteurs à l'hypoxie. Cette sensibilité aurait un caractère héréditaire et n'est pas modifiée par l'entraînement physique.

La sensibilité des centres respiratoires à l'hypoxie peut, en outre, être diminuée par des facteurs individuels comme le sommeil, l'abus de sédatifs, l'alcool, etc. Il y a donc un facteur individuel dans la probabilité de survenue du MAM, qui peut être suspectée lors d'une visite médicale dans un centre spécialisé (voir *Adresses utiles*, p. 226). On ne saurait trop recommander une telle visite chez les sujets inexpérimentés et/ou âgés qui partent faire du trekking, en Himalaya, par exemple.

Devant l'apparition de ces signes et en l'absence de médecin, 2 éventualités

• On a prévu une trousse minimale de médicaments

Que ce soit dans le cadre d'une expédition de longue durée (de type Himalaya) ou dans celui d'une ascension rapide de quelques jours (les Drus en été par exemple) : si le sujet n'est pas essoufflé au repos, on ralentit la progression et on administre de l'aspirine ou du paracétamol. Si les céphalées ne passent pas, on s'arrête. **Si les signes persistent, on redescend sans délai d'au moins 500 m** et on peut administrer de la Dexaméthasone et du Diamox 250 mg (un seul comprimé puis un autre 8 heures plus tard). Si on dispose d'un caisson portable, c'est évidemment un traitement de choix avant la descente (voir *Le matériel*, p. 219). Dexaméthasone (corticoïde) et Diamox (diurétique) ont pour but de diminuer l'œdème cérébral. L'oxygène est, bien sûr, un traitement d'appoint idéal si on a la chance de disposer d'une grosse logistique.

• On est démuni de tout

On redescend immédiatement.

Le cas « idéal » pour la survenue du MAM est l'accident d'avion qui jette à 3 000 m, ou davantage, une poignée de survivants qui étaient encore au niveau de la mer quelques heures auparavant.

Le meilleur exemple est celui de l'équipe de rugby uruguayenne dont l'avion s'écrasa dans les Andes à 3 900 m et dont plusieurs survivants présentèrent après 5 à 10 heures des maux de tête et des troubles du comportement qui participèrent à conditionner tout le groupe d'une façon négative dès le départ. Ils étaient partis d'un port de Montevideo la veille, et dans la nuit suivant le crash, plusieurs parmi les naufragés indemnes présentèrent des maux de tête, nausées, vertiges et troubles du comportement. Ainsi Carlos Roque, mécanicien et seul survivant de l'équipage, prit Eduardo Strauche pour un assassin qui voulait le tuer, sous prétexte que celui-ci l'enjambait pour sortir de l'épave de l'avion quelques minutes. « Montrez-moi vos papiers ! criait-il. Votre nom ! Votre nom ! » Comme l'autre ne répondait pas, il se mit à hurler qu'Eduardo cherchait à le tuer, devenant hystérique. Un autre, Pancho Delgado, se leva et se dirigea vers la porte, déclarant : « Je vais seulement au magasin chercher du Coca-Cola. » Les premiers jours, plusieurs furent atteints de somnambulisme et firent des cauchemars, remplissant l'étroite cabine de leurs hallucinations. Puis, ces troubles dus au MAM disparurent dès la première semaine, laissant tous ces naufragés du ciel prendre pleinement conscience de leur situation de survie, extrêmement critique.

La prévention du MAM

Les deux règles d'or de Richalet

1 – « Ne montez pas trop vite trop haut. »
2 – « Montez haut mais dormez bas. »

En pratique, **à partir de 1 700 m, ascension maximale de 700 m/jour jusqu'à 3 500 m ; au-dessus, ne pas excéder 300 à 500 m de dénivelé positif entre 2 nuits successives**. Il faut, en outre, s'obliger à une bonne hydratation et éviter les efforts inutiles à l'arrivée.

Le MAM est, en général, bénin et transitoire (j'exclus, bien sûr, ses complications), s'amendant en une journée de repos, ou après une descente un peu plus bas dans les cas les plus sérieux. Il est rare qu'il impose la cessation définitive de l'ascension, même si le retard qu'il occasionne est souvent mal vu.

La prévention médicamenteuse

Elle est à connaître, même en l'absence de médecin, pour les sujets à risque qui sont connus pour présenter une sensibilité particulière au MAM, ou dont les tests

à l'hypoxie* n'ont pas été satisfaisants. Également lorsque l'acclimatation progressive est impossible pour des raisons tactiques. Il suffit de respecter un protocole simple d'automédication :
– 1 comprimé d'acétazolamide (Diamox) à 250 mg le matin et le midi, en commençant avant d'arriver à 3 000 m, et en cessant seulement 2 jours après l'arrivée à l'altitude maximale de séjour. La seule contre-indication sérieuse à ce diurétique est l'allergie aux sulfamides, et ses avantages (amélioration des céphalées, de l'insomnie, de la respiration nocturne) l'emportent largement sur ses inconvénients (mauvais goût des boissons gazeuses, fourmillement des extrémités, déshydratation).
– Pour le cas (rare) où l'acétazolamide est contre-indiquée (allergie ou antécédents de colique néphrétique), la Dexaméthasone est efficace à la dose de 4 mg toutes les 6 heures en cure de courte durée.

L'ŒDÈME AIGU DU POUMON EN HAUTE ALTITUDE (OAPHA)

Qu'est-ce que l'OAPHA ?

Cette complication possible du MAM peut être mortelle, et survenir d'emblée sans passer par le stade préliminaire du MAM.
Là aussi, les montagnards « professionnels » les plus aguerris peuvent être atteints. Il s'agit de l'inondation des alvéoles pulmonaires par la fraction liquide du sang, due à une augmentation excessive de la pression dans les capillaires tapissant la paroi alvéolaire. On est sûr que l'extravasation du sérum sanguin dans le territoire aérien est due à une hypertension dans l'artère pulmonaire, mais on ne connaît pas vraiment la cause intime du phénomène (parmi les facteurs vérifiés et intéressants pour la genèse possible du syndrome, on signalera une augmentation constante de la masse sanguine, avec diminution de sa fluidité par polyglobulie ; également une diminution de la faculté de dilatation des veines périphériques modifiant la répartition volémique).

Les risques de survenue

Il est intéressant de savoir que selon les statistiques, la probabilité de survenue est de 1 à 5 %, c'est-à-dire jusqu'à **1 sujet sur 20**. Il faut donc s'attendre, dans une expédition himalayenne mobilisant plus de 100 personnes, à devoir faire face au problème. Il survient entre 2 000 et 7 000 m, et dans 85 % des cas entre 3 000 et 4 500 m (massif du Mont-Blanc par exemple, mais pas les

Pyrénées). L'accès rapide, comme on le voit de plus en plus au Tibet ou dans les Andes grâce aux moyens aériens, favorise évidemment sa survenue. Il touche souvent des sujets jeunes en pleine santé, qui viennent d'accomplir un exercice intense (trekking forcé ou tout simplement ascension soutenue vers un camp de base).

Chaque année, 30 à 60 Français sont atteints d'OAPHA au Népal, aussi bien en expédition qu'en trekking. Il est, également, intéressant de savoir que l'acclimatement ne protège pas, puisque les natifs des hauts plateaux, aussi bien les Péruviens que les Himalayens, font des OAPHA.

Les premiers signes surviennent entre 36 heures et 3 jours après l'arrivée en altitude.

Après le dixième jour en altitude, on considère que l'on est sorti de la période à risque (80 % des cas surviennent, en effet, avant 10 jours).

Les signes

Dans la majorité des cas, le début est progressif, avec des signes de mauvaise adaptation : maux de tête, nausées, fatigue. C'est dire que dès la survenue de ces « coups de sonnette », on devrait déjà respecter le rythme d'ascension recommandé, se soigner, s'arrêter. Ensuite, les signes spécifiques se précisent avec respiration rapide, superficielle, une difficulté à respirer (dyspnée) à l'exercice puis au repos, une **tachycardie** tellement importante que le pouls est difficile à prendre. Surtout, il y a apparition significative d'une **toux sèche**, d'une **difficulté à respirer normalement**. Le malade devient confus, apathique, anxieux, commence à se cyanoser et la toux qui était sèche commence à ramener des **crachats** spumeux rosés car composés d'un mélange d'air, de sérum et de sang. Ces crachats traduisent le passage du sérum sanguin à travers la paroi alvéolaire. Cette véritable « noyade par l'intérieur » s'accompagne d'une sensation panique d'étouffer. L'oreille posée sur la base du thorax permet d'entendre des crépitements à chaque mouvement respiratoire. Si l'on ne fait rien à ce stade, l'évolution se fait vers la torpeur, le coma, la mort 1 à 6 heures après.

Il n'est pas question de se contenter d'un diagnostic d'infection pulmonaire (il peut y avoir de la fièvre) et d'un vague traitement antibiotique qui ne ferait rien contre l'évolution fatale.

En l'absence d'un médecin, il faut considérer comme un OAPHA le moindre signe pulmonaire et redescendre immédiatement.

L'enfant et la montagne

L'enfant est plus vulnérable que l'adulte au MAM et à l'OAPHA, mais il n'y a pas de contre-indication particulière au jeune âge entre 8 et 15 ans au moins jusqu'à 3 000 m (au-delà, il n'y a pas de statistiques médicales à ce jour). Pour le nourrisson, il ne faut pas emmener d'enfant de moins de 18 mois au-delà de 2 000 m. Outre que l'on voit mal le plaisir qu'un enfant si jeune peut éprouver sur le dos de son père en haut du mont Blanc (le cas est arrivé, avec décès de l'enfant au retour), il risque l'hypothermie et des gelures des extrémités par compression des cuisses et des bras entravant la bonne vascularisation.

Le traitement de l'OAPHA

Le traitement est **urgent** : il faut comme toujours **descendre**, ce qui implique de ne pas être allé se mettre au milieu d'une paroi alors qu'il y avait déjà des petits signes d'alarme. L'effet de la descente est toujours très spectaculaire, et de nombreux cas ont été décrits où la descente par un moyen logistique rapide (hélicoptère, téléphérique) a amené la guérison en quelques minutes. En situation limite, on se « débrouillera » pour descendre par le moyen le plus approprié, 500 m peuvent suffire.

Si l'on dispose de médicaments :

• **Diurétique** : 2 Lasilix en intraveineuse lente. Ce puissant diurétique diminue immédiatement la masse sanguine et donc l'hyperpression pulmonaire.

• **Morphine** : 15 mg. Elle présente l'avantage de supprimer l'anxiété, la douleur et de dilater les veines. Cette dernière action diminue, également, la pression pulmonaire. Elle doit être normalement utilisée par un médecin car elle peut provoquer une dépression respiratoire, mais en situation de survie et sans médecin...

• **Oxygène** : S'il est possible, c'est comme d'habitude le traitement adjuvant de choix.

• **Nifédipine** : C'est un nouveau médicament dont plusieurs études ont montré son efficacité non seulement en curatif mais aussi en préventif [1]. Il doit donc faire partie de la trousse médicale (voir *Médecine sans médecin*, p. 142). Dose : 20 mg en comprimé à libération prolongée pour le préventif et 30 à 60 mg en capsule sublinguale en cas de crise aiguë.

1. Les premières études réalisées en Suisse remontent à 1989 sur 21 alpinistes montant en 22 heures au Monte Rosa (4 600 m) et y restant 3 jours. Sur les 11 recevant un placebo, 7 développèrent un œdème pulmonaire tandis que sur les 10 recevant 20 mg de nifédipine, 1 seul fut atteint et encore de façon beaucoup moins intense.

Dans le cas où la descente est impossible, il faut un repos absolu, en position demi-assise qui favorise la respiration spontanée.

Prévention de l'OAPHA

- **Ascension progressive**, selon des critères déjà définis (voir p. 136). Les trekkers déposés en avion très haut au pied de l'Everest courent beaucoup plus de risques.
- **Éviter les efforts violents les premiers jours.** Ceci est très important.
- **Éviter les stress favorisant la survenue de l'OAPHA** (froid, anxiété...).
- **Réagir dès les premiers signes d'alarme** : s'arrêter, observer, soigner ou descendre immédiatement au moindre doute.
- **Nifédipine** : aussi efficace en préventif qu'en curatif.

L'ŒDÈME CÉRÉBRAL DE HAUTE ALTITUDE (OCHA)

Qu'est-ce que l'OCHA ?

Nous le considérons comme la **complication du MAM négligé**, ou encore comme un MAM très rapidement évolutif, aboutissant à la mort en quelques heures si l'on n'a pas fait la **seule chose à faire immédiatement : redescendre.**

L'aspect clinique est celui d'une hypertension intracrânienne aboutissant très vite au coma et à la mort. Typiquement, il s'agit d'un sujet jeune au cours d'une expédition entre 3 000 et 5 500 m, entre le premier et le cinquième jour en altitude. Parfois, il s'agit d'un sujet bien acclimaté, qui décompense après un gros effort au-delà de 8 000 m.

Les maux de tête sont insoutenables, résistants à la morphine, et le sujet se met à délirer, en proie à des **hallucinations auditives et visuelles**. Des alpinistes ayant évolué à très haute altitude ont rapporté l'hallucination du « compagnon imaginaire » avec qui l'on vit, celui qu'on attend au relais, et avec qui on partage sa nourriture.

Il y a perte rapide de la notion du temps et de l'environnement. Les facultés de jugement disparaissent, rendant d'autant plus aléatoires les chances qu'a l'alpiniste isolé de prendre conscience du mal qui l'atteint. Le solo au-delà de la « zone de mort » des 8 000 m relève de la roulette russe.

Traitement et prévention de l'OCHA

Le traitement diurétique sur un OCHA installé est insuffisant, voire inutile. Les corticoïdes (de type Dexaméthasone, 4 à 12 mg toutes les 4 à 6 heures) sont efficaces mais insuffisants. L'oxygène peut être utile, mais n'est pas miraculeux dans l'OCHA, et surtout ne doit plus être arrêté dès lors qu'il a été instauré (un arrêt ultérieur créerait une hypoxie* aiguë fatale).
Le seul traitement à la fois préventif et curatif de l'OCHA est donc la descente immédiate et rapide à une altitude inférieure à 3 000 m. Si l'on est isolé, à très haute altitude, sans moyen logistique pour une telle descente, il faut savoir qu'une simple descente de quelques centaines de mètres pourra déjà suffire à enrayer une évolution grave d'un œdème débutant.

Le MAM et ses complications

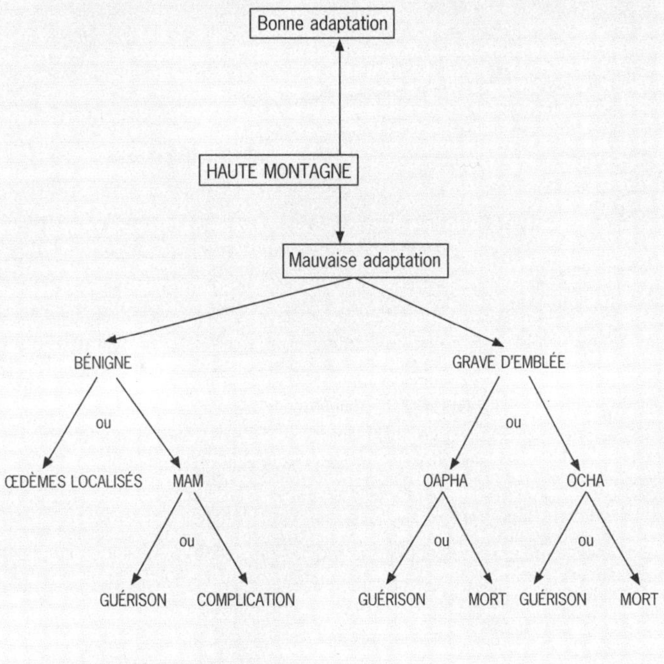

Médecine sans médecin

Désirant me limiter dans ce chapitre au matériel utile ou indispensable à emmener pour un petit raid, et à certaines pathologies spécifiques de la montagne (en dehors du MAM qui fait l'objet d'un chapitre spécial), j'invite ceux qui voudraient connaître la nature des vaccinations à pratiquer pour les destinations exotiques, ou encore les gestes utiles de secourisme élémentaire, à se reporter à mon ouvrage précédent[1].

Pour les médecins qui veulent en savoir plus

Se souvenir que la France est à la pointe de la recherche sur la physiologie de montagne, aussi bien en laboratoire que sur le terrain. L'ARPE (Association pour la recherche en physiologie de l'environnement) regroupe 250 médecins « montagnards ».

- ARPE : UFR de médecine
  74, rue Marcel-Cachin
  93012 BOBIGNY
  ✆ 01 48 38 77 57

Rayonnement solaire et montagne : les trucs

Nous savons que parmi toutes les radiations électromagnétiques émises par le soleil, trois catégories concernent le monde animé et plus particulièrement l'homme :

- les infrarouges qui apportent la chaleur ;
- la lumière visible, du rouge et du violet ;
- les ultraviolets à l'origine de la vie sur terre (cycle chlorophyllien...).

Tous ces rayonnements sont modifiés, peu ou prou, selon l'épaisseur d'atmosphère qui nous surmonte.

Cette épaisseur sera d'autant plus faible que nous serons sur une montagne plus élevée. La chaleur solaire sera d'autant plus grande, les couleurs d'autant plus vives, les ultraviolets d'autant plus violents.

1. *Survivre, comment vaincre en milieu hostile*, Albin Michel, 1988.

Ce sont ces derniers dont l'activité exacerbée en haute montagne nous obligera à certaines protections.
Les UVC, qui sont incompatibles avec la vie, sont arrêtés à quasiment 100 % à 15 000 m.
Les UVB, en revanche, sont d'autant moins arrêtés que l'on est plus haut. **Leur quantité augmente de 4 % tous les 300 m**, c'est dire qu'à 3 000 m, leur intensité est doublée, d'où l'engouement pour les restaurants d'altitude et le bronzage accéléré qu'ils permettent. Pour les mêmes raisons, une station balnéaire aurait peu de succès au niveau de la mer Morte (– 400 m), pas seulement parce qu'il n'y a plus d'eau de mer, mais parce que les UV ont également disparu !
Indépendamment de ces considérations légères, **les UV posent véritablement un problème de survie en haute altitude**, dès lors qu'on y séjourne plus haut et plus longtemps. Deux pathologies surviennent à coup sûr en l'absence de prévention : les brûlures cutanées et les brûlures oculaires.
Outre la diminution de la quantité d'atmosphère, un second facteur facilite la survenue de ces brûlures : la réverbération. L'albédo* est le pouvoir de réflection des rayonnements d'un élément donné. Ainsi, l'albédo de la neige est de 75 à 90 % selon la qualité : neige sale de printemps ou poudreuse fraîche. Ce pouvoir de réflection explique que, même à l'abri des rayons directs du soleil, sous un rocher par exemple, on puisse être brûlé de la même façon (par la réflection sur les champs de neige).
À titre comparatif, l'albédo de l'herbe sur un alpage en été n'est plus que de 3 %.

L'ophtalmie des neiges

On l'appelle également uvéite ; elle est due à une brûlure de la cornée, surface transparente qui recouvre l'œil et le protège des agressions extérieures. Cette affection douloureuse mais rapidement réversible en 48 heures est due aux ultraviolets. Le port de lunettes de montagne en empêche la survenue.
Elle peut être très invalidante dans certaines circonstances limites, et sa symptomatologie doit donc être connue. Survenant brusquement chez un pilote de montagne qui est seul à bord et s'apprête à se poser sur un glacier, c'est à l'évidence une cause de crash.
Il faut savoir que, même pour des expositions intermittentes, les lésions s'additionnent dès lors que les intervalles sont inférieurs à 24 heures. Même par temps gris, les UVB en montagne traversent en quasi-totalité un léger stratus ou une couche de cirrus de haute altitude, et au-dessus de 2 000 m, la moitié des ultraviolets traversent encore.

Les signes de l'ophtalmie

Il sont faciles à identifier au terme d'une journée pas forcément rayonnante de soleil. Le sujet ressent des signes de conjonctivite : sensation de grains de sable sous les paupières, vite très douloureuses, s'accompagnant de photophobie (la moindre source de lumière déclenche de violentes douleurs et un larmoiement abondant), de vue « voilée », de paupières rouges et enflées. Tous ces signes correspondent à une cornée sèche et dépolie, érodée sous forme de microulcérations par les UV. En 48 heures, cette cornée va être remplacée par une nouvelle.

Les solutions

Le sujet doit rester dans le noir, c'est-à-dire qu'en haute altitude, il devra porter un bandeau hermétique sur les yeux. La douleur sera atténuée par des compresses d'eau froide ou de la neige posée sur de la gaze. Tout alpiniste devrait, par ailleurs, **avoir dans sa trousse de survie un collyre à base d'atropine** pour empêcher la fermeture douloureuse de la pupille. Un collyre antiseptique et un vasoconstricteur seront d'utiles adjuvants. Sur un plan général, des antalgiques (Aspégic, Glifanan) et des somnifères seront également nécessaires (voir *La trousse médicale de survie*, p. 147).
Après 48 heures, l'alpiniste pourra reprendre sa course sans séquelles, avec des lunettes adaptée cette fois.

La prévention

Elle consiste essentiellement dans le port de lunettes avec des caches latéraux qui protègent la cornée des UV latéraux et du vent, facteur irritant supplémentaire. La qualité des verres doit être pensée avant le départ, en fonction des principes suivants : le pouvoir filtrant contre la lumière (éblouissement) et les UV est assuré efficacement par des **verres très teintés étiquetés « C »**, c'est-à-dire qu'ils absorbent 85 à 100 % des UV (« A » et « B » n'absorbent que 15 % et 65 %).
Si, pour une raison ou une autre, on n'a plus de lunettes, un **collyre de type Uvéline** apportera une protection efficace jusqu'à 2 000 m seulement et sous réserve de l'appliquer toutes les 4 heures. Au-delà de 3 000 m, **on évitera absolument d'évoluer sans protection entre 10 et 14 heures**, moment de la journée où le soleil au plus haut est très mal filtré par l'atmosphère raréfiée. Un collyre à base de

La couleur des lunettes n'a pas d'incidence sur le pouvoir filtrant, contrairement à ce que l'on croit souvent. C'est ainsi qu'un verre jaune, aussi efficace qu'un marron ou un rose, aura en plus l'avantage, par sa luminosité, d'apporter une bien meilleure vue par temps de brouillard.
Choisissez systématiquement des lunettes de glacier, avec des caches latéraux en cuir qui éviteront l'ophtalmie indirccte.

posicaïne, très efficace pour soulager transitoirement une douleur intolérable donc invalidante et dangereuse dans certains passages délicats, devrait faire partie systématiquement de la trousse médicale de base.

L'érythème solaire ou « coup de soleil »

En montagne, le vulgaire « coup de soleil » du bord de mer devient véritablement brûlure. Cela commence par la chaleur et la rougeur dues à l'action des infrarouges sur la peau. La chaleur locale provoque la libération de substances vasoactives locales (kinine, sérotonine, histamine) une vasodilatation et donc une rougeur.

Le bronzage est une réaction de protection de la peau contre les radiations : la peau s'adapte au soleil par un assombrissement immédiat du pigment mélanique sous l'action des UV, puis dans les jours suivants, il y a formation de nouveaux pigments. **Une seconde forme d'autoprotection est un épaississement simultané de la peau.**

À long terme, cette « gymnastique » imposée à la peau la fait vieillir prématurément par altération des fibres élastiques du derme. Cela se traduit chez certains, inconditionnels du soleil, par une peau chiffonnée dès la cinquantaine, et d'une façon irréversible (à noter que la peau des femmes est plus fragile que celle des hommes). Chez le montagnard professionnel comme chez les marins et les agriculteurs, la peau devient « burinée », c'est-à-dire hyperpigmentée par plaques, ridée, sèche et amincie.

En dépit de ces réactions protectrices « internes », le rayonnement est tel en montagne qu'elles sont souvent dépassées, aboutissant au maximum à des brûlures du deuxième degré avec phlyctènes et signes généraux possibles. Après quelques jours, la peau se détache en lambeaux, laissant des cicatrices. Le cancer de la peau est le stade le plus grave de cette surexposition chronique au soleil et sort du cadre de la survie.

La prévention de ces brûlures

Elle tient dans l'utilisation des produits solaires de protection qui sont de deux types :

- **les produits solaires** permettant un bronzage progressif en atténuant le « coup de soleil » ;
- **les produits antisolaires**, les seuls nous intéressant, assurent **une protection totale** en arrêtant le rayonnement ultraviolet et visible. C'est « l'écran total » facile à trouver en pharmacie (prendre l'indice le plus fort).

Cet écran total devra être utilisé sur tout le visage à partir de 4 000 m, en particulier les zones les plus sensibles : front, nez, **et renouvelé toutes les 2 heures.**

Un facteur individuel rend ces mesures de protection nécessaires à des altitudes beaucoup plus basses, c'est le cas des roux et des blonds « à peau fine » qui ne bronzent pas. Pour être parfaitement efficace, surtout en cas d'allergie solaire, cette application doit être faite toutes les heures.

En conclusion, nous soulignerons l'influence déterminante de l'orientation sur l'intensité de l'insolation : **sur une surface horizontale, l'insolation en montagne est à peu près identique sur les versants est et ouest, alors que sur les versants sud son influence est 2 fois plus forte** (dans l'hémisphère nord). En plein hiver, les pentes escarpées orientées au nord ne reçoivent aucune insolation directe (et inversement dans l'hémisphère sud). Cette règle est d'autant plus vraie que la déclivité est plus grande, et sa connaissance est capitale en survie, dictant l'orientation du bivouac : à l'abri du vent la nuit, au soleil le jour (vers le sud dans l'hémisphère nord). Elle conditionne, aussi, le danger d'avalanche selon le type de neige : fréquence des avalanches de neige humide sur les versants ensoleillés et de neige sèche sur les versants à l'ombre.

Pourquoi protéger sa peau *surtout* en montagne ?

Parce que c'est le milieu où elle souffre le plus (plus qu'en mer ou dans le désert) par la confluence de trois paramètres :

– l'air sec entraîne une évaporation accélérée de l'eau à la surface de la peau, d'où un dessèchement de celle-ci ;

– le froid amène une vasoconstriction qui fragilise la peau, et bloque la sécrétion des glandes sébacées dont le film protecteur disparaît ;

– les ultraviolets attaquent directement les cellules du derme et de l'épiderme, d'autant plus vite qu'il n'est plus protégé par une circulation sanguine normale et un film de sébum en surface.

Les peaux sèches seront donc les plus rapidement atteintes (ternissement, desquamation, couperose), mais aussi les peaux réputées grasses qu'il faudra protéger dans toutes les zones découvertes (mains et surtout visage).

Un arsenal de crèmes existe, de jour et de nuit, contenant de quoi reconstituer le film hydrolipidique naturel de protection (sébum + eau + cholestérol + urée + acides aminés). Ne rentrez pas trop dans les détails et n'écoutez pas forcément les pharmaciens de station qui vous conseilleront souvent les derniers cris de grandes marques plus attachées à leur médiatisation qu'à leur efficacité... Tartinez-vous matin et soir, et toutes les 2 heures dans la journée, votre organisme fera le reste.

Un point particulier : les lèvres, qui ne contiennent aucune glande sudoripare et très peu de sébacées, sont plus fragiles encore. Les gerçures sont fréquentes, et le dessèchement se produit. Le stick labial est donc obligatoire dans une de vos poches. En cas d'herpès, utiliser toutes les 2 heures un stick spécifique (Herpidu, Zovirax, etc.).

La trousse médicale de survie en montagne

Médicaments indispensables ou très utiles

Produits (Appellation commerciale et chimique)	*Action pharmacologique recherchée*	*Comportement de la forme injectable selon la température*	*Indications*	*Posologie et mode*	*Remarques*
SOLUDECRADRON (Dexaméthazone)	Corticoïde	Congélation – 40 °C stable à + 50 °C	Allergies, asthme, piqûres venimeuses, œdèmes, début de noyade « MAM »	Ampoules de 4 mg jusqu'à 5 par jour en IV ou IM	Forme auto-injectable à usage unique très pratique
ASPÉGIC 1000 (Acétylsalicylate de lysine)	Antipyrétique, antalgique, anti-inflammatoire	Congélation en 15 mn à – 20 °C sans bris d'ampoules. Ne résiste pas à la décongélation OK jusqu'à + 30 °C	Grippe, dengue, infections fébriles, céphalées, « bends », « MAM »	1 à 4 sachets par jour	Prendre sachets en zone très froide et au-dessus de 40 °C
VALIUM 10 injectable	Sédatif, anxiolytique, anticonvulsivant, myorelaxant	Douleurs, tous états d'excitation et anesthésique		4 à 8 IM ou IV par jour	Diminue la vigilance
ADRÉNALINE 1 pour 1 000 ampoules	Sympatho-mimétique	Bien agiter après réchauffement. Détruit à + 50 °C	Piqûres venimeuses avec troubles cardiaques	1 IV 5 maximum par 24 h	Médicament dangereux. À n'utiliser qu'en cas de troubles graves
POLARAMINE 6 mg gélules (Deschlopheni-ramine)	Antihistaminique		Allergies alimentaires, piqûres d'insectes, allergies solaires	1 gélule matin et soir	Provoque assoupissement (peut être utilisé comme somnifère).
LASILIX ampoule (Furosémide)	Diurétique rapide	Pas de problème au froid ni au chaud	Coups de chaleur, insolations « OAPHA » « OCHA »	1 ampoule IM ou IV lente ou 1 à 4 comprimés par 24 h	Médicament dangereux
MORPHINE Ampoule	Antalgique puissant		Toutes douleurs intestinales, fractures, etc.	1 ampoule IM	Supprime la vigilance
DIAMOX comprimé (Acétazolamide)	Diurétique		Prévention « MAM »	2 comprimés à 250 mg	

Produits (Appellation commerciale et chimique)	*Action pharmacologique recherchée*	*Comportement de la forme injectable selon la température*	*Indications*	*Posologie et mode*	*Remarques*
XYLOCAÏNE 2 % (flacon de 20 ml) (Lidocaïne)	Anesthésique local		Anesthésie locale ou régionale	5 à 10 ml selon importance de la région anesthésiée	Allergies très rares, appendicectomie réalisable sous Xylocaïne en catastrophe
CÉLESTENE Dragée et injectable (Betamethasone)	Corticoïde	Solidification en 1 h à 20 °C. Sans modification chimique. Pas de problème à + 50 °C	« MAM », allergies, urticaire	2 à 4 dragées par jour	
VERMOX Vermifuge					Très utile au Népal
SPASFON Antispasmodique		Colites, coliques néphrétiques, gastriques		Suppositoires : 2 à 4 par jour	Pas d'effet secondaire
NIFÉDIPINE	Vasodilatateur	« OAPHA »		20 mg/24 h (préventif) 60 mg/24 h (curatif)	
CORAMINE Glucose	Tonicardiaque		Épuisement	4 à 5 comprimés/24h	

Médicaments utiles ou de moindre urgence

Produits (Appellation commerciale et chimique)	*Action pharmacologique recherchée*	*Indications*	*Posologie et mode*	*Remarques*
Collyre ATROPINE	Mydriatique	Conjonctivite solaire	1 goutte toutes les 4 h	Tous les collyres sont inutilisables 15 jours après ouverture
Collyre UVELINE ou ANTALYRE		Protection solaire	1 goutte toutes les 4 h	Tous les collyres sont inutilisables 15 jours après ouverture
Collyre POSICAÏNE	Anesthésique oculaire	Corps étranger, douleur oculaire intolérable	Le moins possible (dangereux)	À utiliser avec précaution car retarde la cicatrisation
ROHYPNOL		Insomnies	½ à 1 comprimé ½ h avant endormissement souhaité	Ce produit est utilisé par certains malfaiteurs pour abuser de leurs victimes

Produits (Appellation commerciale et chimique)	Action pharmacologique recherchée	Indications	Posologie et mode	Remarques
STRYADINE	Tonique musculaire	Fatigue	2 comprimés à la fois	
LEXOMIL 6 mg	Anxiolytique pur	Découragement, anxiété, tendance dépressive	2 à 6 mg par jour (comprimés sécables)	Peut diminuer la vigilance en début de traitement
VITAMINE C 1 000 mg		Envenimations diverses, fatigues, situations de stress	500 mg par jour en plusieurs prises	Se procurer des comprimés incluant vitamine C et calcium (Calcefor, etc.)
INTETRIX gélule	Antiseptique intestinal très large	Toutes diarrhées (infectieuses, amibiennes, fongiques)	4 à 6 gélules par jour. Amibiase : 4 par jour pendant 10 jours	
IMODIUM	Parasympatholytique	Diarrhée d'origine inconnue	2 gélules à 2 mg après chaque selle liquide. Maximum : 6 par jour	
BACTRIMFORTE		Infections respiratoires, urinaires et digestives (typhoïde)	2 comprimés matin et soir	Efficacité mauvaise dans gonococcie et angine
PENGLOBE	Ampicilline	Infections respiratoires urinaires, digestives, ORL et méningites	2 à 4 comprimés à 400 mg par jour pendant 8 jours	Contre-indication si allergie à la pénicilline
ORBÉNINE	Béta-lactamine	*Idem*, infections cutanées et osseuses	2 gélules à 500/mg matin et soir pendant 8 jours	Antibiotiques à choisir en cas de furoncle
DOXYCYCLINE	Cycline	Infections respiratoires, ORL, etc.	2 comprimés à 250 mg 4 fois par jour pendant 8 jours	Son action antiparasitaire contre le paludisme est très intéressante
HÉMOCLAR	pommade		Gelures, hématomes...	

• Tous ces produits sont meilleurs sous leur forme injectable, quand elle existe, mais celle-ci est plus sensible aux variations de température.

• Les indications portées sont celles qui peuvent être intéressantes en situation de survie. D'autres indications en pathologie « urbaine » de tous les jours ne sont pas mentionnées.

• IV = intraveineuse. C'est la voie d'urgence qui, par principe, doit être lente et effectuée sur un sujet allongé.

• IM = intramusculaire. Urgences moindres.
• Certains de ces médicaments peuvent être remplacés par d'autres comme le Rohypnol par l'Havlane (somnifère léger à induction courte) ou la Polaramine par le Zirtec (anti-allergique très efficace et sans effet secondaire) ; l'essentiel est de disposer de ces classes de médicaments et votre médecin de famille vous aidera à bon escient en fonction de votre programme et de votre profil médical.

Le petit matériel

• Un **nécessaire à sutures** (pinces, porte aiguilles et fil à suturer) qui vous permettra aussi de bricoler votre tente, hamac ou sac de couchage, sans oublier l'indispensable **Steristrip.**
• De la teinture d'iode ou de **l'alcool iodé** pour la désinfection de toutes plaies.
• Le **Micropure** en pastilles pour la désinfection des eaux suspectes (laisser agir au moins 30 minutes dans la gourde avant de consommer).
• De la **Biogaze**. Gaze spéciale, sous conditionnement léger et hermétique, facile à utiliser sur toute blessure à protéger de l'extérieur.
• De l'**Élastoplaste**, indispensable pour immobiliser une fracture et très utile pour divers bricolages.
• Une boîte de **Compeed** (ou Urgomed), indispensable pour protéger les talons notamment des conséquences handicapantes des phlyctènes ; à utiliser en préventif ou en curatif. En cas d'ampoule, on applique la « double peau » dessus, après avoir percé l'ampoule avec une aiguille chauffée à blanc et sans enlever la peau décollée.
• Du **feutre podologique** pour les cors. Cela permet d'éviter ou de stabiliser leur survenue. On découpe une rondelle de feutre dont on entoure le cors (on maintient avec un adhésif médical quelconque) afin d'éviter le frottement.
• Un **stick labial** contre l'herpès (virus réactivé par le soleil d'où sa fréquence en montagne). Doit être appliqué toutes les 2 heures et surtout pas prêté car cette dermatose est très contagieuse et il est difficile de s'en défaire définitivement (attention aux gourdes qui circulent...). On peut utiliser Herpidu ou Cuterpes (gel en tube).

La neige comme remède

• En cas d'entorse, elle représente un anti-inflammatoire de choix. Elle atténuera l'œdème et la douleur et permettra de continuer la course (sous réserve d'interposer une couche de laine pour éviter le contact direct avec la peau.
• En cas d'hémorragie externe, grâce à ses propriétés vasoconstrictives, elle peut arrêter le saignement.

Aptitude à la montagne

Si vous doutez de vos capacités pour une ascension précise, n'hésitez pas à consulter un des centres spécialisés en France pour les bilans d'aptitude à la montagne. Ces centres sont au nombre de cinq, travaillant en étroite relation avec l'ARPE (Association pour la recherche en physiologie de l'environnement). La France est l'un des pays les mieux équipés au monde dans ce domaine, à vous d'en profiter (voir les adresses, en annexe, à Bobigny, Chamonix, Grenoble, Clermont-Ferrand et Nantes).

ALIMENTATION, BOISSON ET DIÉTÉTIQUE DE MONTAGNE

/ LES BESOINS HYDRIQUES EN MONTAGNE

À 4 000 m, l'humidité relative a diminué de 75 %. Au-delà de 6 000 m, l'air inspiré est pratiquement sec.

Les pertes hydriques en altitude

Quelle que soit l'altitude, à chaque expiration, l'organisme se déshydrate un peu. En effet, l'air des poumons est saturé en vapeur d'eau après son trajet contre les muqueuses des voies aériennes supérieures et son séjour dans les alvéoles pulmonaires, où il s'est débarrassé d'une partie de son oxygène, et enrichi en gaz carbonique. Comme, par ailleurs, le manque d'oxygène est compensé par une hyperventilation d'autant plus importante que nous sommes plus haut et en plein effort, nous aggravons d'autant plus notre « bilan hydrique ». Le résultat est une perte d'eau par la respiration atteignant couramment 200 ml par heure, soit **1 l pour 5 heures de progression** en altitude. Pour peu que l'on soit exposé au rayonnement du soleil particulièrement intense en altitude, nous aurons une nouvelle perte hydrique par sudation, conduisant à des bilans journaliers de 4 à 5 l. Presque autant que dans le désert !

Desmaison, après son dixième jour à 4 000 m, sentait « ses muqueuses lui brûler la gorge, sa langue gonflée le gênait pour respirer ». N'ayant plus de quoi faire fondre les quelques morceaux de glace qui lui restaient encore de la veille, il serait mort de déshydratation autant que de froid, si les secours n'étaient arrivés in extremis.

Peut-on « boire de la glace » ?

En dehors bien sûr des cas de déshydratation avérée, cela est mauvais à double titre : par le refroidissement qu'elle provoque, et par le fait que, comme la neige, elle procure un liquide hypotonique, dépourvu de sels minéraux, qui est néfaste pour l'équilibre hydroélectrolytique et la digestion. Dernier point négatif, l'impossibilité d'ingurgiter sous forme de « bonbons de glace » l'équivalent de 4 ou 5 l d'eau en une journée ! **Le réchaud est donc indispensable**, et avec lui de quoi accommoder la glace fondue (soupes, jus de fruits en poudre, sirops, Viandox, Kub, etc.). Cette **nécessité d'agrémenter les liquides de façon diverse** est indispensable, surtout pour les longues courses, car la sensation de soif diminue avec l'altitude, même si l'organisme est déshydraté.

La neige comme source d'eau

Même compacte, elle ne donne que 10 à 15 % de son volume en eau, ce qui implique de « travailler » un volume d'environ 10 l de neige pour obtenir 1 l d'eau. Pour 4 l d'eau, il faut donc faire fondre 40 l de neige, ce qui est extrêmement coûteux en calories. À titre d'exemple, à –45 °C, pour obtenir 4 l d'eau, il faut dépenser 700 calories de combustible.

La meilleure méthode pour se procurer de l'eau à partir de la neige est la suivante : pour économiser le combustible, on utilisera au maximum la chaleur corporelle dégagée dans la journée pendant que l'on se déplace : les Esquimaux utilisent des sacs en boyaux de morse qu'ils glissent remplis de neige sous leurs vêtements de fourrure. Le survivant moderne utilisera plus volontiers des gourdes souples aux parois non isolantes (plastique) dont il entourera son corps. On peut ainsi récupérer 1/2 l d'eau en 10 heures à partir d'une gourde de 1/2 l en polyéthylène souple (étude de V. Volovitch).

/ L'ALIMENTATION EN ALTITUDE

L'alimentation en haute montagne a toujours été un problème pour les alpinistes qui, dès les débuts, constatèrent une perte de poids constante. Cette perte de poids objective n'a pas encore trouvé d'explication satisfaisante, même si la baisse d'appétit, également constante, peut être considérée comme une explication partielle. L'hypoxie* pourrait agir par inhibition directe sur les centres de la faim. Comme l'a révélé une étude de Boyer, il pourrait aussi y avoir une diminution de l'absorption intestinale, chez des sujets acclimatés à 6 300 m.

La perte d'appétit

En pratique, il faut savoir que la perte d'appétit sera **inévitable**, avec éventuellement un dégoût accentué pour les graisses (le contraire de ce qui se passe en altitude normale). Le problème se pose **surtout au-dessus de 4 000 m** et devient grave pour les longues courses ; ce n'est pas tant dans les Alpes qu'en Himalaya ou dans les Andes qu'il risquera de devenir dangereux.

Au camp de base (4 000 à 5 000 m), l'anorexie est surtout due au mal des montagnes, pour diminuer, voire disparaître, lorsque l'acclimatement à l'altitude est faite. La meilleure preuve de l'influence de l'acclimatement sur l'appétit est de constater qu'au retour des camps d'altitude, les alpinistes dévorent couramment 4 000 cal/jour, au même camp de base où ils boudaient les repas à la montée.

Dans les camps d'altitude, en particulier **au-delà de 6 000 m, l'anorexie est constante**. L'alpiniste boude plus ou moins la nourriture et peut n'accepter que 1 000 à 1 500 cal/jour, ce qui est très nettement insuffisant par rapport aux 4 000 nécessaires à une ascension entre 6 000 et 7 000 m. Le résultat est une perte de poids importante et inévitable :

– 1 kg/semaine entre 4 500 et 6 000 m ;

– 2 kg/semaine au-delà de 6 000 m.

Cette perte de poids semble se faire dans un premier temps aux dépens de l'eau corporelle, puis du tissu adipeux, et enfin du tissu musculaire lui-même, la ration protidique étant pratiquement toujours insuffisante. La fonte musculaire provoque alors une baisse de la performance sportive, déjà diminuée par la raréfaction importante de l'oxygène. À une altitude normale, plus l'organisme réclame d'énergie pour ses muscles, plus le métabolisme lui en apporte. Par contre dès que l'on dépasse l'altitude de 6 000 m, les réactions énergétiques aérobies (avec oxygène) sont dépassées par le manque d'oxygène, aggravant la difficulté de l'effort.

Est-il utile de grossir avant le départ en expédition ?

Richalet en doute sur le plan physiologique théorique, en revanche J.-L. Etienne pense que l'intention se justifie parfaitement. Pour ma part, je l'encourage également, ne serait-ce qu'en raison de l'innocuité de la méthode, qui ne saurait en aucun cas s'avérer gênante sur le terrain.

Afin d'augmenter les réserves de sucre dans les muscles et le foie, on appliquera le régime de stockage du glycogène en se contentant de **la technique de « déplétion-surcompensation »**, alternant des efforts intenses suivis de repas hyperglucidiques. Le régime « dissocié scandi-

Comment prendre des réserves ?

Le poids varie en fonction de deux entités : la masse musculaire ou masse maigre, et la réserve de graisse ou masse grasse. Augmenter le poids de la masse musculaire dépend de l'entraînement, et il n'est donc pas question de discuter sur la nécessité de ce dernier point dans la perspective de toute entreprise sportive.
Augmenter la réserve de graisse dépend d'un régime hypercalorique que l'on va s'imposer avant le départ, en vue de stocker sous la peau un maximum de calories dont on se servira le moment venu.

nave» est, lui, réservé à des efforts intenses, comme dans le cadre, par exemple, d'une compétition de ski de fond.
Si l'on désire privilégier la mise en réserve graisseuse, on fera un régime mixte, avec un gros apport lipidique, parallèlement à la technique «déplétion-surcompensation» par les sucres. La longueur des exercices apprendra, par ailleurs, à l'organisme à mobiliser ses acides gras, économisant d'autant les réserves de glycogène quand elles seront nécessaires en altitude.

Diététique en altitude

Au-delà de 3 000 m, l'alimentation doit compenser à la fois l'effort physique, le froid et l'altitude. Il faudra économiser l'oxygène donc **éviter les protides** qui nécessitent de l'oxygène pour transformer leurs radicaux azotés en urée. À partir de 6 000 m, la privation est théorique, la très grande majorité des alpinistes ayant du dégoût pour la viande. **2 000 calories suffisent en haute montagne**, en raison non seulement de la perte d'appétit, mais aussi de la diminution de tous les métabolismes et du ralentissement de la digestion. On recommandera dans la pratique 50 g de protides, 50 g de lipides et 300 g de glucides (total: 1 850 calories).
Selon la nature de la course, on choisira sa ration parmi les aliments suivants:
- lait en poudre complet;
- fruits secs (raisins, figues, pruneaux, abricots);
- oléagineux (noisettes, amandes, arachides);
- chocolat, bonbons au miel;
- pain concentré;
- thé ou café en sachets, potages;
- gruyère.

Et si on a de la place, lait concentré sucré, saucisson sec.
Rappelons que l'eau doit être bue en grande quantité à partir de la neige ou glace fondue, préalablement battue pour être aérée, et minéralisée pour éviter les crampes et les ennuis digestifs (emporter du sel et des bouillons cubes de viande).

L'énergie en poche

La vitamine C

Sous les très basses températures, on a observé un déficit rapide en acide absorbique (vitamine C), thiamine (vitamine du groupe B). Il faudra donc un apport forfaitaire de 1 g de vitamine C et quelques comprimés de polyvitamines tous les jours. On aura soin de prendre les 1 000 mg de vitamine C en 2 fois 500 mg, l'organisme puisant ce dont il a besoin et rejetant immédiatement le surplus (pas de forme de stockage de la vitamine C) ; la seconde prise doit se faire avant 18 heures sous peine d'entraîner une insomnie.

Les barres énergétiques

Elles sont composées de miel, chocolat, fruits secs, céréales... On en trouve un grand choix dans le commerce. À vous de privilégier le maximum de calories dans le minimum de poids (indications sur l'emballage).

Les produits lyophilisés

Précuits et déshydratés en sachets sous-vide, ils présentent l'avantage d'occuper peu de place et de poids (il suffit d'ajouter de l'eau chaude pour obtenir en 2 minutes un plat cuisiné agréable) et de se conserver longtemps. Ils améliorent l'ordinaire parfois répétitif des repas en grande randonnée.

Préparations diététiques de survie utiles en montagne

Certaines préparations sont valables en milieu sportif car elles constituent des aliments complets, mais ne doivent pas être retenues en survie car elles sont préhydratées, d'où un encombrement et un excès de poids très préjudiciables. C'est le cas de préparations comme Shak, liquide complet de très bon goût, étudié à l'origine pour les personnes souffrant d'un cancer.
Citons parmi les aliments secs intéressants :
- Vivanco : poudre d'aliments complets à diluer ;
- Muesli : intéressant pour enrichir le petit déjeuner ;
- biscuits Millical 30 % : aliment protéique aux quatre parfums ;
- les farines diastasées ou maltées pour nourrissons sont conseillées pour l'effort physique et le froid, apportant glucides et calories en grande quantité ;
- Hyperprotidine : poudre hyperprotidique d'appoint ;
- Pemmican : très intéressant en pays froid (voir encadré ci-avant) ;
- Trophysan : poudre contenant acides aminés indispensables, potassium, vitamine B6 et PP.

Le pemmican

Le pemmican mérite une mention particulière, car ce mélange de viande et de graisse séchée a toujours été le produit de base des expéditions arctiques ou antarctiques. Les Américains s'en nourrissaient déjà en 1853 lors de leur expédition au Groenland. Robert Peary atteignit le premier le pôle Nord en 1910, ayant pour seule alimentation un pemmican qu'il avait rehaussé de fruits secs. Amundsen et Byrd n'utilisèrent, dans les années 20, que du pemmican enrichi de légumes séchés et de gruau d'avoine. En 1933, pour sa seconde expédition antarctique, Byrd avait confectionné un pemmican contenant 17 ingrédients. Le pemmican existe toujours, plus ou moins enrichi, et il faut donc savoir exactement ce qu'il contient, en plus des protéines et graisses de base. Son rapport poids/calories est toujours excellent, **particulièrement propice à la survie sous toutes les latitudes**. Sa conservation ne pose, par ailleurs, aucun problème quelle que soit la température.

/ Les drogues

La diététique traite de ce qu'il est idéal d'absorber en matière d'alimentation dans un cadre d'activités donné, et il n'est pas d'usage de parler de drogue dans un cadre sportif. Quelques lignes, cependant, sur le sujet me semblent justifiées car il est extrêmement dangereux d'être gravement dépendant et de se mettre volontairement dans des situations où il y a risque de survie difficile.
En même temps, il existe heureusement des drogués repentis, qui doivent savoir que, bien encadrés, aller au bout de soi-même par le biais du sport ou du risque physique peut être un remède définitif à leur maladie passée. Les expériences de navigation en haute mer pour drogués sont dans ce sens bénéfiques, bien plus en tout cas que les séances d'analyse au long cours... Nous n'insisterons pas sur les drogues dures, leurs adeptes ne pouvant être concernés par cet ouvrage.
Ce qui nous intéresse est de bien faire prendre conscience des risques qu'encourent tous ceux qui s'adonnent aux drogues que nous qualifierons d'« insidieuses », dans la mesure où leurs victimes ont généralement bonne conscience et se disent que de toute façon ils arrêteront un jour...

Le tabac

Un fumeur, à partir de 20 cigarettes par jour, crée au sein de ses alvéoles pulmonaires une hypoxie* artificielle équivalant à celle que l'on rencontre à

2 500 m d'altitude. L'oxyde de carbone provenant de la combustion du tabac se substitue à l'oxygène sur les récepteurs spécifiques des globules rouges, privant l'organisme tout entier du combustible qui lui est indispensable pour le moindre effort. C'est ainsi que 2 alpinistes sur le même sommet peuvent être à des altitudes physiologiques très différentes : le non-fumeur est à 3 500 m sur l'aiguille Verte, le fumeur à 20 cigarettes par jour est à 5 000 m. Que survienne la nécessité de redescendre rapidement, et le stress s'ajoutant à l'hypoxie, la course pourra se transformer en drame pour le fumeur. Est-il nécessaire de dire que cet alpiniste devra se contenter des sommets d'Europe (et encore...) et seulement par tempête de ciel bleu. **On n'a jamais vu un fumeur réussir le K 2.**

Relation tabagisme-hypoxie d'altitude (d'après Evrard)

Altitude réelle d'un non-fumeur	*Altitude physiologique d'un fumeur 20 cigarettes/jour*
0 m	2 500 m
3 000 m	4 500 m
6 000 m	7 000 m

Outre ses effets nocifs sur le transport de l'oxygène depuis les poumons, le tabac décompose la vitamine C et augmente ainsi la fatigabilité musculaire. Par ailleurs, il favorise les phénomènes hypoglycémiques à jeun (l'effet hyperglycémiant initial dû à la sécrétion d'adrénaline lors de l'inhalation de la fumée est suivi d'une sécrétion d'insuline entraînant cette hypoglycémie secondaire). **Le tabac est réellement la « drogue de l'anti-effort »**, tant par ses effets respiratoires que métaboliques, et sa consommation régulière est absolument incompatible avec l'endurance physique qui est requise en montagne.

L'alcool

Il est plus difficile en expédition d'emmener ou de se procurer de l'alcool que du tabac et nous n'envisagerons donc les méfaits de cette drogue qu'à travers les innombrables vertus thérapeutiques qu'on lui prête.

Nous avons tous vu des centaines de films où le moribond surmonte la douleur par une grande lampée d'alcool, se donne du courage par « une petite lichette », traverse le blizzard grâce à une bonne rasade de « gniole », ressuscite d'une morsure de serpent à l'issue d'une cuite magistrale, etc. Que faut-il penser de ces idées reçues ? Rien de positif. L'alcool éthylique possède deux vertus qu'il ne faut pas nier : c'est un antiseptique efficace s'il titre plus de 40°, et peut donc aider à désinfecter les plaies. C'est, par ailleurs, un anesthésique partiel dans la mesure où il agit sur le système nerveux central et diminue la vigilance proportionnellement à la quantité bue. À ce titre, il peut aider à supporter la petite chirurgie de guerre, si on ne dispose pas de morphine ou de valium. Soulignons quand même qu'une ampoule de 1 cm^3 de morphine fera beaucoup plus d'effet que 0,50 cl de whisky, tout en étant 500 fois moins volumineuse et 500 fois moins lourde !

L'apport calorique de l'alcool est réel, indépendamment de tous les effets nocifs qui accompagnent immanquablement son ingestion : **il fournit 7 calories par gramme** et est utilisé par l'organisme pour la dépense calorique de base jusqu'à concurrence de 50 %. En pratique, cela signifie que si l'on est bloqué dans la neige avec un container de whisky et rien à manger, il vaut mieux boire chaque jour la quantité de whisky qui apportera la ration calorique minimale nécessaire à la survie (boire de la neige fondue n'apportera aucune calorie). On conviendra que cette situation cocasse a peu de chance de se produire.

Certains ressentent un « coup de fouet » tonifiant juste après l'ingestion d'alcool. Cet effet n'est pas niable parfois, mais malheureusement toujours suivi d'une phase de lassitude et d'une baisse de rendement musculaire, surtout en altitude !

Pour ceux qui voient dans le vin une source inégalée de vertus en tout genre, nous leur rendons justice jusqu'à hauteur de 2 verres par jour sous certaines conditions. Le vin doit être de qualité supérieure sans être le résultat de savants mélanges. Il doit être bu à raison d'un verre de taille normale au cours de chacun des deux repas principaux. Ces repas doivent être équilibrés et apporter au minimum 3 000 calories pour ½ l de vin, ce qui constitue un grand maximum quotidien (rappelons que l'alcoolisme commence avec 0,75 l de vin à 10° par jour). En respectant ces conditions, vous ne deviendrez pas alcoolique et profiterez au maximum des vertus possibles du vin. Faut-il en déduire qu'il doit rentrer dans la préparation à la survie ? Non bien sûr, même si on a pu prouver que les amateurs du taste-vin qui boivent bon et peu bénéficient d'une microcirculation exceptionnelle au niveau de la pulpe des doigts, ce qui pourrait les rendre plus résistants aux gelures !

Régime amaigrissant et montagne

Je citerai pour la bonne forme la petite station thermale de Brides-les-Bains (près de Moutiers), spécialisée dans le traitement des citadins « enveloppés » ou obèses. Beaucoup, parmi eux, décupleraient leurs résultats en prenant les bennes pour gagner les hauteurs où les attendent des dizaines de kilomètres de ski de fond parfaitement aménagés dans les bois, ou des itinéraires de superbes promenades à raquettes. Comment le sauraient-ils puisque, concurrence oblige, personne ne leur en parle ? Et pourtant, nul besoin d'être un sportif accompli : avoir seulement conservé l'usage de ses deux jambes et savoir compter. Quel que soit l'exercice choisi, il suffit de maintenir, sans grand effort, pendant 2, 3, 4 heures son pouls entre 120 et 130 au maximum. Jusqu'à ce rythme en effet, l'effort physique et mental n'est pas grand, et l'organisme ne brûle pratiquement que des graisses. Ce n'est qu'au-delà de 150 pulsations, quand on adopte un rythme de sportif accompli, que l'organisme brûle surtout les sucres immédiatement disponibles dans le sang et les muscles plutôt que les graisses. Il faut en plus une volonté qu'un obèse en cure ne recherche pas forcément.

Il suffit donc d'avoir en tête le petit tableau ci-dessous et de surveiller son pouls (achetez un petit pulsomètre si vous n'avez pas de montre, c'est très bon marché) pour perdre en une demi-journée, en pleine nature et souvent en plein soleil, plusieurs livres de graisse superflue, beaucoup plus sûrement que dans la vallée, enfermé devant un tableau noir et une sinistre carafe d'eau...

POULS	PROPORTION DE SUCRES BRÛLÉS	GRAISSES BRÛLÉES
< 130	10 % → 30 %	70 % → 90 %
130 → 150	30 % → 50 %	30 % → 50 %
> 150	> 70 %	> 30 %

VI
La navigation en montagne

La navigation en montagne est très différente de la navigation sur mer, en plaine et dans les airs, où le plus court chemin pour joindre deux points est la ligne droite à hauteur constante. En montagne, non seulement la ligne droite est impossible, mais l'altitude d'une course rejoignant deux points peut varier considérablement en plus ou en moins ; d'où la nécessité de cartes spéciales à grande échelle avec des courbes de niveau précises, une bonne boussole et un minimum de connaissances pour ne pas se perdre par mauvais temps. Dès que vous sortez des sentiers battus avec leurs pancartes, bancs de repos, points de vue aménagés et autres traces humaines plus déplaisantes, vous devez obligatoirement posséder des notions de navigation et de lecture de carte.

L'ORIENTATION SANS BOUSSOLE

Trouver le sud avec la montre et le soleil

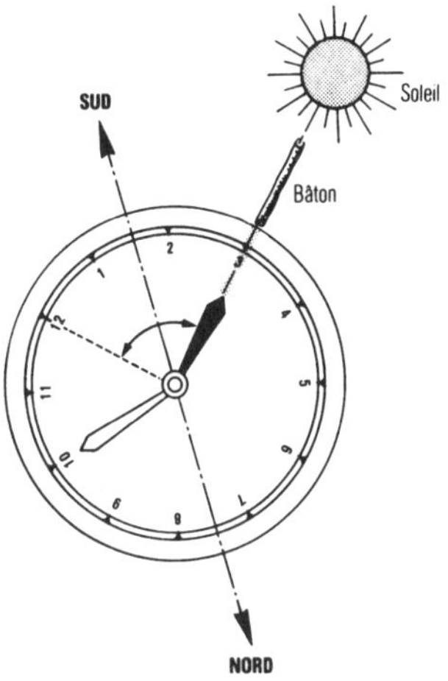

Orientation sans boussole – hémisphère nord

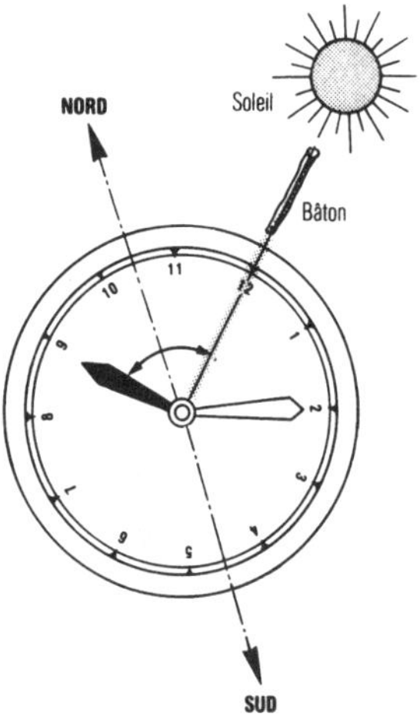

Orientation sans boussole – hémisphère sud

La méthode est exacte à 10° près, plus ou moins 5° selon l'aptitude de chacun à ce que l'on appelle « l'estime ». Elle est valable dans les zones tempérées, c'est-à-dire entre 23,5° et 66,5° de latitude sud ou nord (soit entre les parallèles du Tibesti et de la Scandinavie pour l'hémisphère nord).

Entre deux levers ou couchers successifs, le soleil décrit une rotation apparente autour de la terre de 360° en 24 heures, soit 15° par heure (en fait, c'est la planète qui a tourné sur elle-même, mais pour l'observateur terrestre, c'est exactement la même chose).

Sachant, par ailleurs, que le soleil se lève vers l'est et se couche vers l'ouest une douzaine d'heures plus tard, il y aura eu au-dessus de l'horizon une série de positions successives par rapport auxquelles on pourra déterminer les points cardinaux, en particulier le sud.

Si on dispose d'une montre (non digitale bien sûr!), il faut d'abord la mettre en heure TU (temps universel), ou heure solaire, c'est-à-dire à l'heure du méridien de Greenwich. Ainsi, par exemple, en France, l'heure TU est l'heure conventionnelle diminuée de 1 heure en hiver et 2 heures en été.

Dans l'hémisphère nord, on oriente l'aiguille des heures vers le soleil, et le sud est indiqué par la bissectrice de l'angle formé par cette aiguille et la direction du 12.

Dans l'hémisphère sud, le principe est le même, mais c'est le chiffre 12 qui doit être pointé dans la direction du soleil et le nord se trouve à mi-chemin entre le chiffre 12 et l'aiguille des heures.

Dans les deux cas, on ne s'occupe pas de la position de la grande aiguille.

/ Heure et points cardinaux

La ligne reliant deux positions successives de l'extrémité de l'ombre du bâton est toujours orientée selon une direction est-ouest. Cette méthode relève du principe du cadran solaire.

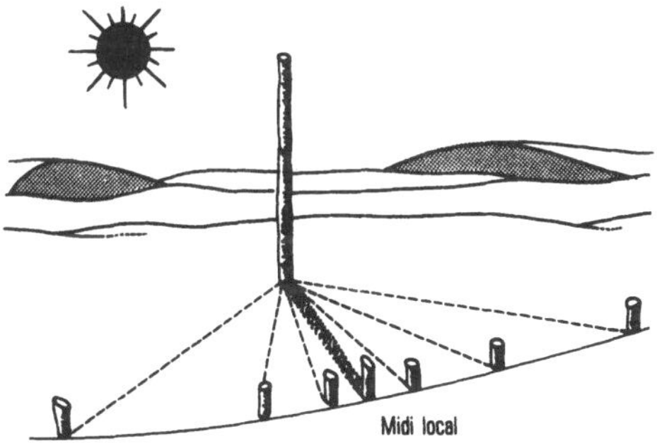

Détermination du midi local

TRAJECTOIRE DU SOLEIL ET POINTS CARDINAUX SELON LES SAISONS

– En un même lieu, le sud est toujours indiqué à midi, heure solaire.

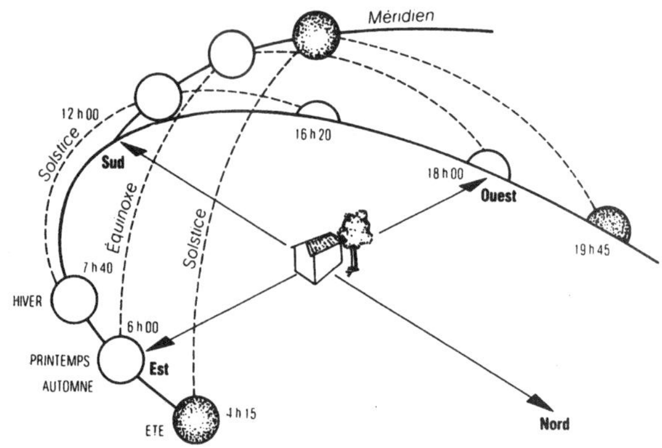

Trajectoire du soleil selon les saisons

– Aux équinoxes de printemps et d'automne, les 21 avril et 21 septembre, le soleil se lève à l'est à 6 heures et se couche à l'ouest à 18 heures.

– Au solstice d'été, le 21 juin, le soleil se lève au nord-est à 4 h 15 et se couche au nord-ouest à 19 h 45.

– Au solstice d'hiver, le 21 décembre, le soleil se lève au sud-est à 7 h 40, et se couche au sud-ouest à 16 h 20 (toutes ces heures sont évidemment solaires).

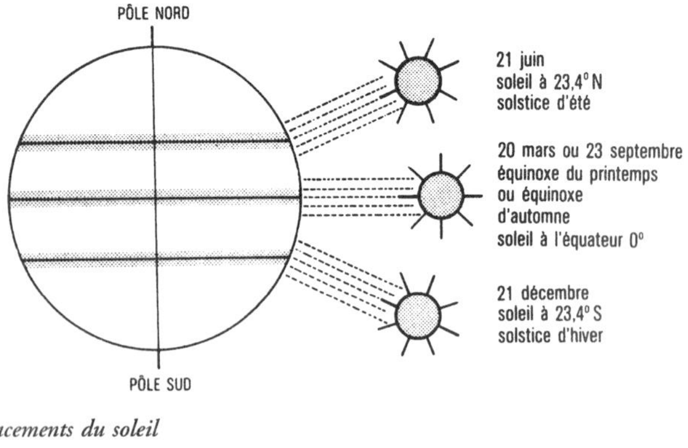

Emplacements du soleil

L'ORIENTATION DE NUIT

Soulignons combien les astres sont bien visibles en montagne par temps clair, en l'absence de pollution et d'humidité excessive. La montagne est un milieu idéal pour s'adonner à l'astronomie, et plusieurs stations en France ont installé en altitude des sites d'observation et d'initiation.

/ AVEC LES ÉTOILES

Toutes ces étoiles sont visibles par ciel clair toute l'année, et très facilement repérables.

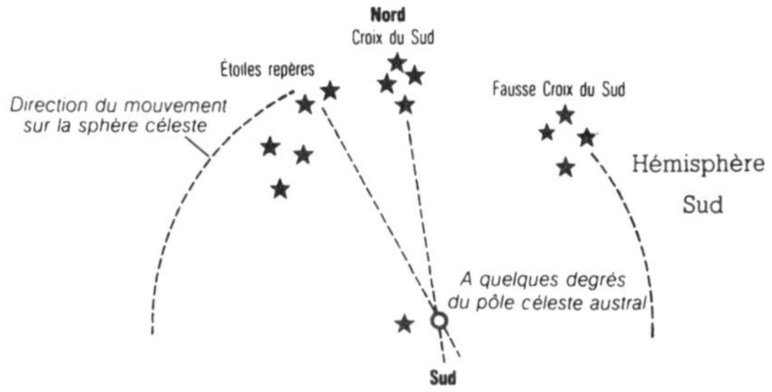

Orientation de nuit avec les étoiles

/ AVEC LA LUNE

À minuit, la lune indique le sud quand elle est pleine, l'ouest au premier quartier, l'est au dernier quartier, le nord à la nouvelle lune (dans ce dernier cas, elle n'indique rien car elle est invisible).

Phase	EST	SUD	OUEST	NORD
Nouvelle lune	6 h	12 h	18 h	24 h
Premier quartier	12 h	18 h	24 h	6 h
Pleine lune	18 h	24 h	6 h	12 h
Dernier quartier	24 h	6 h	12 h	18 h

Orientation selon les phases de la lune

La navigation par mauvais temps

Sans visibilité à plus de quelques dizaines de mètres, la rigueur est nécessaire si l'on ne veut pas se perdre pendant plusieurs jours (le temps que le brouillard disparaisse) ; si elle n'excède pas quelques mètres, cette rigueur deviendra indispensable dès lors qu'on tient tout simplement à la vie. Chaque année, les montagnards occasionnels font des chutes de falaise par temps de brouillard car ils se sont perdus sans le savoir, et ne voient pas le vide dans lequel ils arrivent ; d'autres disparaissent dans le Vercors, victimes de chutes dans des failles recouvertes de neige (mais indiquées sur les bonnes cartes).

/ Les dangers

Le brouillard sur la neige rend tout l'espace blanchâtre, sans référence visuelle, verticale, latérale ou antérieure. C'est le « jour blanc » dans son intensité maximale. Seule la pesanteur donne une référence de verticalité approximative, qui peut elle-même se trouver perturbée par une inclinaison du terrain variant lentement, ou ne correspondant pas à ce que l'on attend. On peut alors éprouver une sensation d'ivresse désagréable, voire dangereuse pour la navigation. Dans un col par exemple, des courbes de niveau de hauteur inégale et d'azimut identique peuvent être ski droit amont ou ski droit aval selon que l'on a franchi ou non le col : l'altimètre et la boussole donneront les mêmes valeurs, seule l'inclinaison du terrain indiquera où nous sommes.

/ La technique

Par visibilité nulle, on ne peut viser de repère, il faut donc identifier ce que l'on a sous les yeux : grange par exemple, ou pont, tout objet susceptible d'être reproduit sur la carte. Les points remarquables étant rarement rencontrés dans ces circonstances, **ce sont donc des lignes qu'il va falloir identifier**, et mieux, des intersections de lignes (ruisseaux, lignes de crête, courbes de niveau, lisières, chemins, lignes électriques, base de falaise, etc.).

Par visibilité nulle, une seule méthode permet de se situer : la méthode de la tangente à la courbe de niveau en trois temps :

1 – déterminer avec l'altimètre sur quelle courbe de niveau je me trouve (1 020 m par exemple) ;

2 – déterminer avec le compas l'orientation de cette courbe de niveau là où je suis actuellement (045° par exemple) ;

3 – voir sur la carte, en quel(s) point(s) de la courbe identifiée en 1 on peut tracer une tangente qui ait l'orientation déterminée en 2.

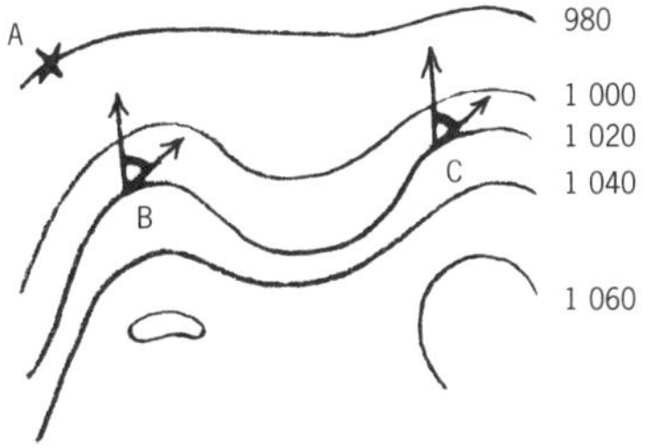

Méthode de la tangente à la courbe de niveau (1)

Je trouve B et C comme points répondant aux deux valeurs 1 020 m et 045° ; si je suis parti de A et que je n'ai fait que monter selon une ligne de plus grande pente, je suis donc en B, le sommet n'est pas loin.

Comment déterminer l'orientation de cette courbe de niveau (c'est-à-dire de l'horizontale) sur laquelle on se trouve ? Il suffit de mettre les skis à l'horizontale puis de relever leur direction ; cela se fait à 10 % près si le terrain n'est pas très incliné. Si l'on est deux, on envoie l'équipier à une dizaine de mètres, en lui imposant de garder constante l'indication de son altimètre, et on relève son azimut*. À pied, la détermination de l'horizontale est moins précise mais suffisante ; vous pouvez aussi, si vous êtes très rigoureux, tendre une ficelle entre deux bâtons parallèlement au sol, et vérifier l'horizontalité avec la bulle d'air de votre boussole.

La méthode est d'autant plus facile à mettre en œuvre que les rayons de courbure sont petits (on ne peut tracer de tangente à une courbe de niveau qui serait droite !) et que le terrain est incliné (en Laponie ou dans le Vercors, la moindre variation de l'altimètre peut signifier une grande variation de distance, donc un grand cercle d'incertitude). Rien n'empêche par mauvais temps de choisir une route qui présente des facilités d'application de la méthode : inclinée et traversant des talwegs, des épaulements, rejoignant des lignes remarquables.

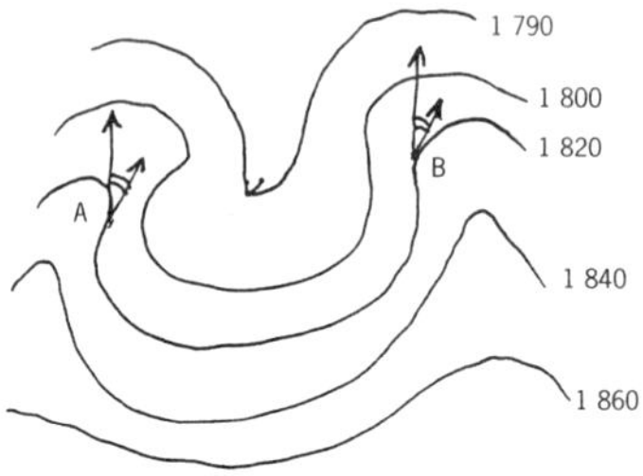

Méthode de la tangente à la courbe de niveau (2)

Dans le cas ci-contre, nous faisons route vers le nord-nord-ouest, nous sommes sur la courbe 1 820 m, avec une tangente à 025°. Sommes-nous en A ou B ? Il suffit d'observer quel ski est en aval : si c'est le gauche nous sommes en B, si c'est le droit nous sommes en A.

Avec un peu d'expérience, même dans le brouillard, on suivra l'équipier qui est devant à 10 ou 20 m en relevant souvent son azimut, et on ressentira très vite la progression sur le terrain comme sur la carte.

Pour choisir l'itinéraire, il faut **viser non pas des points, mais des lignes** : on peut passer à côté d'un point, pas d'une ligne. Une fois sur cette ligne, il suffit de rejoindre le refuge (par exemple) qui s'y trouve. Pour savoir de quel côté remonter la ligne vers le refuge, on peut effectivement se tromper et donc perdre du temps et de l'énergie, sauf si l'on a délibérément visé à gauche ou à droite du refuge pendant la progression (on ira alors à droite ou à gauche une fois sur la ligne).

Par visibilité nulle, il ne faut pas choisir la ligne droite, mais segmenter le parcours en suivant un maximum de lignes : courbe de niveau, lignes électriques, rivage de lac, etc. ; le trajet sera plus long mais tellement plus sûr...

Dans le cas d'une marche à azimut constant sur un terrain peu pentu, le leader doit suivre son équipier à la limite de visibilité pour vérifier régulièrement le cap suivi (c'est le leader qui corrigera éventuellement la route en lui indiquant 5 à gauche, 10 à droite...).

Si on est trois c'est plus facile, le premier doit être le plus loin possible à la limite de visibilité, et le deuxième à mi-chemin. Le leader oriente alors le premier à la voix pour l'aligner sur le deuxième, afin de ne voir qu'une tête en suivant la trace dont il est alors facile de vérifier le cap.

Pour descendre un vallon sans visibilité, mieux vaut faire des zigzags car les rochers recouverts de neige sont invisibles du dessus alors qu'on les aperçoit le plus souvent de côté.

Pour l'arrêt pique-nique, s'arrêter sur une croupe plutôt qu'un vallon : le risque d'avalanche est moindre, et on verra beaucoup plus loin en cas de trouée dans le brouillard. Tout cela relève de la logique, et là encore n'oubliez pas : sachez renoncer !

La cartographie

La qualité de la cartographie réalisée par l'IGN (Institut géographique national) est unanimement reconnue comme la meilleure dans le monde, et nous sommes des privilégiés en matière de cartes concernant le territoire métropolitain et les DOM-TOM. Seuls les Suisses ont également d'excellentes cartes couvrant leur territoire.

/ L'échelle

– La 1/25 000 (1 mm carte = 25 m terrain) doit être systématiquement privilégiée en matière de navigation à pied, car elle est seule à représenter tous les détails utiles (chaque grange, par exemple, est figurée, selon sa surface, son orientation, sa forme au sol...). Indispensable par mauvais temps où l'on ne voit pas à plus de 25 m, c'est-à-dire sur la carte... 1 mm!
– La 1/50 000 ne se trouve plus en dehors de quelques éditions régionales (Randoéditions dans les Pyrénées ou Didier Richard dans les Alpes).
– La 1/100 000 n'est pas assez détaillée et peut seulement servir à une vue d'ensemble d'un grand raid.

/ Quelle carte choisir

Les meilleures cartes de toutes les montagnes de la planète se trouvent... en Europe.

En France

Prendre la carte IGN au 1/25 000, dans la « série bleue » ou dans la série « Top 25 », cette dernière figurant le tracé des grandes randonnées à ski et couvrant une plus grande surface que les autres.

En Suisse

Les cartes 1/25 000 sont encore meilleures que les françaises (avec un quadrillage utile en randonnée).

En Italie

Utiliser au maximum les cartes françaises ou suisses (elles débordent toujours un peu) car la qualité des italiennes est très moyenne (barres rocheuses, glaciers très mal figurés) avec des équidistances de 50 m, voire 100 m, pour les courbes de niveau, ce qui ne permet pas une représentation correcte des reliefs.

En Espagne

La qualité est particulièrement mauvaise, sans figuration des barres rocheuses ni même des falaises.

En Autriche

Le club alpin autrichien édite des 1/25 000 avec une équidistance de 20 m, mais sans estampage, donc difficiles à lire.

En Grèce

La situation est simple : il n'y a pas de cartes, ni sur place ni à l'étranger !

En Himalaya ou Amérique du Sud

N'attendez pas d'être sur place pour les chercher en vain, et ne quittez pas la France sans avoir en main les cartes de vos lieux de destination (voir *Adresses utiles*, p. 231), principe général et salutaire à respecter dès que l'on voyage hors d'Europe...

/ Comment lire avec la carte

Les cartes en relief sont ombrées, ce qui permet de « voir » le relief d'emblée sans effort d'imagination, mais sous réserve de les lire nord vers le haut. Si on les oriente autrement, la lecture devient beaucoup moins facile. La raison de ce problème tient au fait que les ombres portées sont celles d'un soleil imaginaire placé au nord-ouest, bas sur l'horizon.

En aéronautique, on oriente les cartes dans le sens de la route que l'on suit car les repères arrivent beaucoup plus vite, l'échelle n'est pas la même (1/500 000), et elles ne sont pas ombrées.

Pour l'appréciation des pentes, on s'habituera très vite à l'évaluer d'un coup d'œil, en fonction de l'écartement des courbes de niveau (sur une carte au 1/25 000, deux courbes distantes de 100 m en altitude seront écartées de 15 mm pour une pente de 15°, la moitié pour une pente de 30°, le quart pour 60°, etc.).

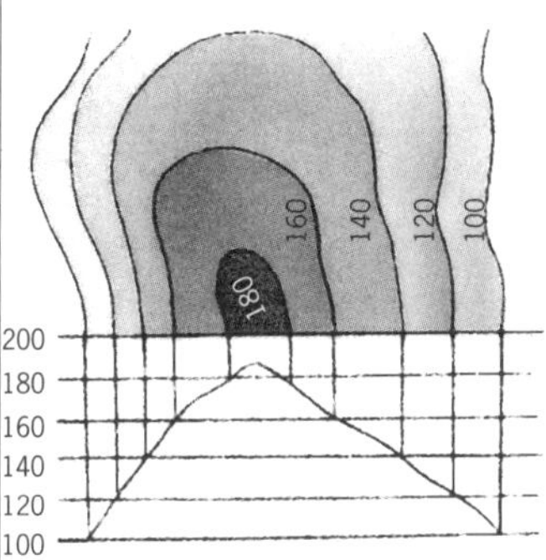

Pente et écartement des courbes de niveau

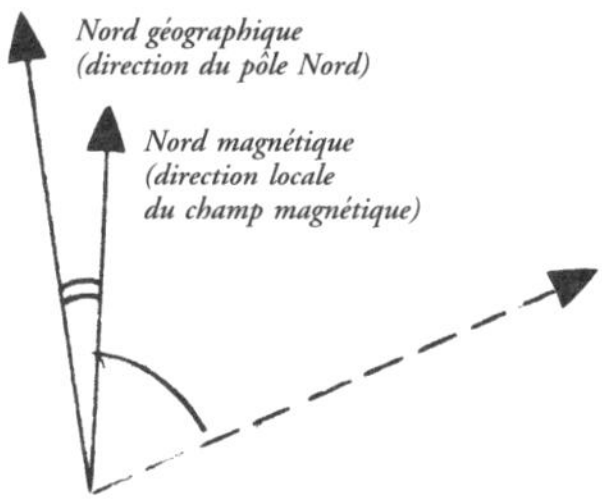

Comment lire la carte

/ Les pièges de la cartographie

- Vous devez vérifier **la date** de référence de votre carte, car la végétation a pu changer depuis, et un alpage s'être transformé en taillis ou une clairière avoir été replantée. Cela dit, les réimpressions ne prennent pas toujours en compte les variations de végétation.
- Au **passage des frontières**, l'équidistance des courbes de niveau change souvent, il faut donc s'y attendre (en Italie, selon les cartes, l'équidistance est de 20, 50 ou 100 m).
- N'oubliez jamais de vérifier la **déclinaison magnétique**, angle entre le nord géographique (celui de la carte) et le nord magnétique (celui de la boussole). Le nord magnétique dépend, en effet, du déplacement du magma dans le noyau terrestre, et varie donc de deux façons : dans le temps et selon la position géographique.

On sait, par exemple, qu'en 1970 la déclinaison magnétique à Paris était de l'ordre de 3°, et à raison d'une diminution annuelle de 4 minutes elle n'est plus

que de 1°. On peut donc la négliger actuellement sans risque de se perdre, mais ça n'est pas le cas dans d'autres régions du globe et même de France. La valeur de cette déclinaison magnétique (Dm) est toujours indiquée sur la carte (à la date de sortie de celle-ci) ainsi que sa variation annuelle. Au Groenland, cette déclinaison est de... 35° (il faudra donc, à partir d'une direction que l'on veut suivre sur la carte, ajouter à l'azimut* de cette direction 35° pour savoir quel angle suivre sur la boussole).
Si vous disposez d'un GPS, vous n'avez pas ce problème, car il vous indique directement votre route par rapport au nord géographique (la différence entre l'indication GPS et la boussole indique donc la déclinaison magnétique).

Les boussoles et compas

Nous verrons que l'idéal est de s'équiper des deux instruments (que beaucoup trop de montagnards ne différencient pas...).
Savoir prendre un relèvement (angle entre la direction d'un repère et une route) est indispensable, aussi bien pour se situer que pour contrôler ou modifier une route.

/ Les boussoles

Il en existe deux types :

• **à plaquette** : plastiques, rectangulaires, elles permettent d'orienter la carte en disposant une longueur de rectangle parallèlement à un méridien ; légères et pas chères, on peut les suspendre autour du cou, mais elles ne sont pas très précises pour les relèvements ;

• **de relèvement** : lourdes et métalliques, elles sont nettement plus chères, mais aussi beaucoup plus précises pour des relèvements sur le terrain (le relèvement est l'angle d'un repère avec le nord géographique).
Pour effectuer un relèvement avec une telle boussole, il faut d'abord ouvrir le boîtier, viser soigneusement, tourner la couronne à la main pour mettre le 0 en face de l'aiguille, et enfin lire l'azimut* en face du repère du boîtier. Inutile de préciser que cette manipulation impose d'enlever ses gants ! On corrige la déclinaison après la visée, ou alors on l'affiche lors de la mise à 0 pour lire directement le relèvement.

/ Les compas de relèvement

Le relèvement d'un repère est beaucoup plus rapide, quasi immédiat, car, ici, c'est la rose des vents entière qui tourne à l'intérieur du boîtier. On vise le point et on lit immédiatement le relèvement dans la petite fenêtre. Inutile d'enlever ses gants, de plus la mesure est très précise : certains sont équipés d'une lumière intérieure, idéale de nuit ou par mauvais temps. La précision est de 0,3 à 1 °C selon les modèles (1 °C est largement suffisant !). Seuls inconvénients mineurs : pour reporter les angles sur la carte, il faut un rapporteur ou une boussole (la boussole est moins précise que le rapporteur, mais peut remplacer le compas dans le cas où on perdrait ce dernier...). Avec le compas, on ne peut afficher préalablement la déclinaison, mais il suffit de l'enlever ou la rajouter après la mesure, ce qui ne nécessite guère d'études supérieures.

Seuls pièges à éviter dans les lectures et reports sur les cartes : la proximité de masses métalliques (piolet, montre, etc.), de piles et batteries (GPS, lampe de poche, Talkie Walkie, téléphone portable, etc.) et de masses aimantées (radio, autre boussole, etc.).

Parmi les marques les plus fiables : Silva, Plastimo, Suunto, Barigo.

/ Les altimètres

L'utilité de l'altimètre est évidente en montagne, et même indispensable lors d'un raid par mauvais temps (à moins de partir quelques heures seulement par « tempête de ciel bleu », emmenez-le toujours !).

En aviation, il est vital de tenir compte des variations de pression, et aucun vol ne démarre sans remise à 0 de l'altimètre en fonction de la pression du jour, sous peine de subir des erreurs pouvant atteindre plusieurs centaines de mètres.

L'altimètre n'est rien d'autre qu'un baromètre gradué en mètres ou en pieds. Instrument très fiable venu de l'aviation, il existe en version portable comme une montre, mécanique ou électronique à affichage digital. La précision est bonne à quelques mètres près, sous réserve de **ne pas faire subir à l'appareil de brusques variations de température**. Comme tout baromètre, il subit des dépressions (baisse de pression) ou des anticyclones (hausse de pression).

Nul besoin en randonnée de montagne d'être un champion en altimétrie, mais il est **indispensable dès qu'on le peut d'afficher sur l'altimètre l'altitude vraie du point où l'on se trouve, lue sur la carte**. Il faut savoir que la pression varie très peu dans une même zone à l'échelle de quelques heures, en dehors bien sûr de météo très évolutive. On recalera, cependant, à chaque fois qu'on le peut, l'altimètre d'après la carte.

Les 3 randonneurs perdus une semaine sur les dômes de la Vanoise en février 1999 auraient été localisés rapidement s'ils avaient pu indiquer l'altitude de leur abri (3 020 m), sans risque d'erreur puisque la pression au niveau de la mer aurait pu leur être communiquée grâce à leur portable. Mais ils n'avaient pas d'altimètre...

/ Le GPS (Global Positioning System)

Le GPS est un instrument extraordinaire dans les trois dimensions, indiquant partout dans le monde la latitude, la longitude et l'altitude du lieu où l'on se trouve. Mis au point au départ pour les avions de l'US Air Force, il est d'une précision diabolique pour ces derniers, permettant aux systèmes d'armes d'atteindre leurs objectifs à quelques mètres près. Sa version civile utilise les mêmes satellites, mais un « brouillage » volontaire diminue la précision à 50 ou 100 m près. Ne cherchez pas à vous procurer le décodage : c'est cher, compliqué, et surtout inutile pour un raid sportif en montagne !
L'utilité du GPS ne tient pas en montagne aux coordonnées, qui sont données à partir du méridien de Greenwich et de l'équateur, très difficiles à reporter sur une carte au 1/25 000 sans quadrillage suffisant. Il indique, en revanche, les caps à prendre pour rejoindre des points prédéterminés, et la distance de ces points définit notre position actuelle. On pourra donc se situer exactement en demandant au GPS la distance et le relèvement de tel ou tel point (la triangulation augmente la précision).
Si vous avez les moyens d'emporter un GPS en plus de l'altimètre, du compas et de la boussole, c'est très bien, mais n'oubliez jamais que les instruments de base qui, eux, ne tombent jamais en panne, sont la boussole et l'altimètre.

Les accessoires

- **Le sac à cartes** attaché autour du cou ou de l'épaule est indispensable afin de consulter la carte facilement sans avoir à se battre avec elle dans la tourmente. Vous aurez préalablement plié vos cartes pour que chaque tronçon de votre route soit exposé clairement sous le plastique transparent de votre pochette.
- **La règle CRAS** est l'instrument idéal et universel pour toute navigation sérieuse, aussi bien en montagne qu'en mer ou dans les airs. Elle permet de tracer sur la carte une route à suivre, d'y reporter des relèvements, de mesurer directement des angles de 0 à 360°. Elle est donc préférable au rapporteur. Le modèle classique étant un peu long, vous pouvez vous procurer le modèle de poche (21 cm).
- **La loupe** est très utile, voire indispensable passée la quarantaine, bien plus efficace dans la tourmente que des binocles de presbyte. Des modèles extra-plats en plastique font parfaitement l'affaire.

VII
Les mille et un plaisirs de la montagne

Ce n'est pas dans un livre que vous devez apprendre à manipuler les agrès (pitons, mousquetons, coinceurs, blocs à glace...), pas plus que les techniques d'escalade, les différents types de nœuds (même si la plupart sont aussi utilisés en marine), les manœuvres de corde et d'« assurage ». La mémoire gestuelle ne s'acquiert pas en lisant mais en répétant inlassablement les mêmes gestes ; je m'interdirai donc des conseils techniques dans cet ouvrage (encore faudrait-il que j'en sois capable et digne par une pratique personnelle assidue, ce qui n'est pas le cas). En revanche, le matériel nécessaire obéit à des critères rigoureux qu'il est utile de connaître avant de se rendre sur le terrain.

Les plaisirs de l'ascension

/ L'alpinisme

Cette discipline est sans conteste la plus prestigieuse qui soit en montagne, mais ceux qui ne l'ont jamais pratiquée ne doivent pas être complexés. Outre que ce sport appartient à une élite (quand il est bien fait...), vous n'aurez jamais le temps de tout explorer en montagne, vous pouvez donc très sereinement vous contenter du reste!
On compte environ 200 000 de ces « conquérants de l'inutile » (comme le disait Lionel Terray) rien qu'en France, dont la très grande majorité se satisfait de voies connues et en compagnie de guides. C'est une discipline qui requiert beaucoup d'humilité, et le sort tragique des nombreux ténors de ce magnifique sport doit rester présent à l'esprit de tous ceux qui brûlent de griller les étapes. Faire une directissime hivernale en solo n'est à la portée que des meilleurs... Sans parler des grands enchaînements et des plus de 8 000 m sans oxygène.

Le matériel

• **Les chaussures**: elles sont prévues pour protéger le pied contre le froid. Elles doivent posséder des angles de torsion importants avec une tige rigide pour maintenir la cheville et une semelle qui dépasse à l'avant et à l'arrière afin de fixer les crampons. Le cuir reste performant pour conserver une certaine souplesse, mais il est moins étanche que la coque en plastique moulé (Pebax). Le chausson interne rend la chaussure moins inconfortable (2,5 kg la paire).
• **Les crampons**: compléments indispensables des chaussures dès lors que l'alpiniste s'attaque à des passages glaciaires. Équipés de 12 pointes en acier, ils sont réglables et se fixent ou s'enlèvent très rapidement grâce à un jeu de lanières et une talonnière (900 g la paire).
• **Le baudrier**: également indispensable pour éviter, comme autrefois, de se rompre la colonne vertébrale en cas de chute au bout de la corde. Le cuissard d'alpinisme ressemble à celui d'escalade, avec ceinture et jambières, mais il est plus résistant, muni de sangles réglables pour passer par-dessus les vêtements plus ou moins épais, et permettant d'accrocher à la ceinture tout le matériel d'assurage (encore appelé « agrès » ou « quincaillerie ») que sont pitons, broches à glace, mousquetons...
Ce baudrier anatomique doit être soigneusement serré sous peine de s'ouvrir (poids: 500 g). Il résiste à plus de 450 kg.

• **Le piolet** : le piolet traction ou piolet marteau est le fruit de longues études concernant aussi bien l'ergonomie que la résistances des matériaux ; sa polyvalence lui permet de supplanter bien sûr le bâton à bout ferré de nos ancêtres, mais aussi le piolet droit classique. Sa résistance est de 350 kg (la marque T gravée sur le manche en témoigne). Il permet toutes les ascensions, aussi bien classiques que celles plus risquées des cascades de glace (le grimpeur dispose alors d'un piolet dans chaque main). Le manche plus court et galbé est en zycral, avec une dragonne, une lame très recourbée et effilée. Dernier atout : il est plus léger que le piolet droit (qui, lui, ne résiste qu'à 250 kg).

• **La corde** : c'est l'ultime lien à la vie de l'alpiniste le plus téméraire. Autrefois composée de chanvre, elle était lourde, prenait l'humidité, n'était pas très souple, et... se rompait souvent. La corde moderne est une merveille de technologie avec ses 48 fuseaux de fils de Nylon en écheveau autour d'une lame élastique. Elle est qualifiée de « dynamique » car elle peut s'allonger de 6 à 7 % en cas de chute (elle s'oppose à la corde statique qui fait office de main courante chez les spéléos et qui est à proscrire formellement en technique d'assurage).

On distingue **la corde à simple** (10 à 11 mm de diamètre et 40 m de long) qui sert à s'assurer entre coéquipiers, et **la corde à double** (8 à 9 mm de diamètre et 80 à 100 m de long) ou corde de rappel pour descendre d'une paroi abrupte sur 40 à 50 m de haut (elle descend en double depuis un point fixe en haut). Si on ne prévoit pas de descente en rappel pour un passage abrupt, on se contentera d'une corde à simple. Les contraintes[1] imposées à ces cordes en laboratoire ont de quoi rassurer : une corde à simple de 40 m résiste à une tension de 2 t (alors qu'elle ne pèse que 2,8 kg !).

Choisissez un modèle « *everdry* », plus cher mais qui reste toujours sec et conserve donc intactes ses capacités d'élasticité et de résistance au choc. Tout cela ne doit pas vous empêcher d'enrouler soigneusement votre corde pour éviter qu'elle ne vrille.

• **Le casque, le bonnet ou le bandeau** s'imposent selon les itinéraires et l'intensité du froid.

• **Les gants techniques** sont, quant à eux, indispensables pour éviter l'engourdissement des doigts (les moufles, plus chaudes, sont à réserver au bivouac).

1. Toutes ces contraintes drastiques exigées par l'UIAA (Union internationale des associations d'alpinisme) s'appliquent aussi aux agrès : mousquetons, pitons, baudriers et piolets sont, également, soumis à la torture avant d'être agréés, un peu à la façon du matériel aéronautique. Il est bien agréable, dans certaines situations stressantes, de savoir qu'au moins le matériel tiendra !

L'échelle de Welzenbach

Une fois que vous serez équipé, motivé et encadré, vous pourrez vous attaquer à toutes catégories d'ascension, en commençant, évidemment, par les plus faciles. C'est l'alpiniste Welzenbach qui, dans les années 30, mit au point un barème de difficulté toujours en vigueur, coté de I à VI.

I correspond à de la marche à pied sur les rochers

III devient de l'escalade

IV devient acrobatique

VI représente l'extrême

Une sous-graduation (inférieure ou supérieure) permet d'affiner les appréciations.

Les parcours sur glacier

L'alpiniste en herbe passe souvent par là car les glaciers permettent d'accéder à de hauts sommets sans faire trop d'escalade. Des précautions sont indispensables à commencer par les crampons et l'obligation de s'encorder car toutes les crevasses ne sont pas visibles et certains ponts de neige très instables. Entre les séracs* et les crevasses, ce cheminement peut prendre l'allure d'un labyrinthe (sauf aux Bossons en été où des centaines de grimpeurs ont laissé la trace de leur montée vers le mont Blanc !).

Les séracs sont souvent incontournables, et il faut donc franchir rapidement la zone sur laquelle leur masse énorme peut à tout moment s'effondrer sous la poussée du glacier, particulièrement en fin d'après-midi quand la haute température diurne a joué à plein sur la glace. Les craquements sinistres du glacier témoignent du mouvement permanent des glaces vers le bas. Les crevasses sont présentes partout où le glacier suit les variations de courbure du relief sous-jacent. Elles sont donc béantes sur les convexités, et fermées (jamais entièrement !) sur les concavités. Il ne faut, cependant, jamais se fier entièrement à la platitude d'un glacier.

En cas de chute prévisible dans une crevasse, l'un des équipiers doit ancrer fermement ses crampons et son piolet pour mieux retenir son coéquipier encordé. Il ne doit pas y avoir de problème dès lors que les tâches sont clairement réparties et que l'on prend son temps, comme toujours dans toute discipline à risque.

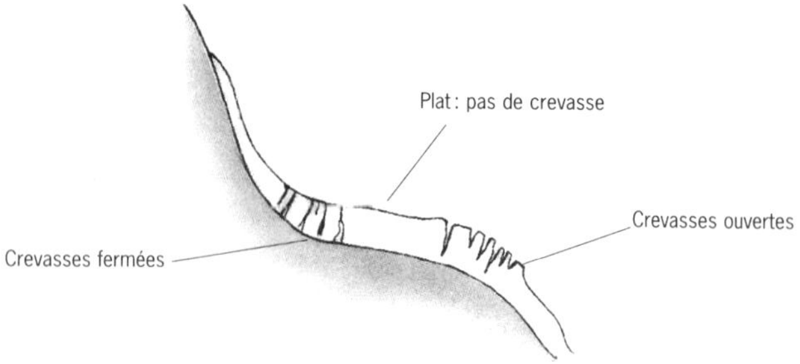

Crevasses ouvertes ou fermées selon la courbure du terrain

À propos de l'Everest

Conquis pour la première fois par Hillary et Norkay en 1953, son nom, devenu familier, pourrait faire croire qu'il est désormais facile à vaincre et que les drames qui ont jalonné sa conquête appartiennent à l'histoire. Ce serait oublier que sa hauteur dépassera toujours les limites de survie physiologique de l'homme, tant sur le plan de l'hypothermie* que de l'hypoxie* tolérable. En dehors de l'aspect physiologique, le technologique est également dépassé, puisque aucun engin mécanique, volant, ou roulant, ne peut atteindre de telles hauteurs. Il est donc impossible de « mettre les pouces » et appeler au secours comme on peut le faire en Europe ou ailleurs au-dessous de 6 000 m. Chacun doit revenir par ses propres moyens jusqu'au camp de base, ce qui n'est jamais une formalité, même à la descente.

En 1996, Scott Fischer emmène une vingtaine d'hommes sur le toit du monde et fixe l'événement sur la pellicule. Cette photo sera la dernière pour lui et 7 de ses compagnons qui vont périr de froid à la descente. Les autres membres de l'expédition « Everest Environmental 96 » s'en tireront au mieux avec des gelures graves. Le jeune sherpa Lobsang Jangbu qui l'accompagnait, l'un des meilleurs, disparaîtra peu après, victime d'une avalanche où l'on ne retrouvera que son masque à oxygène déchiré et maculé de sang. L'exploit ne consiste pas seulement à vaincre l'Everest, encore faut-il en revenir !

Beaucoup d'autres forcent la chance sous prétexte qu'ils ont payé, parfois très cher, le droit de faire l'ascension encadrés par des professionnels. Les Américains sont spécialistes du forfait New York-Katmandou, camp de base de l'Everest pour 150 000 F. Au-delà, c'est la roulette russe, comme en témoignent les dizaines de cadavres momifiés qui jalonnent la route du sommet. Les écologistes qui ont voulu faire le ménage ont dû y renoncer tant le moindre geste au-delà de 7 000 m est difficile.

Si votre rêve est de gagner le toit du monde, soyez modeste et patient, renseignez-vous auprès de vrais professionnels, entraînez-vous, et... sachez renoncer.

/ L'ESCALADE

« *Grimpez si vous voulez, mais souvenez-vous que le courage et la force ne sont rien sans la prudence et qu'un moment de négligence peut détruire le bonheur de toute une vie.* » Edward Whymper

Si l'escalade est devenue une discipline sportive qui se suffit à elle-même, sans l'obsession de l'enchaînement des plus hauts sommets de la planète, ses gestes n'en demeurent pas moins la base de l'alpinisme de haut niveau. Le fou de

« grimpe » se fera autant plaisir sur une falaise de calanques que l'alpiniste dans l'Himalaya, et sa technique sera souvent supérieure.
Si l'on se fie à la vente des chaussons d'escalade (ultra-légers et enveloppants, faits de tissu fin ou de cuir très souple soudé sur une semelle en gomme très adhérente), les grimpeurs seraient environ 400 000 en France.

Petite histoire de l'escalade

Dès les années 30, ce sont les Italiens qui défrichent des voies extrêmes dans les Dolomites et inventent le « sixième degré », synonyme de verticalité et grande difficulté. Dans les années 60, Gaston Rebuffat alterne escalade pure dans les calanques et alpinisme dans le massif du Mont-Blanc. Dans les années 80, le surdoué et sympathique Patrick Edlinger donne ses lettres de noblesse à la « grimpe » : parcours acrobatique sans étrier, où l'élégance du geste doit accompagner la plus grande audace. L'esthétique de la discipline et la possibilité de la pratiquer près de chez soi expliquent peut-être son succès auprès des femmes toujours plus nombreuses.

Une discipline à la portée de tous

Le débutant passera du « bloc » de rocher de quelques mètres de haut à la « couenne », petite falaise de 30 m, puis à la « grande falaise » de plusieurs centaines de mètres de haut. Dans les gymnases en ville, des « murs d'escalade » complètement artificiels imitent parfaitement tous les types possibles de prises naturelles, au point que l'on y organise des championnats du monde... Ces murs permettent d'apprendre aux jeunes l'harmonie corporelle, la synchronisation gestuelle, d'affiner leur perception sensorielle, leur équilibre, de les inciter à un peu d'audace et de rigueur...
Le débutant découvrira la nécessité de s'assurer même sur un rocher de 3 m, et la façon d'accompagner une chute encordé.
Sur le terrain, deux vocations s'expriment : celle de l'« ouvreur », qui invente un itinéraire dans une falaise et plante des spits qui serviront aux grimpeurs ; celle du « grimpeur », qui consiste à réussir des voies répertoriées de plus en plus dures.

Le matériel

L'équipement vestimentaire est réduit au strict minimum (short, bermuda et tee-shirt) avec évidemment les chaussons et l'indispensable baudrier cuissard permettant de s'encorder. Les « agrès » comprennent mousquetons et sangles pour s'assurer ainsi que le « descendeur » pour le rappel (double anneau en huit ou système autobloquant de type « grigri »).

La via ferrata

De l'italien « voie ferrée », c'est le moyen de faire l'ascension de falaises de plusieurs centaines de mètres pour ceux qui ne savent pas grimper. La via se compose d'une échelle métallique et de câbles latéraux solidement ancrés dans le rocher. Au départ, ils furent installés dans les Dolomites (par centaines de kilomètres verticaux !) pour lutter contre les Autrichiens durant la Première Guerre mondiale. Des combats épiques eurent ainsi lieu sur des crêtes à plus de 3 000 m.

La France s'équipe de plus en plus de telles voies, dans un but ludique cette fois (mais aussi d'entraînement des jeunes chasseurs alpins). Le baudrier cuissard est toujours indispensable, ainsi que le casque (chutes de pierres). L'idéal est de s'assurer sur le câble (la manœuvre doit être très rigoureuse) mais aussi au début avec un guide de haute montagne. Sur une demi-journée, aucun autre équipement n'est nécessaire que des chaussures de marche et une gourde. Une via ferrata est une bonne introduction sans danger (mais avec les affres du vertige...) propre au monde de l'escalade et de l'alpinisme.

/ La randonnée

La randonnée est possible au sein de n'importe quelle montagne, en isolement plus ou moins prolongé en toute sécurité pourvu que la préparation soit sérieuse, tenant compte du parcours prévu, de la période climatique, des capacités physiques des participants, de l'altitude maximale à atteindre (voir *MAM*, p. 134, *Santé et forme physique*, p. 133, *Navigation*, p. 161 et *Le matériel*, p. 215).

Le matériel

• **Le sac à dos** ne doit pas dépasser 25 kg en terrain plat et 10 kg en terrain accidenté ; vous devez le porter tant que possible sur les épaules et le régler en conséquence. Ne négligez pas le serrage de la ceinture, c'est elle qui permet, via les hanches, de transférer le poids du sac des épaules jusqu'aux jambes. Le centre de gravité doit être le plus près possible du dos et vous devez, à cet effet, tirer sur les rappels de charges au-dessus des épaules. **Les objets lourds ne doivent pas être placés en bas du sac mais dans la moitié supérieure**. Vous avez le choix entre le sac d'escalade, qui n'est jamais plus large que les épaules pour ne pas entraver la progression, le sac classique extensible avec poches latérales adaptables, le sac valise polyvalent pour les randonnées lointaines ou encore le sac à dos de promenade pour la journée.

• **Le matériel usuel** doit être accessible immédiatement, c'est-à-dire agrafé à la ceinture (couteau, éventuellement GPS et appareil photo) ou pendu autour du cou (boussole, sifflet, éventuellement jumelles).
• **Le matériel de secours ou de survie**, voué normalement à ne pas être utilisé, peut être rangé au fond du sac dans une boîte spécifique en métal léger de petite dimension ; vous y mettez du fil de cuivre, un fil à scier, des épingles à nourrice et des lames de scalpel, des hameçons et du fil de pêche, des aiguilles et du fil, du Chatterton, des allumettes étanches et des bougies, du sparadrap et des compresses de permanganate, une loupe et un miroir réflecteur pour vous faire repérer (encore appelé héliographe quand il est muni d'un trou pour viser le véhicule ou l'avion désiré). Tout ce matériel se trouve chez certains armuriers ou boutiques spécialisées comme le « Vieux Campeur ».

/ Le trekking

Version exotique de la grande randonnée, il permet la découverte de paysages et de peuples fascinants, d'autant plus facilement que les voyages en avion sont de plus en plus abordables et que nombre de guides se rendent sur place 6 mois par an pour encadrer ceux que rebute l'isolement complet. Mais si vous désirez faire du trekking en Himalaya, sachez que vous ne serez pas seul : 45 000 personnes y vont chaque année !

Conseils généraux

Votre condition physique et mentale devra être bonne, car un hélicoptère ne viendra pas vous chercher au Népal au moindre coup de « blues », et vous devrez faire avec les moyens du bord (limités !) en cas de problème. Vous aurez pris soin de soigner la petite carie qui vous taquine de temps à autre, car l'accélération du débit sanguin aidant, elle se révélera insupportable en altitude ; vous aurez emmené la trousse médicale minimale (voir *La trousse médicale de survie*, p. 147) ; si vous partez seul, ne partez pas sans carte, on n'en trouve jamais sur place (voir *Adresses utiles*, p. 231). Pour les visas, vous pouvez passer par un organisme qui s'en occupera pour vous (voir *Adresses utiles*, p. 232).

Matériel

• Emmenez une **petite tente** en forme de dôme de taille basse (1,20 m), qui est solide avec ses arceaux croisés composés de tiges pliables encastrables, facile à monter (quatre points d'arrimage seulement), offrant un volume optimum et suffisant (en position assise évidemment!). Préférez les arceaux en aluminium à la fibre de verre qui peut casser. La toile en Nylon convient parfaitement, vérifiez cependant que le tapis de sol est renforcé en polyamide (isolant) et qu'il y a un double toit étanche en polyester enduit de silicone (contre les UV). Tout cela doit être soudé ensemble pour un déploiement facile, et soyez rigoureux sur la qualité des fermetures à glissière qui doivent être à double sens avec deux coutures étanches et fiables (vous gagnerez ainsi 20 °C par rapport à l'extérieur sous réserve que vous soyez deux). **Vous aurez ainsi pour 3,5 kg l'assurance d'un couchage confortable** pour le cas où le *lodge* du coin ne vous plairait pas, serait trop cher ou encore fermé (à moins qu'il n'y en ait jamais eu, ce qui n'est pas rare). Avant de la replier pour plusieurs jours, vous devez impérativement sécher la toile à l'extérieur (pluie) et à l'intérieur (condensation) sous peine de moisissures irréversibles.

- Pour le matelas, choisissez un Karrimat de 2 cm d'épaisseur (poids : 200 g) en fine mousse remplie de petites bulles d'air. Pas très large et pas très long, il est suffisant pour se protéger des aspérités du sol depuis les épaules jusqu'aux fesses, et il se roule très vite sur le sac à dos. Oubliez le matelas autogonflant, plus confortable certes, mais 4 fois plus lourd.
- Pour le sac de couchage, voir *Le matériel*, p. 218.

Les sangsues

Les sangsues jalonnent certains trekkings, comme au Népal par exemple, surtout à la période des moussons. S'infiltrant partout, elles sont désagréables même si non dangereuses. Leurs plaies peuvent, à la longue, se surinfecter, on se contentera donc de les désinfecter chaque soir. Il ne faut pas s'arrêter à chaque fois que l'un de ces annélidés vous suce le sang, mais disons tous les quarts d'heure ; il ne faut pas chercher à les arracher manuellement mais les brûler (briquet, cigarette). En prévention, les Dayaks de Bornéo utilisent le jus de tabac. Vous pouvez, pour votre part, vous contenter de saupoudrer de sel vos jambes, votre sac de couchage ou le pourtour de votre tente.

/ La spéléologie

Cette immense et magnifique discipline connaît de multiples applications, et n'est pas forcément synonyme d'un vertigineux alpinisme souterrain réservé à une élite. L'initiation peut commencer très jeune, avec les stages « Découverte » organisés par la Fédération française de spéléologie (FFS), véritable leader mondial dans la spécialité. En quelques jours, le béotien découvrira les divers types de passage souterrain, les techniques de franchissement, les aspects sportifs et scientifiques de la discipline (nul besoin d'être membre de la fédération, il suffit de s'inscrire auprès de l'école de la FFS, qui compte 600 clubs et 70 comités départementaux). Pour les passionnés, d'autres stages spécialisés sont possibles tels que la topographie souterraine, les techniques de secours. Le Spéléo secours français (SSE) assure une soixantaine d'interventions de secours chaque année en France et à l'étranger. Le calendrier des stages (4 à 14 jours) est disponible auprès de la FFS ou l'EFS (École française de spéléo). Il existe un réseau de centres agréés dans tous les grands massifs karstiques [1] dont les Alpes et les Pyrénées.

Comment faire du feu par tout temps ?

Avoir des allumettes ou un briquet ne suffit pas, encore faut-il avoir de quoi démarrer des flammes autour de brindilles qui, elles-mêmes, entraîneront l'inflammation de branches puis de bûches. Le plus imposant des feux commence par l'infiniment petit, c'est-à-dire l'amadou.

Qu'est-ce que l'amadou ?

Dans la montagne, rien n'est plus facile d'en fabriquer en mélangeant de la mousse sèche, du lichen, de la poudre d'écorce produite par les insectes dans les arbres morts, des feuilles sèches, des herbes sèches, et surtout de la chair de polypore. Le polypore est un champignon qui pousse sur les arbres, mais qui à la différence des autres ne disparaît pas et acquiert, au contraire, l'aspect du bois ; choisissez un polypore non récent, c'est-à-dire rigide, et vous découvrirez que même par temps humide, l'intérieur de sa chair est tendre, sec et duveteux, l'idéal pour démarrer un feu.

Si vous n'avez pas d'amadou à portée, vous pouvez utiliser un bâton de magnésium, dont vous pèlerez des copeaux avec un couteau ; ces bâtonnets se trouvent dans les boutiques spécialisées. Dernier moyen : de la ouate, du sucre ou encore de la paraffine.

Avant de mettre le feu à l'amadou, ayez la patience de construire au-dessus un amoncellement de brindilles et de branches de plus en plus grosses, en forme de tipi, afin d'assurer un bon tirage et un contact optimum avec les flammes.

1. L'étymologie de ce mot vient de la région de Karst, en Yougoslavie, zone géologiquement calcaire particulièrement propice au creusement de galeries par les eaux souterraines.

LE VÉLO DE MONTAGNE

Les amateurs de VTT vraiment sportif privilégient la montagne comme terrain de jeu idéal. On peut y pratiquer trois disciplines dont les règles sont bien systématisées dans le cadre des compétitions, mais rien n'empêche de les alterner en fonction des parcours qu'on aura choisis librement en amateur.

Le cross country

C'est l'épreuve reine du VTT, ressemblant au cyclocross par ses secteurs de « portage » du vélo. Exigeant sur le plan de l'endurance et de la résistance, il a fait son entrée comme discipline olympique aux JO d'Atlanta.

La descente

C'est davantage une épreuve de pilotage, puisqu'il faut descendre le plus rapidement possible une descente de 4 à 8 km pour un dénivelé de 400 à 800 m avec des pointes limitées à 70 km/h. En compétition, les amortisseurs hydrauliques sont obligatoires (ce qui n'empêchera pas les avant-bras d'être très sollicités, avec des courbatures rapidement douloureuses) mais même en amateur, vous devrez vous équiper au moins d'un casque et de protections au niveau des genoux, des coudes, et même des épaules (les championnats du monde de 94 se sont soldés par 15 fractures au niveau des coudes, clavicules et poignets).

Le trial

C'est une épreuve de maniabilité dans des zones d'obstacles naturels. Équilibre et maîtrise du vélo sont indispensables.
Pour les jeunes *bikers*, de 9 à 14 ans, des épreuves nationales sont organisées, mélangeant toutes les disciplines avec le parcours d'orientation et le rallye chronométré, excellente initiation pour des enfants.
Pour tous renseignements, s'adresser à la Fédération française de cyclisme (voir *Adresses utiles*, p. 230).

LES PLAISIRS DE LA GLISSE

/ LE SKI DE MONTAGNE

Meilleure appellation de ce que d'aucuns qualifieraient crânement de « ski-alpinisme » et d'autres de « ski de randonnée », ce sport consiste à monter sur une montagne et à en redescendre à skis.
Les pionniers de la discipline remontent à la fin du XIXe siècle, en Allemagne et en Suisse, et les premiers ski-clubs voient le jour au début des années 1900, bien avant l'époque des remontées et des téléphériques. La première avalanche mortelle déclenchée par un skieur est enregistrée en 1899, et le premier skieur mort dans une crevasse en 1902. Les grands itinéraires de l'arc alpin reconnus entre les deux guerres sont maintenant devenus des classiques empruntés quasiment chaque jour dès les premières neiges, et plus seulement au printemps. Parcouru pour la première fois à ski en 1941, le glacier du milieu de l'aiguille d'Argentière est un bon exemple de cette « banalisation » relative.

L'équipement

• **Les skis** « toutes neiges » actuels sont fiables même sur neige dure, et leur longueur doit être de 175 à 195 cm selon la taille, les skis « compacts » étant passés de mode à juste titre. Un bon fartage assurera non seulement une bonne glisse et une protection de la semelle, mais aussi une meilleure adhésion des peaux à la montée.

• **Les bâtons** doivent être solides, pour permettre de bloquer une amorce de dévissage, et être capables de se transformer en sondes, donc télescopiques (voir *Les avalanches*, p. 105).

• **Les chaussures** sont en plastique rigide, seul matériau permettant à la fois une bonne étanchéité, une bonne tenue du pied, et un confort indiscutable grâce au chausson amovible (ce dernier peut être thermo-formé à vos mesures si le modèle standard ne convient pas à de longues courses).

• **Les fixations** sont d'une grande importance, puisqu'elles doivent permettre tout à la fois un grand débattement du talon, une sécurité avant et latérale, des cales de montée. Les vieilles fixations à câble ont totalement disparu au profit de modèles intégrés très fiables. Les lanières de sécurité ont tendance à enfoncer le skieur, et il vaudra mieux leur préférer des « stop-skis » pour ne pas perdre son équipement en cas de chute.

• **Les couteaux** se fixent directement sur le ski, apportant un surcroît indéniable de sécurité (indispensable lors d'une montée sur une pente raide de neige dure).
• **Les peaux**, qui permettent à la fois une adhérence optimale à la montée et une certaine glisse en descente, ne sont plus celles des phoques, mais un mélange de mohair et de synthétique. Elles ne sont plus fixées (ce qui occasionnait des « sabots » entre ski et peau), mais collées. L'encollage sera d'autant plus efficace et propre que le ski sera préalablement farté.
• **La tenue vestimentaire** doit laisser au placard les combinaisons (trop chaudes), les fuseaux (dont la place serait plutôt au musée), les knickers et guêtres (qui ne protègent pas le genou des infiltrations de neige), les pantalons de velours et coton (qui n'en finissent pas de sécher). Le *jean* est une solution, sous réserve de pouvoir enfiler, par-dessus et à la demande, un sur-pantalon imperméable et léger. La salopette est une autre possibilité : prévoyez un rechange sec dans votre sac.
• **Le sac**, avec ceinture ventrale obligatoire, doit permettre la fixation des skis et d'une pelle (indissociable, rappelons-le, de l'ARVA). Il contiendra tout le matériel évident (voir *Le matériel*, p. 215), sans oublier le baudrier léger pour les chutes en crevasses, avec cordes et crampons.

Les conseils

• **De nombreux topoguides** couvrent toutes les grandes courses des Alpes ou des Pyrénées, avec une cotation des difficultés correspondantes (de « SM » pour skieur moyen à « TBSA » pour très bon skieur alpiniste).
• **Vous éviterez la pratique solitaire systématique**, dangereuse en cas de problème. À l'opposé, la pratique de la course « mille-pattes », réunissant plus d'une trentaine d'amateurs, est également déconseillée (progression ralentie, impossibilité de surveiller l'ensemble du groupe, non respect des consignes...). **Le groupe idéal se situe autour de huit à dix**, dont deux cadres aguerris qui choisiront l'itinéraire optimal, le « *timing* » qui satisfera chacun, la trace (l'itinéraire le plus raide n'est pas forcément le meilleur !), le bon espacement dans les passages difficiles (proximité de barres rocheuses, crevasses, couloirs avalancheux...).
• **En secteur glaciaire**, on progresse à corde tendue, en laissant une distance d'une quinzaine de mètres entre chaque skieur. Si l'on est deux, on s'encorde sur le tiers médian de la corde, chacun portant l'un des tiers restant sur son sac.
• **En secteur karstique**, se méfier des trous, nombreux et souvent profonds.
• **En secteur forestier**, se garder au-dessus (décharge des sapins enneigés) et au-dessous (racines ou branches ensevelies qui peuvent bloquer brutalement les rondelles des bâtons, les spatules, et donc les articulations sus-jacentes).

/ Les variantes du ski de montagne

Le ski de raid

C'est, bien sûr, la forme la plus achevée du ski de montagne, s'étalant sur plusieurs jours et de grandes distances, comme autrefois. On connaît les itinéraires Chamonix-Zermatt, Nice-Briançon, mais beaucoup d'autres vous attendent, ne dépendant que de votre imagination et de votre esprit d'aventure. La vraie liberté passe par le bivouac (tente, trou de neige), plutôt que par le passage obligé dans des refuges ou cabanes. L'autonomie du groupe implique de choisir des partenaires aguerris, sociables (éviter les cyclothymiques, comme sur un bateau), adaptables, et sachant faire leur sac (pas de superflu mais tout le nécessaire, pour une charge n'excédant pas 25 % de son propre poids).

Le ski de randonnée ou ski de printemps

Ce « ski de printemps » se pratique essentiellement de mars à juin, mais rien n'empêche de pratiquer la peau de phoque dès janvier si la nivologie l'autorise (Chamonix-Zermatt par exemple) voire le ski-alpinisme qui n'est qu'un degré de plus (avec des passages vertigineux, des traversées glaciaires, etc.) et finalement le ski extrême (descentes de couloirs à 50° ou plus) dont Sylvain Saudan fut l'initiateur en France.

Si vous êtes débutant dans la randonnée à ski, sachez que la neige ne sera pas toujours poudreuse et légère mais parfois mouillée ou croûtée. Entraînez-vous donc avant, « hors-piste » près d'une station, pendant, c'est trop tard.

Réservé à de bons skieurs polyvalents (bons en toutes neiges), il offre à ses adeptes des descentes magnifiques dans un univers immaculé, loin des pistes balisées, mais à l'issue d'une dure montée qui nécessite souvent des capacités d'alpiniste. L'exemple idéal (mais difficile !) est la course de la Pierra Menta, chaque printemps dans le Beaufortin (voir encadré ci-après).

Le matériel

À capacités spécifiques, matériel particulier : la paire de skis pèse 2,5 kg (soit nettement moins que les skis alpins) et chaque planche se montre très stable en neige profonde (grâce à sa forme et sa grande largeur). Pour la montée, on applique une peluche autocollante (version moderne de l'ancienne peau de phoque) en laine mohair ou fibre synthétique, qui glisse dans le sens du poil et empêche de reculer.

• **Les fixations** sont à deux positions : talon libre pour la montée, fixe pour la descente. Légères (1 kg la paire), on peut les chausser ou déchausser rapidement, et les renforcer d'une paire de « couteaux », crans métalliques accentuant l'accroche des skis dans les montées très raides.
• **Les chaussures** (3,5 kg la paire) offrent, elles aussi, des qualités mixtes : souples et rigides pour la montée, le pilotage à la descente, elles garantissent une mobilité optimale du pied pour la montée et son maintien ferme dans l'autre sens.
• **Les bâtons télescopiques** dont on voit, tout au long de ce livre, l'intérêt permanent, furent, en fait, inventés pour cette discipline, permettant de bons appuis parfaitement adaptés à la montée, et se rangeant facilement dans le sac à dos.

La course de la Pierra Menta

Créée en 1985, c'est la plus grande course de ski-alpinisme d'Europe. Quelques centaines de concurrents font en 4 jours 15 sommets et 10 000 m de montée à la moyenne de 800 m d'ascension à l'heure (les 250 m d'un bon marcheur sont très loin du compte). Entraînez-vous très sérieusement avant de vous inscrire (renseignements : « Duodecim » à Sallanches : 04 50 47 92 93).

Le ski nordique ou ski de fond

Sport de moyenne montagne, il peut se pratiquer sur des parcours de ski de fond, avec des pistes préparées sur lesquelles on peut faire de la compétition. Dans un cadre sauvage, c'est le ski de randonnée, ou encore randonnée nordique. Toutes ces appellations recouvrent, en fait, une technique similaire à base de pas alternatifs avec poussée simultanée et chasse-neige pour freiner. Le ski nordique autorise la promenade, la randonnée, et surtout le raid sur plusieurs jours.

Le matériel

Pour cette discipline, les skis sont un peu plus lourds (2,3 kg contre 1,4 kg), un peu plus larges (60 mm au lieu de 55 mm), et équipés de carres métalliques pour plus de robustesse et de tenue en toutes neiges. Les dimensions sont classiques, c'est-à-dire pour les skis, la taille plus 30 cm, et pour les bâtons, la taille moins 30 cm. Dans cette discipline, les chaussures peuvent être en cuir avec des fixations obligatoirement de la même marque. Le reste du matériel à mettre dans le sac est habituel, sans oublier les lunettes masque et la cagoule

hermétique pour la tourmente, éventuellement une paire de raquettes légères en cas de brisure ou perte d'un ski lors d'un raid de plusieurs jours.
Pour les raids, où vous pourriez devoir monter de fortes pentes, prévoyez (comme dans le ski de montagne) des peaux autocollantes aux dimensions du ski nordique.
Pour les raids prolongés où la charge alimentaire serait trop lourde dans un sac à dos, n'hésitez pas à traîner un «*pulka*» en fibre de verre, dont les plus petits modèles mesurent environ 1 m, pèsent 4 kg, avec timon télescopique et harnais. Ces traîneaux modernes dérivés de ceux des Lapons permettent d'emporter une charge importante sans grand effort (il est beaucoup plus facile de glisser une charge que de la porter) et d'alterner la corvée avec ses coéquipiers.

Le télémark

Notre époque nostalgique, en mal d'authenticité, réhabilite parfois des disciplines traditionnelles qui avaient pour elles d'être nécessaires sinon faciles. Ainsi du télémark, qui doit son nom à la petite ville de Norvège dont les habitants utilisaient cette technique dès le milieu du XIXe siècle, aussi bien pour se déplacer, pour participer à des courses, que pour traverser de grands espaces comme Nansen le fit au Groenland. Il disparut dans les années 30, supplanté par le christiania, plus facile à pratiquer avec des talons solidement fixés sur des skis parallèles et rotation des hanches.
Le retour au télémark date des années 70, grâce à des Norvégiens et des Américains soucieux de pouvoir utiliser la même technique et le même équipement pour des activités aussi variées que de grandes traversées, des ascensions, mais aussi des descentes très rapides, des sauts à skis, voire des slaloms.
Ce ski polyvalent à l'équipement simple (skis de slalom par exemple, avec fixations à mâchoire à l'avant du pied et câble pour le talon, chaussures en cuir ou plastique) requiert plus d'équilibre, de musculature et de coordination que le ski alpin. C'est un retour aux sources où le plaisir ne signifie pas forcément facilité (un peu comme la conduite d'une torpédo des Années folles), mais élégance et... chutes également!
Le télémark est, en général, considéré comme une variante du ski nordique.

Le ski extrême

Nécessitant d'être à la fois alpiniste, excellent skieur et amateur de sensations très fortes, il n'est pas à la portée du montagnard occasionnel. On distingue, selon l'inclinaison moyenne, le « ski de pente raide » (passages à 45° où une chute ne peut être enrayée que sur neige molle) et le ski extrême proprement dit (passages de 50 à 55°, où aucune chute ne peut être enrayée quel que soit l'état de la neige). Il s'agit, dans ce dernier cas, de descendre à ski des couloirs de glace que les alpinistes purs, équipés de piolets et de crampons, classent comme difficiles (D) !

Sylvain Saudan contribua à faire découvrir cette nouvelle discipline en 1968, même si certains skieurs descendirent des pentes supérieures à 45° dès 1935 (Tyrol, avec la face nord du Hochten, ou Valois avec la face ouest de la dent d'Hérens). Tout a été tenté et souvent réussi, depuis la face nord-est de l'Eiger (52° de moyenne sur plus de 1 500 m !) en 1984, jusqu'aux sommets himalayens de 8 000 m (Nanga Parbat en 1993 par deux Tyroliens).

La banalisation apparente de ces exploits (certains couloirs réputés infaisables il y a 20 ans sont empruntés chaque saison par des vingtaines de skieurs) tient à plusieurs facteurs :

– technologie pointue et sécurité du matériel ;

– bonne connaissance de la géographie et de la couverture de neige ou de glace des couloirs ;

– volonté de surpassement personnel dans toutes les disciplines sportives ;

– et surtout, possibilité d'un apprentissage progressif auprès des rares spécialistes (s'adresser au CAF, Club alpin français).

Le grand spécialiste Toni Valeruz considère que le ski extrême requiert « 20 % de technique, 20 % de condition physique, 60 % de préparation psychologique ». L'adrénaline n'en est pas le seul ingrédient, le désir d'élégance et de purisme ont également un rôle à jouer : le Tyrolien Heini Holzer (mort en 1977 dans les Grisons) ne disait-il pas : « Je ne peux retenir comme sportivement valable le fait de se faire déposer au sommet par hélicoptère. »

Le surf de montagne

Le surf aussi ne se cantonne plus aux pistes damées des stations, et de plus en plus de surfeurs deviennent randonneurs-surfeurs. L'équipement est le même que pour le ski, en dehors bien sûr des « planches », avec fond de sac et bâtons télescopiques.

Pour monter, vous avez le choix entre les raquettes (légères, bon marché et faciles à ranger), les mini-skis bricolés, la marche à pied, ou encore les surfs qui se séparent en deux parties pour l'ascension (chers et moins précis que la planche normale).

Pour le portage, vous pouvez tirer la planche ou adapter des sangles sur un sac normal (gênant en forêt).
Pour la descente, c'est souvent le paradis, mais évitez les faux plats prolongés, car le pas de patineur est impossible !
À savoir : le monoski est complètement passé de mode (provisoirement ?).

Sécurité : chiffres et idées reçues

Bilan des accidents de ski sur piste pour l'hiver 96-97 en France : 52 morts, 115 000 blessés, ce qui n'a rien d'alarmant pour 10 millions de skieurs (alpin, fond et surf), surtout si l'on considère que depuis 20 ans les accidents n'ont pas augmenté en valeur absolue alors que le nombre de skieurs a augmenté de 300 %. Ces chiffres excluent les accidents hors-pistes (avalanches) et bien sûr les accidents de montagne en été. Toutes activités confondues sur l'année, le nombre de morts en montagne reste donc très loin des 600 noyés de l'hexagone chaque été...
Les chutes demeurent la cause principale des accidents, et de très loin, les collisions avec autrui ne concernent que 6 %, et le surf seulement 15 %.

La raquette

Encore une activité ancestrale accessible à tous, mais sans autre technique que de savoir mettre un pied devant l'autre. Les habitants du Caucase l'utilisaient déjà il y a 4 000 ans, faite d'un sac de peau bourré de foin ou de laine. Les trappeurs canadiens lui ont donné son allure esthétique d'ovale de frêne servant de support à un tamis de peau ou de tendons.

Le matériel

• Les raquettes modernes sont en plastique, solide et léger, avec deux sortes de fixations :
– un simple chausson en caoutchouc, s'adaptant autour de la chaussure, et faisant charnière à l'avant avec la raquette ; léger et simple, il suffit pour la progression en terrain plat ou peu accidenté (chemin de forestiers ou d'alpages...) ;
– une fixation rigide, celle-ci autorise de longues marches même en terrain accidenté.
• Des crampons latéraux ou frontaux (solidaires de la fixation) permettent de mieux tenir sur une neige croûtée ou dure en traversée et en montée.
• Les bâtons de ski (télescopiques si possible) sont indispensables, et les guêtres éviteront aux mollets d'être mouillés par la neige qui s'y colle à chaque pas.

• On étudiera les trajets en évitant les traversées prolongées, et en privilégiant les lignes de plus grande pente (à la descente comme à la montée) qui évitent de fatiguer chevilles et genoux.

Montagne et armée

Pour les jeunes sportifs amoureux de la montagne, l'armée offre de nombreuses possibilités de réalisation, depuis l'enviable service au sein des chasseurs alpins jusqu'aux très professionnelles unités furtives (les URH 27) passées maîtresses dans l'art du renseignement en temps de crise et de guerre.

Les Unités de recherche humaine (URH) regroupent les Sections de renseignement (SR) de plusieurs régiments (27e Division d'infanterie de montagne, 7e, 13e et 27e Bataillons de chasseurs alpins, 92e Régiment d'artillerie de montagne) et ont été utilisées clandestinement dans plusieurs conflits dont celui de Yougoslavie. Parfaitement mimétiques dans la neige, ces équipes s'enterrent loin dans les lignes ennemies pour identifier et photographier mouvements et véhicules, de nuit comme de jour. Les renseignements sont aussitôt transmis en code par des moyens radio très puissants. Polyvalentes, ces équipes sont rompues à l'escalade, le parapente, la survie (ils peuvent disparaître plus d'une semaine enterrés dans la neige), et bien sûr des progressions très « physiques ». Les photos d'objectifs peuvent être transmises par satellites en temps réel vers un relais qui peut se trouver éloigné de 400 km. Ce savoir-faire typiquement montagnard est transmis par les chasseurs alpins de Briançon vers les commandos de l'air ou de la marine au cours de stages spécialisés au CNAM (Centre national d'aguerrissement en montagne).

Le Brevet de skieur militaire (BSM) implique une course de 12 km en moins de 3 h 25 pour une dénivelée de plus de 1 000 m avec un sac à dos de 14 kg. La performance n'est pas à la portée de tous les Engagés volontaires de l'armée de terre (EVAT) qui se destinent au métier de transmetteur, logisticien, mécanicien, avec la spécificité montagne, et pourtant de plus en plus de jeunes femmes surmontent les épreuves avec brio en même temps que leurs camarades du sexe réputé le plus fort. Pour de plus amples renseignements, s'adresser au 27e Régiment de commandement de soutien de Vars (27e RCS).

Les plaisirs de l'air

/ Le vol libre

Le vol libre regroupe deux activités, accessibles dès l'âge de 14 ans. Le parapente est beaucoup plus simple à pratiquer que l'aile delta, autant par la mise en place que par le pilotage lui-même. Le qualificatif « libre » n'est pas usurpé, puisqu'il s'agit de la plus simple façon de voler, sans apport d'aucune énergie mécanique artificielle, en décollant et en atterrissant... à pied.

L'aile delta

Apparue dans les années 70, cette élégante réplique de l'aile d'oiseau, dérivée de la recherche spatiale, répond au vieux rêve de l'homme de s'élever dans les airs, et s'y diriger comme il en avait envie depuis des siècles. Des centaines d'expérimentateurs plus ou moins fous avaient donné leur vie pour ce rêve impossible, et voilà qu'une vingtaine de kilos de tubes, de câbles et de toile ouvraient, enfin, la troisième dimension aux fanatiques de la liberté.
La montagne était, bien sûr, le terrain d'exercice idéal pour l'aile delta, le seul dont l'aérologie permette des gains d'altitude parfois impressionnants et des hauteurs d'envol importantes. Le départ face au vent et à la pente est rapide, surtout à skis, et le pilotage se fait ensuite à l'aide d'un triangle dont les deux mains tiennent la base horizontale.

Le matériel

Composée d'un bord d'attaque en alliage léger délimitant un triangle d'une dizaine de mètres d'envergure, et de 13 à 18 m^2 de toile (selon le poids du pilote), l'aile se pilote vraiment, capable comme un avion de décrocher et de monter dans les ascendances tel un planeur. Nombre de pilotes et de parachutistes furent attirés par la sobriété de l'engin, qui resta, néanmoins, hors de portée des velléitaires, expliquant sans doute un nombre d'accidents limité.

Règles de sécurité

J'ai, cependant, perdu pour ma part trois camarades, tous victimes d'un mauvais entretien de leur appareil : les manilles, les axes et les goupilles doivent être changés régulièrement, comme en aviation, faute de quoi on s'expose à une rupture en vol, qui ne pardonne jamais. La troisième dimension implique un entretien draconien du matériel, même si pour une fois les fonctionnaires ne sont pas là pour vous y obliger...

Son encombrement (plus de 5 m de long une fois pliée) et son poids ont considérablement limité l'expansion de l'aile (difficile d'emprunter 10 fois par jour les remontées mécaniques...), surtout depuis l'apparition du parapente, mais les puristes continueront toujours de voler par ce moyen privilégié.

Le parapente

Depuis le premier décollage de la terre ferme en parachute le 27 juillet 1978 (Haute-Savoie), tout a été osé et réussi sur les plus hautes montagnes de la planète (en particulier par l'extraordinaire polyvalent qu'était le regretté Jean-Marc Boivin). Permettant des enchaînements accélérés à la recherche de records d'alpinistes, l'évolution technologique autorise maintenant des vols prolongés, en sécurité, même pour le montagnard occasionnel. Mais attention, occasionnel ne veut pas dire inconscient, particulièrement dans cette discipline où l'imprudence se solde tôt ou tard par le fauteuil roulant... au mieux (29 en 1993, en France, sur 22 000 pratiquants).

Conseils de sécurité

Les ennemis du parapentiste sont d'abord un excès de confiance en soi (tous les sports aériens nécessitent de l'humilité), viennent ensuite les surprises d'une aérologie exacerbée par les reliefs. La météo régionale est intéressante pour les vents en altitude et la hauteur de l'iso 0 °C ; pour le reste, c'est la situation locale du moment qui seule compte pour deviner les cisaillements du vent, les rotors, les bulles thermiques, les rabattants, les turbulences, pour voir l'évolution des cumulonimbus, des brises.

Initiez-vous d'abord à ce vrai plaisir du pilotage sous-voile en montagne, avec un moniteur en biplace. Si vous êtes mordu d'emblée, alors **pas question de vous lancer seul** ou avec un bon copain « qui va vous expliquer ». C'est facile mais cela ne s'invente pas, même quand on est pilote, parachutiste, sportif, ou tout à la fois. À l'issue de quelques heures de pente école, fastidieuse mais conviviale, vous découvrirez, sous la conduite radio de vos instructeurs, le plaisir extraordinaire de voler en silence au-dessus des forêts, des barres rocheuses (par temps calme !), des clochers de petits villages perdus. Si vous aimez le pilotage pur, vous ne serez pas déçu par la possibilité d'approcher avec précision des cibles prévues par avance.

Si vous n'avez pas pratiqué depuis l'année précédente, remémorez-vous les

réflexes en allant passer une demi-journée de pente école : votre amour-propre n'y perdra rien, et votre espérance de vie y gagnera peut-être beaucoup !
Vous pourrez, ensuite, skier en altitude, emprunter les remontées sans problème, avec sur votre dos un sac un peu volumineux mais surtout léger (8 à 10 kg), qui vous permettra de décoller quand vous en aurez envie, vous poser où vous voudrez, et pourquoi pas 2 000 m plus bas près de votre chalet !

Le choix de la voile

Plus une voile est performante (finesse élevée), plus elle est « pointue », c'est-à-dire requérant un pilotage averti. Vous commencerez par une voile facile et sûre, qui ne décroche pas, ne permet pas de jouer dans les ascendances pendant des heures, mais vous permettra de voler une trentaine de minutes pour 2 000 m de dénivelé. Vous remplirez un carnet de vol vous-même (où figurent la date, le lieu, le type de parapente utilisé, le dénivelé, le temps de vol, l'exercice effectué...), et à l'issue de quelques dizaines de vols, vous pourrez choisir la voile convenant le mieux à votre poids et aux performances recherchées.

/ L'aviation de montagne

Le pilotage sur glacier est certainement la forme de pilotage la plus passionnante par la rigueur qu'elle requiert, la variété des paramètres extérieurs qui changent à chaque atterrissage et son environnement exceptionnel.
Cette aviation légère et vraiment sportive fût initiée dès 1921 par Durafour qui se posa (et redécolla !) au dôme du Gouter à 4 300 m ; elle trouva ses lettres de noblesse avec le Suisse Herman Geiger qui assura, avant l'ère de l'hélicoptère, de nombreux ravitaillements et sauvetages en haute montagne. À sa mort, la technique restait pour le moins archaïque, stipulant seulement qu'il fallait se poser face à la montagne, suffisamment haut pour avoir la place de redécoller après avoir fait demi-tour, et pour ne pas finir dans le décor, le tout en évitant bien sûr les cailloux et les crevasses.
Ces grands principes sont restés les mêmes, la technologie des avions n'a guère évolué, en revanche on est passé de la tradition orale à une technique très rigoureuse, défrichée par le sympathique Henri Giraud (le seul homme à s'être posé sur le mont Blanc en avion et en avoir redécollé) et quelques autres. [1]
Le but de l'aviation de montagne n'est plus de sauver des vies, puisque l'héli-

1. *Le pilotage en montagne*, J.-F. Chappel, Aviasport, 1993.

coptère y pourvoit avec une grande efficacité, mais d'apprendre à des pilotes déjà confirmés ou professionnels (les pompiers volants par exemple) les techniques de pose sur glacier.
Les pièges sont nombreux, avec une aérologie fantasque, des neiges qui collent, des crevasses ouvertes, des « jours blancs » qui faussent les distances, des neiges dures et glissantes qui cassent les skis ou ne retiennent pas les avions, des repères qui s'évanouissent d'un jour à l'autre, des poudreuses où l'aile disparaît, des pentes où l'on reste suspendu plein moteur, d'autres où l'on est bloqué en travers sur un train torturé...
Il faut tout apprécier d'en haut, la température, la glisse, la neige, le vent, le profil, les distances, les ponts de neige, l'axe de décollage, sans toucher ni sentir, et une fois que l'on a décidé de se poser, la finale est irréversible : il n'y a pas de place pour une remise des gaz...
Seuls de petits monomoteurs permettent cette magnifique discipline, ce qu'un ami appelle « le Saumur du pilotage ». On casse parfois les avions, mais on ne se tue quasiment jamais...
Pour plus de renseignements, voir les adresses en fin d'ouvrage (p. 231).

Les plaisirs de l'eau vive

Là aussi, comme pour le vol libre, la montagne est le milieu privilégié : où l'eau pourrait-elle être plus vive qu'au confluent des torrents ou dans les rivières dévalant des cimes ?

/ Le canyoning

Trop longtemps considéré comme un univers extrême, voire divin, le fond des canyons resta inexploré jusqu'à notre époque où l'alliance de la technologie et de la curiosité de quelques-uns ont permis à n'importe quel sportif de découvrir en toute sécurité un nouveau monde naturel d'une beauté saisissante. Nul besoin d'être alpiniste ou spéléologue, il suffit seulement de savoir nager, maîtriser le rappel et sa sécurité, interpréter la météo.

Qu'est-ce qu'un canyon ?

Géologiquement, le canyon désigne une gorge creusée dans le calcaire par un cours d'eau sous l'influence de l'érosion mécanique et de la dissolution (voir *La géologie de montagne*, p. 10) ; on y trouvera donc des parois abruptes mais aussi des vasques, des marmites de géant (cavités sphériques creusées par le mouvement tourbillonnaire d'un caillou appelée « meule »), des toboggans naturels, des sauts, des passages souterrains « *oscures* » en espagnol), des ressauts, des biefs (portions d'un cours d'eau entre deux chutes), une variété qui permet d'alterner action et contemplation à volonté.

À la différence de la spéléologie où il faut toujours remonter, le canyoning est à sens unique et donc beaucoup moins fatigant ; autre avantage qui ne peut que réjouir les chlorophylliens que nous sommes : le soleil est souvent de la partie. Il s'agit d'une activité aussi ludique que sportive, dont on ne peut que recommander la pratique à tous les amoureux de la montagne. La France et l'Espagne offrent des sites magnifiques, dans le Vercors, la Provence, les Cévennes, le Pays basque, le Roussillon, le mont Perdu et l'incomparable sierra de Guara, pour ne citer que les canyons à quelques heures de Paris.

Les dangers

Le canyoning emprunte par définition les trajets séculaires des torrents de montagne, c'est dire qu'en cas d'orage local, le débit des eaux deviendra mortellement dangereux en quelques minutes. 57 morts rien qu'en France depuis 1990. En août 1997, 12 touristes dont 7 Français sont surpris par une vague de 3,5 m dans le canyon Antelope en Arizona, seul le guide survivra après 500 m de descente infernale. En juillet 1999, 21 adeptes, pourtant entraînés, sont noyés en Suisse, par un orage dont ils avaient négligé les prémisses.

Les victimes par traumatisme sont les plus nombreuses depuis la chute par mauvais arrimage ou matériel défectueux, jusqu'au saut dans une vasque insuffisamment profonde.

La noyade peut survenir, également, par un mauvais maniement des cordes, qui bloque le canyoneur dans une chute d'eau. L'hypothermie, rapide dans l'eau froide des fonds de gorge, est une autre cause non négligeable d'accidents. En France, les divers pelotons de gendarmerie de haute montagne (PGHM) s'entraînent chaque année pour mieux secourir les futures victimes, et ils demeurent pour vous la meilleure source d'information avant d'entreprendre une course ; certains sont particulièrement mis à contribution, comme celui de Jausiers, dans les Alpes-de-Haute-Provence, ou de la vallée de l'Ubaye, qui ne compte pas moins d'une trentaine de canyons. Les gendarmes pourront vous donner les longueurs de corde nécessaires pour tel ou tel passage en même temps que les débits d'eau. Pensez à consulter les topoguides, en général très bien faits.

Le matériel et la technique [1]

L'équipement figurant sur le schéma ci-dessus est idéal pour le confort et la sécurité. Certains « aménagements » peuvent y être apportés dans le sens d'une simplification, mais au détriment de la sécurité dans certaines situations (on peut, par exemple, se passer de bloqueur et de « pédale », mais il ne faut pas que la corde vous échappe !).

• **La combinaison** : indispensable, même sous la canicule estivale, car après quelques dizaines de minutes dans une eau qui semble rafraîchissante au départ, en l'absence de combinaison, cette eau devient rapidement frigorifiante et même mortelle après quelques heures (voir *L'adaptation au froid*, p. 32). Pas question donc de se contenter d'une combinaison de planche à voile (ambiance

1. L'auteur s'est inspiré pour les schémas et les références techniques de ce chapitre du livre de F. de Richemond et C. Chantenesse, *À la découverte des canyons*, éd. du Pélican, 1988.

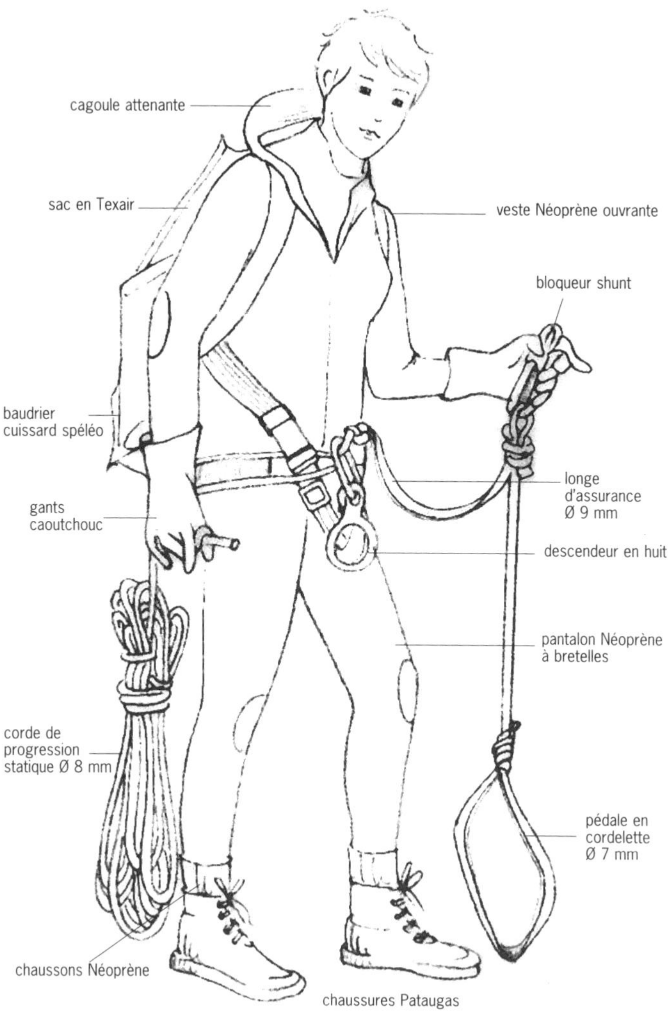

Canyoning: l'équipement

« aérienne ») mais d'une combinaison de plongée de 5 mm d'épaisseur, en deux pièces (pantalon à bretelles et veste s'ouvrant devant, avec cagoule). Cette dernière précaution permettra de s'aérer dans les cheminements trop longs (la sudation, ne pouvant s'évaporer, provoquerait sinon des malaises). Pour ceux qui douteraient de leurs capacités de nageur en conditions difficiles, rappelons que la flottabilité du Néoprène tient lieu de gilet de sauvetage.

• **Les chaussons de plongée en Néoprène** : ils sont utiles pour les séjours prolongés dans l'eau et pourront faire office de chaussettes dans les Pataugas, si on les choisit suffisamment fins.

• **Les gants** : ils sont très efficaces autant contre le froid que contre l'érosion de l'épiderme sur la corde ou le rocher. Choisir des gants de type « vaisselle », car leur durée de vie est courte (le cuir est agréable et fait très « professionnel », mais il est dommage de les trouer en quelques jours...) ; les gants spéléo sont plus chers, mais résistants.

• **Les chaussures** : elles doivent être souples et **en toile** (légèreté et séchage rapide sont privilégiés) avec des crans bien marqués (pas de chaussures de tennis), une tenue de cheville suffisante et des lacets permettant d'enfiler les chaussons de Néoprène (choisir une ou deux tailles de plus). Le type « Pataugas » est donc parfaitement adapté et d'un prix correct.

• **Le baudrier** : il doit être avec cuissard évidemment et **spécifique au rappel**, c'est-à-dire léger et simple (le baudrier d'escalade conviendrait mais il est inutilement plus lourd et compliqué). Choisir un modèle sans métal (de marque Petzl par exemple). La seule partie métallique indissociable du baudrier est le maillon rapide en acier ou zicral (section 9 ou 10 mm, en demi-lune ou en delta) qui permet de réunir les boucles de cuisses, de taille, le descendeur, la longe d'assurance et d'éventuels accessoires.

• **La longe d'assurance** : composée d'un bout de corde dynamique (capacité à l'allongement en cas de choc) de 9 mm de diamètre et d'un mousqueton à barrette « *fast* » (qui garde toujours la bonne position), le tout relié par un nœud de huit qui est le plus solide. Cette longe aura deux rôles : elle permet de s'assurer (main courante ou amarrage ponctuel) et, en cas de problème, de soutenir tout le poids du corps par l'intermédiaire du bloqueur auquel elle est évidemment reliée (par exemple pour dégager rapidement un blocage par tête d'alouette).

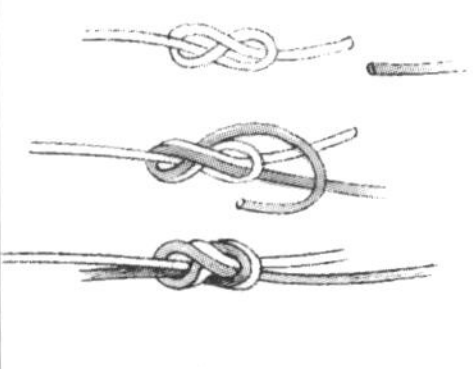
Nœud en huit

• **Le bloqueur shunt** : installé sur la corde, il coulisse sans retenue lorsqu'il n'est soumis à aucune charge et se bloque instantanément dès que son anneau est soumis à une force verticale vers le bas (par l'intermédiaire de la longe d'assurance ou de la « pédale » constituée d'un bout de cordelette de 7 mm de diamètre). On peut, ainsi, arrêter une chute, se bloquer sur une paroi, ou encore remonter.

• **Le descendeur** : celui qui est universellement adopté en montagne est le descendeur en huit ; peu encombrant et très léger, il s'installe et s'enlève très rapidement (indispensable sous une cascade qui vous « noie »). C'est grâce à lui que le rappel ne se pratique plus comme autrefois ; le S au lieu de s'effectuer dans un petit espace autour du descendeur se faisait autour du corps en passant entre les jambes puis dans le dos, en passant sur l'épaule ; cette technique de fortune est beaucoup moins sûre et ne saurait être celle du canyoning, basée justement sur un rappel à répétition.

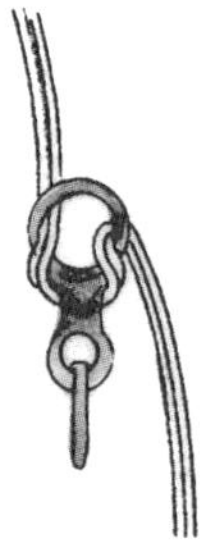

Usage normal du descendeur en huit

Le descendeur en huit permet de passer une corde souple en double (indispensable puisque, une fois arrivé en bas, on doit pouvoir la rappeler derrière nous) et il s'enlève en quelques secondes. Seule nécessité en cours de descente : ne jamais lâcher la corde en aval, à moins d'être assuré (depuis le bas pour un novice, ou soi-même par un shunt ou une clef sur la corde).

• **La corde** : elle doit être **statique** car, à la différence de l'alpinisme où le premier de cordée peut tomber d'une hauteur double de la distance le reliant au dernier point d'amarrage, le canyoning s'effectue vers le bas, en tension permanente sur la corde au-dessous de l'amarrage, et le risque de chute est quasiment nul. La corde dite « statique » est celle de la spéléologie, avec un faible coefficient d'allongement de 2 à 4 %, un poids léger, une grande résistance à l'abrasion. Cette corde spéléo, d'un diamètre de 8 mm seulement, est tissée en double torsion, ce qui lui confère une grande résistance à l'abrasion. Sa longueur devra être du **double du plus grand rappel prévu**, plus une sécurité suffisante.

Son poids est de 38 g au mètre pour une résistance à la rupture de 1 630 kg (contre 70 g pour une corde de montagne de 11 mm de diamètre), c'est-à-dire que 80 m de corde pèseront 3 kg seulement. Le prix est enfin nettement plus avantageux que celui des cordes dynamiques, ce qui permet de les changer au moindre doute.

Le petit matériel supplémentaire

Indispensable à la sécurité et au confort tant moral que psychologique :

• **Le sac** : kit-bag spéléo en Texair à deux bretelles, de section ronde, d'une capacité d'au moins 12 l, pouvant se porter de toutes les façons possibles, y compris à l'envers pour vider l'eau, ou suspendu. Un petit bidon étanche en PVC permettra de ranger tout ce qui ne peut être mouillé et assurera en plus une flottabilité positive.

• **La quincaillerie** : couverture de survie, lampe frontale, lunettes de nage, briquet, Opinel, descendeur et mousqueton de rechange, barres énergétiques, pelote de cordelette en Nylon de 3 mm, cordelette « dynamique » d'alpinisme de 6 mm (pour nœud de Prussik, confection de pédale, etc.), anneaux de sangle Nylon ou Tergal, 18 ou 28 mm de large).

Conseils de survie

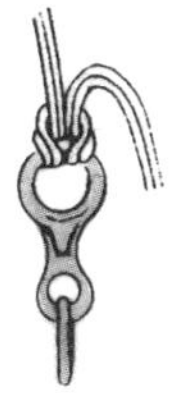

Blocage involontaire par tête d'alouette

• **En cas d'immobilisation en cours de descente**, par création d'un blocage en tête d'alouette (voir schéma ci-contre) ; ceci peut arriver au passage d'un surplomb, si la roche pousse la boucle de la corde vers le haut, bloquant alors le descendeur. Si l'on dispose d'un bloqueur, il est facile et rapide de remettre la corde dans sa position normale ; si l'on ne dispose pas de bloqueur (parce qu'on l'a perdu par exemple...), un nœud de Prussik (voir schéma ci-dessous), réalisé avec de la cordelette de diamètre 5 ou 6 mm, le remplacera. Ce nœud est rapide à réaliser à partir d'un anneau en cordelette dynamique (que l'on achète tout fait) ; son diamètre doit toujours être inférieur d'au moins 2 mm à celui de la corde de progression. Un mousqueton permettra de relier l'anse du nœud de Prussik à la pédale. À signaler enfin que le nœud de Prussik se réalise aussi facilement sur deux cordes que sur une seule.

Nœud de Prussik

• **En cas de perte du descendeur** au moment où l'on installe ou enlève la corde de rappel ; on peut rendre ce descendeur « imperdable » en le passant dans le mousqueton du baudrier ; la corde passe alors également dans ce mousqueton, et la descente sera plus rapide car le S est moins accentué. Ce dernier point peut être contrecarré en retournant le descendeur, auquel cas il faudra utiliser de la corde mince pour éviter un freinage trop fort (S trop accentué).

Descendeur imperdable

/ Le canoë-kayak

Il s'agit en fait de deux disciplines différentes correspondant à deux types d'embarcation différentes : le canoë, d'origine canadienne, se dirige à l'aide d'une pagaie simple, par un canoeiste (ou « céiste ») qui est à genoux dans un bateau ouvert ; à l'inverse, dans le kayak, d'origine esquimaude, le kayakiste est assis, se dirige à l'aide d'une double pagaie, et son embarcation est étanche au-dessus comme au-dessous, autorisant des parcours très sportifs dans des eaux très agitées et des chutes. Qui peut le plus peut le moins, et les deux disciplines s'accommodent aussi bien de la promenade contemplative dans des eaux régulières que de la descente sportive, risquée parfois, dans des rapides. Dans ce dernier cas, un minimum d'entraînement est indispensable pour apprendre les diverses techniques d'évolution, de retournement, de sauvegarde. La FFCK (Fédération française de canoë-kayak) et ses 750 clubs et écoles en France vous fourniront tous les renseignements indispensables (voir *Adresses utiles*, p. 230).

/ Le raft

Gros canot pneumatique sans moteur, on y embarque à plusieurs, chacun équipé d'une pagaie, à l'exception du barreur qui dirige et donne les ordres en même temps. On n'est jamais de trop quand, dans certains passages difficiles, il faut éviter que l'embarcation n'aille où elle veut. Quoi qu'en disent certains, il n'y a guère de rivière à raft en France susceptible de fournir de vraies émotions, tout juste certaines permettent-elles de s'initier aux principes (l'Isère par exemple). C'est donc surtout une discipline exotique, où il s'agira de trouver des rivières alimentées par des pluies tropicales ou de très gros massifs montagneux (Costa Rica, Amérique du Sud, Congo, Extrême-Orient, etc.), et là encore la FFCK sera susceptible de vous renseigner.

/ L'hydrospeed

Encore appelé nage en eau vive (NEV), c'est sans doute la plus sportive et la plus séduisante des activités en eau vive à moindre prix et logistique minimale.

Le matériel

De simples palmes, une combinaison renforcée aux genoux, et puis un flotteur qui fait la spécificité de l'hydrospeed, voilà tout le matériel nécessaire pour « aller vite dans l'eau », comme l'appellation anglaise l'indique bien. Le flotteur hydrodynamique se glisse sous le thorax, maintenu en place par deux poignées. Agissant à la fois comme flotteur et comme bouclier, la coque de plastique est très légère et peu volumineuse, aussi facile à transporter que les palmes dans les passages « terrestres ». Les petites astuces permettant de se diriger sont très vite acquises, et l'on est surpris de la vitesse à laquelle on peut descendre n'importe quelle rivière dès que l'on palme énergiquement.

Conseils de sécurité

– Choisir une combinaison renforcée aux genoux, zone du corps la plus immergée, qui subit tous les chocs dans les passages peu profonds ;
– ne pas oublier chaussons, cagoule et gants, pour retarder l'hypothermie, qui surviendra de toute façon, mais d'autant plus tard que le Néoprène est plus épais ;
– pour les parcours mouvementés, ne pas oublier casque et gilet (le Néoprène de la combinaison ne suffit pas toujours pour une flottabilité positive).

Sur la piste des animaux de montagne

Chacun connaît la silhouette de la plupart des animaux de montagne, mais identifier leur présence sans les voir, par la simple observation de leurs empreintes, est un plaisir qui peut s'ajouter à celui de la randonnée, en hiver dans la neige comme en été dans la boue. Dans certains pays (Rocheuses, Himalaya...), l'aptitude à reconnaître la proximité d'ours ou de cougars peut relever simplement d'une sauvegarde élémentaire. En Europe, la faune de montagne n'est jamais dangereuse, et nous ne citerons que pour l'anecdote folklorique ce montagnard occasionnel culbuté par un bélier, ou cet autre, piqué par un essaim de guêpes qu'il voulait emmener dans un sac en plastique.

Le sanglier

Omnivore, il mange de tout, y compris le contenu des décharges publiques et toutes les charognes. Il adore se rouler dans l'eau et la boue (notamment pour sa régulation thermique en été car il ne transpire quasiment pas). Se nourrissant la nuit, il reste « baugé » le jour dans d'épais fourrés où vous le surprendrez peut-être.

Le mouflon

Ne dépassant pas 50 kg pour le mâle, il est facile à reconnaître avec ses grosses cornes en 3/4 de cercle; il aime les hautes prairies qu'il ne quitte qu'en hiver pour les vallées. Ses empreintes sont rarement isolées car il se déplace en groupe.

Le chamois

Le domaine du chamois est vaste, de 1 000 à 2 500 m environ, de la forêt de Conifères à l'alpage dégagé. Ce petit mammifère (45 kg pour le mâle) est très puissant et peut monter 1 000 m en 15 minutes. Son pelage est foncé en hiver, clair en été. Le terme « isard » désigne le même animal, mais dans les Pyrénées. Ses cornes en crochets restent petites; à la différence des Cervidés, elles ne sont pas issues d'une production osseuse mais sont élaborées à partir de la peau, et ne tombent jamais. De plus, elles existent aussi bien chez la femelle que chez le mâle (chez qui elles sont moins grêles et plus recourbées).
Le bord tranchant du sabot se plante dans la neige dure tandis que l'ergot placé en arrière lui permet de freiner dans les fortes pentes. Les doigts sont reliés par

un tendon qui fait office de raquette dans la neige, et il peut s'écarter pour mieux adhérer aux rochers.

Le bouquetin

Pesant jusqu'à 100 kg pour les mâles, ses cornes pointues vers l'arrière et annelées peuvent atteindre 1 m. Remarquablement adapté à la montagne, comme le chamois, il escalade acrobatiquement des parois où un grimpeur ne s'aventurerait pas sans corde.
L'été, les hardes sont constituées d'un côté des femelles et des jeunes, de l'autre des mâles adultes. Tous descendent la nuit brouter dans les alpages pour remonter ruminer et dormir jusqu'à la limite des glaciers vers 3 000 m sur les versants ombragés. Il est l'emblème du parc de la Vanoise auquel il doit sa survie.

Le chevreuil

Il aime la variété des bosquets, des taillis entrecoupés de prés, il est donc fréquent dans certains massifs à altitude moyenne ou basse. Le brocard (mâle) vit souvent seul avec une femelle (chevrette) et son petit (faon). Vous pouvez détecter les traces de son territoire qu'il délimite en frottant sa tête sur des arbres.

Le cerf

Ses empreintes sont similaires à celles du chevreuil, mais nettement plus grandes, en particulier plus larges. Pouvant se fixer jusqu'à 1 800 m environ, vous pourrez le voir dans les forêts importantes dépassant 1 500 hectares. Les biches vivent en groupes (hardes) tandis que les mâles vivent seuls ou en petits groupes. En septembre-octobre, période du rut, vous aurez peut-être la chance d'entendre le « brame » (cri poussé par les mâles) résonant le soir dans les vallées. Les bois tombent chaque année en mars-avril pour repousser aussitôt en « velours » puis en bois toujours plus imposants. Il n'hésite pas à hisser ses 150 kg jusqu'à 2 000 m dans les Alpes.

La loutre

Ce charmant animal devenu rare en plaine se rencontre encore en montagne. Aquatique par excellence, la loutre aime jouer dans l'eau et la neige où elle se

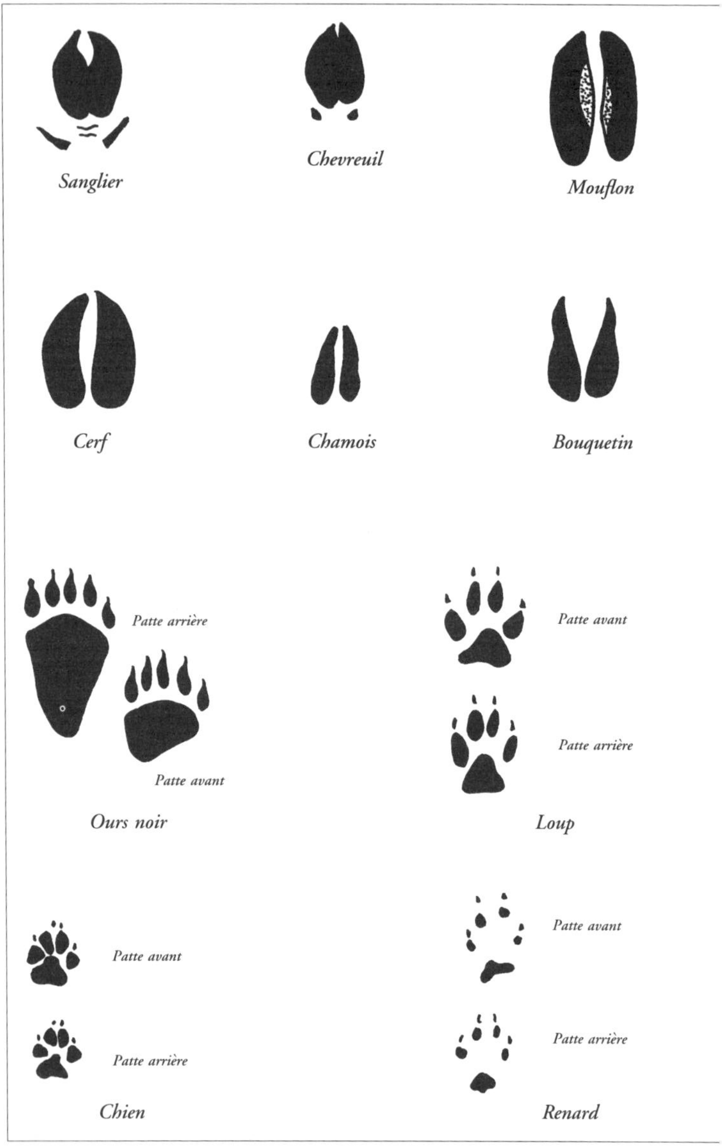
Sanglier
Chevreuil
Mouflon
Cerf
Chamois
Bouquetin
Patte arrière
Patte avant
Ours noir
Patte avant
Patte arrière
Loup
Patte avant
Patte arrière
Chien
Patte avant
Patte arrière
Renard

Marmotte

Hermine

Cougar

Castor

Écureuil

Loutre

Chat sauvage

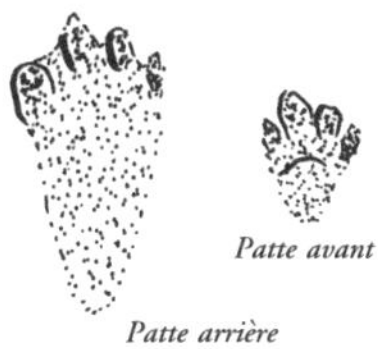

Lièvre variable

laisse glisser. Sa longue et lourde queue superpose souvent sa trace sur les empreintes. Elle se nourrit de poissons, grenouilles, serpents, oiseaux et œufs.

Le castor

Il est strictement végétarien (feuilles, plantes aquatiques, etc.). Actif toute l'année, il peut passer inaperçu sous la glace en hiver. Souvent en groupe, les signes de sa présence sont bien connus (arbres abattus, souches rongées, barrages nécessaires à leur survie, etc.). La trace de sa queue ondule entre celles de ses pattes, et souvent aussi des branches qu'il traîne dans sa mâchoire.

Le lièvre variable

Brun en été et blanc en hiver pour obéir aux nécessités de la survie, il est plus actif la nuit. En hiver, une fourrure lui évite de trop s'enfoncer dans la neige.

La marmotte

Dormant tout l'hiver et se prélassant sur les rochers en été, cet animal ravissant vit en petites colonies dans des galeries étendues. Préférant les habitats rocheux, elle n'est pas toujours facile à surprendre. Strictement herbivore, elle hiberne d'octobre à avril (plus qu'aucun autre animal terrestre). Sa vue peu performante permet de l'approcher en restant sous le vent. Si elle vous détecte, elle donne l'alerte en sifflant et tous ses congénères s'enfuient alors dans des trous creusés spécialement. Elle est très répandue dans le Beaufortin.

L'écureuil

Actif toute l'année dans un petit territoire, il y laisse de nombreuses traces de son existence (noisettes rongées, etc.). Lorsque vous l'approchez, il vous prévient par de petits cris aigus évoquant ceux d'un oiseau exotique. Il affectionne les bois de Conifères où il se cache d'autant mieux.

L'hermine

Elle se glisse dans les terriers pour tuer campagnols, lapins et lièvres. Elle devient complètement blanche en hiver à l'exception de sa queue qui reste noire. Son empreinte est souvent partielle en raison de son faible poids (85 à 350 g) et de ses pattes poilues.

L'ours noir (Amérique du Nord)

Ses traces sont invisibles en hiver car l'animal hiberne, mais attention aux traces fraîches, il peut être juste au coin et n'aime guère être surpris. Il grimpe aux arbres, comme en témoignent les balafres sur l'écorce, nage bien et court jusqu'à 40 km/h, alors évitez les mères avec leurs petits ! Très répandu en Amérique, il se nourrit de poissons, petits mammifères, insectes, fruits... Son caractère d'omnivore l'attire souvent vers les poubelles et parcs touristiques.

L'ours brun et le grizzly (Amérique du Nord)

Cousin de l'ours brun, de taille plus modeste, le grizzly symbolise, à juste titre, la montagne sauvage. Ses empreintes sont similaires à celles de l'ours noir, et seul le spécialiste remarquera les différences en dehors de la taille beaucoup plus imposante : 13 à 18 cm de longueur pour la patte avant, 23 à 30 cm pour la patte arrière (si votre pied s'inscrit entièrement dans la trace, vous avez affaire à ce seigneur des montagnes). Il aime les zones dégagées (prairies) et les fonds de vallées, s'aventurant couramment jusqu'à la limite supérieure des forêts. Il se nourrit comme l'ours noir et s'attaque en plus aux gros mammifères. Il mesure jusqu'à 3,40 m et pèse 800 kg. Il voit mal mais son odorat est redoutable (dans les parcs de Colombie britannique au Canada, on recommande aux femmes en période menstruelle de se méfier et aux trekkers de ne rien jeter près de leur campement). Capable de galoper, il est beaucoup plus rapide que vous. Seul refuge possible : les arbres, car il ne sait pas grimper. Ces arbres griffés à plusieurs mètres de hauteur, où il dépose parfois des carcasses, constituent également de bons postes d'observation (pas dans les Pyrénées bien sûr, mais en Amérique du Nord par exemple).

Le loup

Qu'il marche ou trotte, le loup laisse une trace rectiligne caractéristique, comme celle du coyote. Ses empreintes ressemblent à celles du coyote, qui sont nettement plus petites cependant (longueur : 6 à 8 cm).

Le chien

Les empreintes du chien sont moins ovales et moins régulières que celles du loup et les coussinets sont moins séparés.

Le renard *(red fox)*

Chez le renard, les pattes sont très poilues, atténuant les détails. Le coussinet arrière des pattes avant est toujours incurvé. Il établit sa tanière jusqu'à 3 000 m.

Le chat sauvage

Ses griffes n'apparaissent pas. Il se rencontre un peu partout, en Europe notamment.

Le cougar

Nocturne et timide, il est couramment répandu notamment en Amérique du Nord. Ses empreintes ont tendance à être plus larges que longues.
Il peut atteindre 90 kg et est responsable chaque année d'accidents graves mais rares.

Les zones protégées

En France, il existe une douzaine de parcs régionaux ou nationaux qui concernent la montagne. Quelques définitions peuvent être utiles au randonneur, relatives à ces zones protégées :

- **Le parc national** : le plus vaste sur plusieurs dizaines de milliers d'hectares, il est vierge de présence humaine (en dehors des bergeries).
- **Le parc régional** : il regroupe plusieurs collectivités locales autour d'une charte, et englobe les villages et industries concernés entre lesquels il instaure un équilibre harmonieux.
- **La réserve naturelle** : de dimension plus réduite, elle préserve un écosystème particulier. Il y en a 110 en France, dont 20 en montagne. Ces réserves peuvent être incluses dans un parc ou complètement séparées.
- **Les sites naturels classés** (plusieurs milliers) sont, quant à eux, beaucoup moins drastiques sur le plan de la réglementation et visent seulement à préserver l'essentiel.

Le matériel : un choix rigoureux nécessaire

Ce chapitre traite du matériel technique non décrit par ailleurs dans le cadre d'activités spécifiques, et s'attache aux critères de choix. La technologie et la concurrence égarent souvent le profane alors que des principes simples permettent d'acheter le meilleur équipement à des prix raisonnables.

/ Les chevilles spits et l'amarrage

Utilisées aussi bien en escalade qu'en spéléologie ou canyoning, leur universalité justifie un paragraphe dans le cadre de ce chapitre. Fabriquées en acier, elles sont autoforeuses et contiennent un filetage interne dans lequel on visse les plaquettes ou les anneaux ; ces derniers sont simples et rapides pour le canyoning car on y fait passer directement la corde (alors que la plaquette implique un maillon) sans besoin de sangle. **La clé de 13 est indispensable** pour visser anneau ou plaquette (prendre une clé plate avec une extrémité « à œil » ce qui permet de la pendre sans risque de perte). Avec ces spits, divers types d'amarrage sont possibles, plus ou moins sûrs. Il suffit de réfléchir un peu pour voir lesquels offrent une sécurité maximale. Il faut toujours considérer qu'un spit peut lâcher (ou plutôt la roche qui le retient) d'où la nécessité d'une double assurance, particulièrement dans une paroi déjà équipée avec un matériel dont on ne connaît pas l'ancienneté (une sangle peut être complètement usée).

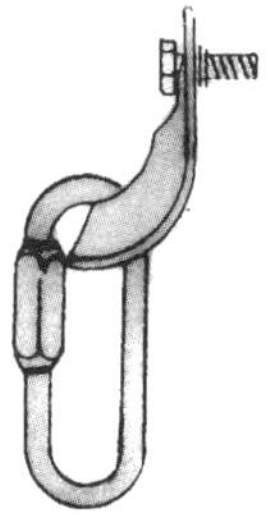

Plaquette avec maillon rapide sur spit

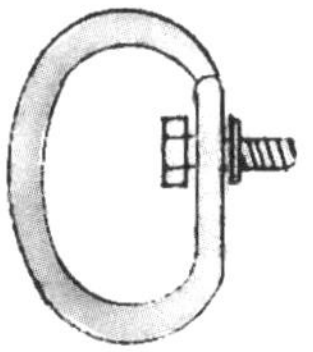

Anneau sur spit

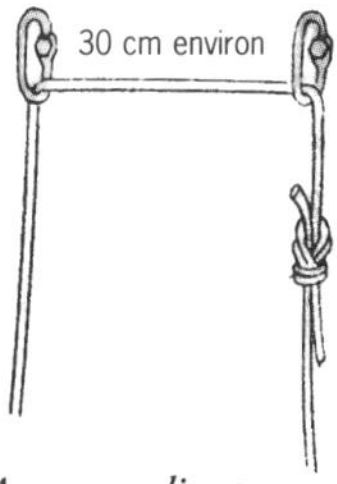

Amarrage direct sur anneaux placés verticalement

Les vêtements : un choix guidé par la technologie

Ils doivent protéger de deux facteurs : le froid, qu'il vienne de l'air immobile ou surtout mobile, et l'humidité, qu'elle vienne de l'extérieur (intempéries) ou bien de l'intérieur (transpiration).

Les composants

Contre le froid, **le principe est d'emprisonner un maximum d'air**. C'est le cas de la laine, mais elle est maintenant dépassée (comme le coton) par les matériaux modernes car elle conserve très longtemps l'humidité. Actuellement, les tissus dits polaires, qu'on peut accumuler et qui sont plus légers que les fibres naturelles, présentent l'avantage de garder l'air mais pas l'humidité (les bisons, animaux polaires, ont ces qualités grâce à l'air contenu dans chaque poil et au sébum qui les rend imperméables, mais au prix d'un poids très lourd).
• **La fibre dite polaire** (« Polartec »), mise au point par Marden Mills aux États-Unis, est actuellement la meilleure contre le froid grâce à deux qualités : sur la face interne du tissu, la matière grattée fait apparaître des petits filaments qui emprisonnent l'air chaud au contact de la peau. De plus, leur nature chimique leur fait évacuer l'humidité (transpiration) vers l'extérieur. Leur face extérieure est conçue pour ne pas pelucher, et leur structure en alvéole permet un séchage très rapide. Si l'on ajoute que l'ensemble est traité avec un antimicrobien qui supprime les odeurs, on comprend que la marque soit actuellement leader mondial.

Valeurs de l'isolation thermique de quelques vêtements (en CLO)

Fourrure des animaux arctiques	jusqu'à 10
Ensemble de couchage arctique	jusqu'à 10
Vêtement d'expédition arctique	5
Vêtement d'hiver	2
Vêtement courant (demi-saison)	1
Tenue légère d'été	0,5
Tenue de sport	0,3

Tableau Richalet (extrait de *Médecine de l'Alpiniste*, Masson, 1984).

• **La fibre Dunova** permet une évacuation de la sueur vers l'extérieur 7 fois plus vite que le coton. Lorsqu'elle est recouverte d'un tissu imperméable au vent et à l'eau, c'est le Goretex, découvert en 1969 par Bob Gore. À partir de Teflon (matériau plastique), il a créé une membrane microporeuse qui laisser passer les molécules de sueur (700 fois plus petites que les pores) mais pas les gouttes d'eau (20 000 fois plus grandes) ni le vent.
Des courbes et équations complexes ont été mises au point par divers cher-

cheurs, intégrant la température ambiante et le pouvoir d'isolation thermique de différents vêtements (exprimés en unités « CLO »). Le tableau ci-avant donne un aperçu de la valeur respective des différents équipements. On voit que la technique moderne en matière d'isolement contre le froid égale tout au plus les performances de la nature...

En dehors du choix des vêtements en fonction de leurs composants, il faut aussi s'attacher à la morphologie, qui ne respecte pas les critères d'élégance. Les vêtements ne sont jamais trop amples, pour emmagasiner un maximum d'air, et il ne faut pas de point de compression qui est synonyme de froid (les combinaisons cintrées sont élégantes mais beaucoup moins isolantes que les grosses parkas...).

La capuche

De même que la tête assure une part très importante de la régulation thermique en pays chaud, elle peut représenter, à l'inverse, la moitié du refroidissement de l'organisme en pays froid. Selon des études sérieuses de 1976, **les pertes thermiques par la tête non protégée peuvent représenter 50 % de la production calorique totale de l'organisme à – 5 °C et 75 % à – 15 °C**. La capuche hermétique et double, très épaisse, est donc aussi indispensable dans ces atmosphères froides que la cagoule lors de plongées en eau froide. Les doublures intérieures en loup ou renard restent d'une efficacité supérieure aux matériaux synthétiques (à rapporter si possible de leurs pays d'origine pour des raisons évidentes de qualité et de prix).

Les chaussures

Pour protéger les pieds de la morsure du froid, il existe de multiples matériaux nouveaux ou anciens, du foin ou du feutre ancestral jusqu'au Goretex moderne. Quelle que soit la qualité de la chaussure, il existe des protections toujours faciles et utiles à surajouter : à l'extérieur, une housse ou une toile qui vient entourer la chaussure, collectant l'humidité, et à l'intérieur, un sac de plastique entre deux paires de chaussettes de laine. Ce dernier « truc » augmenterait l'espace isolant autour du pied, mais encourage, par ailleurs, la macération.

Les meilleurs bottes de marche dans la neige viennent du Canada et d'Alaska, alliant les avantages complémentaires du caoutchouc, du plastique, de la laine, du feutre, du cuir (marque Sorel par exemple) pour un prix très correct.

/ LE SAC DE COUCHAGE

Indispensable pour le bivouac de l'alpiniste comme du raider, le confort des nuits à la belle étoile dépend de son bon choix. Qui n'a jamais passé une nuit d'insomnie transi de froid en montagne ne se rend pas toujours compte de l'importance d'un tel choix, qui peut parfois s'avérer vital.

• Là aussi, l'isolement est proportionnel au volume d'air emprisonné dans le sac déroulé, le même sac qui, une fois enroulé, doit occuper un volume minimal et peser le moins possible. Cela implique un matériau élastique et léger susceptible de se comprimer au maximum pendant le transport : **le duvet** (de canard ou d'oie exclusivement) reste actuellement le meilleur. Il faut choisir un sac affichant un rapport de 90/10 (qualité supérieure), jamais moins de 70/10. Ce rapport indique la proportion de vrai duvet, c'est-à-dire la partie « flocon de neige », par rapport aux plumettes qui, avec leurs tiges, sont de moins bonne qualité. C'est à ce prix que l'on aura un bon sac qui se comprime bien (plus des 2/3), très léger, bien isolant, et qui se gonfle correctement au déroulement. Seules précautions indispensables : éviter l'humidité du sac, et lors du stockage prolongé, dérouler le sac afin que le duvet ne reste pas comprimé durant des mois.
Les fibres synthétiques creuses en polyester (Dacron, Hollofil, Polaguard, etc.) ont maintenant des qualités voisines des matières naturelles, ayant pour avantage de ne pas craindre l'humidité, de sécher plus vite, mais pesant beaucoup plus lourd (jusqu'à 0,5 kg pour un sac). Seule circonstance où elles s'imposent vraiment : si vous êtes allergique (un asthmatique ne peut dormir dans un sac de duvet, car il y a toujours quelques flocons qui traversent les coutures).

• Choisissez un modèle **à coutures non superposées**, et **à compartiments** bien sûr, seul moyen de préserver un garnissage uniformément réparti. Méfiez-vous des « promotions » trop bon marché !

• Concernant la forme du sac, prenez toujours le **modèle sarcophage** qui entoure la nuque et le crâne (zones de déperdition calorique maximale).

• Pour vous préserver de l'humidité du sol, ayez toujours deux couvertures de survie, légères et peu volumineuses, à usages multiples.

/ Le contenu d'un sac de montagne

En dehors du matériel spécialisé propre à chaque discipline (le matériel du spéléo est différent de celui de l'adepte du canyoning), le **« fond de sac »** de tout montagnard, même occasionnel, doit être le suivant :
- lunettes de glacier « anti UV » 100 %, verres antirayures, avec cordon autour du cou ou monoécran (« Oakley », « Cébé ») ;
- sous-gants en soie ;
- bâtons télescopiques ;
- lampe frontale : avec ampoules de rechange ;
- couvertures de survie : au moins deux ;
- bougies et allumettes étanches ;
- couteau multiusages (« Victorinox », « Leatherman ») ;
- pharmacie minimale (voir p. 147) et lames de scalpel ;
- sac en plastique (peut servir de capuche, à transporter de l'eau, etc.).

Selon les régions, vous pouvez ajouter :
- le filtre à eau portatif : à pompe (300 g) ou à aspiration (le poids correspond à la dimension d'un stylo) ;
- pastilles de « Micropure » ;
- montre altimètre à affichage digital (« Avocet », « Alti 6 000 », « Casto »).

/ Le caisson hyperbare portable (CHP)

On a vu au chapitre du MAM combien l'évolution de cette maladie pouvait être rapidement mortelle en l'absence de descente immédiate. Ceci n'est pas toujours réalisable, en Himalaya en particulier, et le CHP offre une solution provisoire très intéressante.

L'engin miracle ne pèse que 4,8 kg, c'est-à-dire rien par rapport aux centaines de kilo emportés dans une expédition himalayenne. On place le patient dans ce « sarcophage » souple et étanche, et on gonfle à l'aide de la pompe double flux incorporée. Il ne s'agit pas de fortes pressions comme dans le cas d'un caisson de décompression de plongée, mais de quelques centaines de millibars (1/10 de la pression de gonflage d'un pneu de voiture). Des expérimentations ont ainsi montré que pour 220 mbars (rappelons que la pression au niveau de la mer est de 1 013 mbars ou 1 atmosphère) la perte d'altitude artificielle équivaut pour le patient à 3 225 m si l'on est à 7 000 m (camp de base) et à 2 300 m si l'on est à 3 500 m. Il n'y a donc rien d'étonnant à ce que les résultats soient spectaculaires sur les MAM sévères. La durée de la séance doit être de 60 à 90 mn, davantage pour l'OPHA ou l'OCHA. À l'issue de ces séances, le patient doit cependant redescendre physiquement!

Signalons pour les claustrophobes qu'un hublot permet au patient de voir à l'extérieur (et d'être surveillé par la même occasion).

En dehors de son poids négligeable et d'un encombrement très réduit, il constitue un gain de poids et de volume très important dans la mesure où il remplace avantageusement les bouteilles d'oxygène, chères, lourdes, et par ailleurs génératrices de tracasseries administratives pour leur transport aérien.

Ce caisson est une **révolution dans le traitement sur le terrain du MAM et de ses complications**, et il devrait être obligatoire dès maintenant pour toutes les agences organisant des trekkings. Son usure et son entretien sont réduits au strict minimum par l'usage de tissu polyamide double et collé par une soudure haute fréquence. Son usage est d'une simplicité absolue, avec manomètre de pression interne et doubles soupapes de sécurité tarées à 200 mbars.

/ L'altimètre

L'altimètre n'étant rien d'autre qu'un baromètre étalonné en fonction de l'altitude standard (c'est-à-dire 1 013 mbars, ou hpa (hectopascals), au niveau de la mer et 15 °C), il est préférable d'emporter avec soi un altimètre qui remplira les deux fonctions plutôt qu'un vulgaire baromètre.

On peut, en affichant sur l'altimètre l'altitude vraie du lieu, en déduire par simple lecture dans la fenêtre de réglage du 0 de référence la pression actuelle régnant au niveau de la mer. On vérifiera ainsi que cette pression est restée la même depuis le début de la journée (situation sans changement significatif) ou bien qu'elle a augmenté de quelques millibars (situation allant vers l'amélioration) ou le contraire. On pourra, également, apprécier la vitesse de cette variation, et partant, la brutalité du changement de temps à attendre (aggravation ou amélioration caractérisée). Si vous vous endormez avec un altimètre indiquant 3 500 m et que vous vous réveillez le

L'altimètre permet de préciser ou confirmer sa position sur le terrain par rapport à la carte. Il permet de moduler sa vitesse d'ascension au-delà e 3 000 m pour éviter le mal des montagnes, et sert aussi de baromètre en comparant l'altitude vraie où l'on se trouve (point connu comme un refuge, par exemple) et l'altitude indiquée par l'instrument réglé à 1 013 mbars.

lendemain matin avec une indication de 3 650 m, cela indique une baisse de pression importante et rapide de 15 hpa qui n'augure rien de bon quant à l'évolution du temps. À l'inverse, 3 350 m serait encourageant. Des variations brutales mais transitoires (de l'ordre de 1 ou quelques millibars en 1 heure) indiquent des phénomènes passagers, mais pas anodins pour autant, tels que le passage d'un front ou d'une ligne de grains.

Un airbag anti-avalanche

Une société allemande a mis au point en 1997 un sac à dos équipé d'un airbag qui, en se gonflant, maintiendrait le skieur en surface. Une fois gonflé, son volume est de 150 l d'air, dépassant de la tête et descendant jusqu'à mi-cuisses. On glisserait alors sur la surface de l'avalanche. Pourquoi pas, mais nous attendons des preuves ! L'engin coûte environ 5 000 F, ce qui est très cher pour un risque que les skieurs n'aiment guère assumer, mais on peut le louer... À suivre.

Annexes

Altitude, température et pression atmosphérique

Ce tableau est indispensable pour prévoir l'évolution météo, les risques de MAM, la hauteur des glaciers et des forêts.

Altitude (mètres)	Altitude (pieds)	Pression atmosphérique (mmHg)	Pression d'O_2 air ambiant (mmHg)	Température (ºC)
0	0	760	159,2	15
1 000	3 281	674,1	141,2	8,5
2 000	6 562	596,3	124,9	2,0
3 000	9 842	526,0	110,2	–4,5
3 500	11 483	493,4	103,4	–7,7
4 000	13 123	462,5	96,9	–11,0
4 200	13 780	450,6	94,4	–12,3
4 400	14 436	438,9	91,9	–13,6
4 600	15 092	427,5	89,6	–14,9
4 800	15 748	416,3	87,2	–16,2
5 000	16 404	405,4	84,9	–17,5
5 200	17 060	394,7	82,7	–18,8
5 400	17 717	384,2	80,5	–20,1
5 600	18 373	374,0	78,4	–21,4
5 800	19 029	364,0	76,3	–22,7
6 000	19 685	354,2	74,2	–24,0
6 200	20 341	344,6	72,2	–25,3
6 400	20 997	335,2	70,2	–26,6
6 600	21 654	326,0	68,3	–27,9
6 800	22 310	317,1	66,4	–29,2
7 000	22 966	308,3	64,6	–30,5
7 200	23 622	299,8	62,8	–31,7
7 400	24 278	291,4	61,0	–33,0
7 600	24 934	283,2	59,3	–34,3
7 800	25 591	275,2	57,7	–35,6
8 000	26 247	267,4	56,0	–36,9
8 200	26 903	259,8	54,4	–38,2
8 400	27 559	252,3	52,9	–39,5
8 600	28 215	245,1	51,3	–40,8
8 800	28 871	238,0	49,9	–42,1
8 848	29 029	236,3	49,5	–42,4
9 000	29 528	231,0	48,4	–43,4

Ce tableau indique les valeurs de la pression atmosphérique, de la pression d'oxygène et de la température en fonction de l'altitude en atmosphère standard (des variations de + ou – 20 mm de mercure peuvent se voir selon la météo, ainsi que des variations de + ou – 30 °C selon le vent, l'ensoleillement...).
On notera, par exemple, qu'avec + 15 °C à Paris, il fera – 16 °C au mont Blanc, et qu'à la hauteur des camps de base (6 500 m), la pression atmosphérique aura diminué de moitié.
À 8 000 m, l'organisme ne dispose plus que de 15 % de ses capacités, à 8 700 m de 1 %
La forêt monte plus ou moins haut, pas en fonction de la pression atmosphérique, mais de la température moyenne sur l'année : 2 000 m dans les Alpes du Nord, 2 400 m dans les Alpes du Sud, 3 000 m dans les Rocheuses.
De même, la limite inférieure des glaciers : 1 200 m dans le massif du Mont-Blanc, 2 000 m dans les Alpes du Sud, le niveau de la mer en Alaska.

Adresses utiles

ORGANISMES

• École nationale de ski et d'alpinisme (ENSA)

Créée en 1943, elle peut accueillir 220 stagiaires. Elle prépare aux métiers de la montagne : guides, moniteurs de ski, pisteurs secouristes, équipes de France de ski, alpinistes de haut niveau, etc. Le Conseil supérieur des sports de montagne (CSSM) lui est rattaché.
ENSA, BP 24 – 74401 CHAMONIX CEDEX
✆ 04 50 55 30 30
Internet : www.ensa.jeunesse-sports.fr

• Club alpin français (CAF)

C'est une association centenaire reconnue d'utilité publique. Elle vous informera, quel que soit votre niveau, sur des activités aussi diverses que la randonnée, l'escalade, l'alpinisme, le ski, le vol libre, la spéléologie, le VTT. Elle gère 130 refuges.
CAF : 24, avenue de Laumière – 75019 PARIS
✆ 01 53 72 87 13
Minitel : 3615 CALPIN

MÉDECINE

Les quatre centres spécialisés pour une visite médicale d'aptitude à la haute montagne :

• Bobigny : Hôpital Avicenne – Pr Richalet – ✆ 01 48 95 56 38

• Chamonix : ENSA, service médical, Dr Herry – ✆ 04 50 55 30 07

• Grenoble – La Tronche : Hôpital Michalon, consultation de médecine du sport – ✆ 04 76 76 54 94

• Nantes : Hôtel-Dieu, service de médecine du sport, Pr Ginet – ✆ 02 40 08 33 80

Et sur Internet, Médecins de montagne : www.mdem.org

Pour vous procurer les dernières prévisions météorologiques

En France

Météo France met à votre disposition des services très compétents :

• Informations neige et avalanche : tous les jours, du 15 décembre au 30 avril.
✆ 08 36 68 10 20
Internet : www.meteo.fr

• Temps prévu pour les 5 jours à venir pour les massifs montagneux avec 6 choix toute l'année : Alpes du Nord, Alpes du Sud, Pyrénées, Vosges, Jura, ensemble des massifs montagneux.
✆ 08 36 68 02 + le numéro du département choisi

• Toutes ces informations sont aussi disponibles par Minitel sur le 3615 code MÉTÉO (mot-clé « NEIG ») ou 3615 code MFNEIGE et localement aux points d'affichage spécifiques.

• **Ski – France**
Bulletins d'enneigement des stations de sports d'hiver (ne fonctionne que l'hiver)
Internet : www.cyberaction.fr/_pages-statiques/neige-fohtm

À l'étranger

• Serveur vocal de Météo France, pour tous les pays.
✆ 08 36 70 08 08

Pour en savoir plus sur la neige et les avalanches

Il existe l'Association nationale pour l'étude de la neige et des avalanches **(ANENA).** Depuis 1970, elle regroupe et coordonne l'activité de nombreux organismes dont le Centre d'études de la neige **(CEN)**, le Centre d'études et de recherches sur la neige et les avalanches **(CERNA)**, le Laboratoire de glaciologie **(LG)** et l'Institut de géographie alpine de Grenoble **(IGAG)**, etc. En dehors de son rôle d'information (brochures, audiovisuel...) des usagers, elle favorise la recherche et la formation (stages de nivométéorologie, d'artificiers, de responsables de sécurité, etc.).

ANENA
15, rue Ernest-Calvat – 38000 GRENOBLE
✆ 04 76 51 39 39
Internet: www.anena.asso.fr

LES MILLE ET UN PLAISIRS DE LA MONTAGNE

Liste des compagnies de guides

Ils sont destinés à vous encadrer dans des disciplines très variées, alpinisme, escalade, randonnée, canyoning, VTT, etc.

• **Syndicat national des guides de montagne**
65, rue de Larith
73000 CHAMBERY
✆ 04 79 60 00 60

• **Compagnie des guides de Chamonix**
cieguides-chamonix.com/fr/ete/alpinisme

- Chamonix: 04 50 53 00 88
- Saint-Gervais: 04 50 47 76 55
- Savoyarde: 04 50 34 43 12
- Pralognan-la-Vanoise: 04 79 08 71 21
- Oisans Écrins: 04 92 21 17 43
- Écrins Haute-Provence: 04 92 81 21 95
- Les Angles: 04 68 04 39 22
- Les Carroz: 04 50 90 06 55
- Molines-en-Queyras: 04 92 45 85 87
- Mercantour: 04 93 57 52 71
- Les Aravis: 04 50 02 19 29
- Vallorcine: 04 50 54 60 69
- AGAAM (Association des guides et accompagnateurs des alpes méridionales): 04 93 08 61 23
- Saint-Martin-de-Vésubie: 04 93 03 26 60
- Destination Merveilles: 04 93 16 08 72
- AIGMB (Association internationale des guides du mont Blanc): 04 50 53 27 05

Pour des randonnées dans toutes les montagnes de France

- **Fédération française de randonnée pédestre (FFRP)**

14, rue Riguet – 75019 PARIS
✆ 01 44 89 93 93
Minitel : 3615 RANDO
Internet : www.ffrp.asso.fr

- **Randonnées Pyrénéennes (Tarbes)**

✆ 05 62 90 09 92

- **Grande traversée des Alpes (Grenoble)**

✆ 04 76 42 08 31

- **Chamina (Massif central)**

✆ 04 73 92 81 44

- **Association bretonne des relais et itinéraires (ABRI)**

✆ 02 99 26 13 50

- **France-randonnées**

✆ 02 99 67 42 21 (Rennes)

- **Maison de la randonnée**

Grenoble : 04 76 42 45 90
Gerardmer : 03 29 63 17 50

- **Cartes IGN**

107, rue La Boétie – 75008 PARIS
✆ 01 43 98 80 00
Minitel : 3615 IGN
Internet : www.ign.fr

Pour l'alpinisme souterrain

- **Fédération française de spéléologie (FFS)**

130, rue Saint-Maur – 75011 PARIS
✆ 01 43 57 56 54
Minitel : 3615 SIR SPELEO
Internet : www.ffspeleo.fr

• **École française de spéléologie (EFS)**
28, rue Delandine – 69002 LYON
✆ 04 72 56 09 63

Pour le VTT

• **Fédération française de cyclisme (FFC)**
5, rue de Rome – 93561 ROSNY-SOUS-BOIS CEDEX
✆ 01 49 35 69 00
Minitel : 3615 FFC (pour la liste des 100 centres VTT et tous les services FFC)
Internet : www.ffc.fr

Pour le ski nordique

• **Ski de fond de France**
(Vente en kiosque) : revue annuelle de l'ANCEF (Association nationale des centres écoles de ski de fond). ✆ 04 76 87 81 47

• **Touring club suédois**
Kungsgatan 2, Box 25, S – 10120 Stockholm. ✆ 08/463 2100.
Fax : 08/678 1958

• **Association norvégienne de tourisme en montagne**
Storgata 3 (Boks 7 Sentrum), N – 0101 Oslo. ✆ 22 822 800.
Fax : 22 822 801

• **Association finlandaise du ski de fond**
Fabianinkatu 7, FIN – 00130 Helsinki. ✆ 09 170 101

• Importateur de Pulka en France : EXPE. ✆ 04 76 36 02 67.

Pour le plaisir des eaux vives

• **Fédération française de canoë-kayak (FFCK)**
Pour toutes les activités d'eau vive
87, quai de la Marne, BP 58 – 94340 JOINVILLE-LE-PONT
✆ 01 45 11 08 50
Minitel : 3615 CANOE 24 – Internet : www.ifrance.com/ffck-cel

• **Fédération française de montagne et d'escalade (FFME)**
(pour le côté canyoning et nage en eau vive)
8-10, quai de la Marne – 75019 PARIS
✆ 01 40 18 75 50 – Internet : www.ffme.fr

• **Fédération française d'étude et sports sous-marins (FFESSM)**
Commission nage en eau vive
24, quai de Rive-Neuve – 13284 MARSEILLE CEDEX 07
✆ 04 91 33 99 31 – Internet : www.ffessm.fr

Pour le vol libre

• **Fédération française de vol libre (FFVL)**
4, rue de Suisse – 06000 NICE
✆ 04 93 88 62 89
Minitel : 3615 FFVL (liste des écoles et des clubs)
Internet : www.ffvl.org

Pour l'aviation de montagne

• **Association française des pilotes de montagne (AFPM)**
21, chemin des Baraltes – 74290 Veyrier-du-Lac
• **Aéroclub de Méribel**
73550 Méribel Altiport – ✆ 04 79 08 61 33
• **Aéroclub de Megève**
74120 Megève Altiport – ✆ 04 50 21 33 67

DOCUMENTATION

Pour se procurer les cartes et la documentation du bout du monde

• « Ulysse » : 26, rue Saint-Louis-en-l'Île – 75004 PARIS – ✆ 01 43 25 17 35
• « L'Astrolabe » : 46, rue de Provence – 75009 PARIS – ✆ 01 42 85 42 95
• « Passe Montagne » : 102, avenue Denfert Rochereau – 75014 PARIS – ✆ 01 43 22 24 24
• « Librairie des Alpes » : 6, rue de Seine – 75006 PARIS – ✆ 01 43 26 90 11
• « Au Vieux Campeur » : 2, rue de Latran ou 48, rue des Écoles – 75005 PARIS ✆ 01 53 10 48 48
• Pour la Suède : « Le Livre Ouvert » : 48, rue des Francs-Bourgeois, 75003 PARIS – ✆ 01 48 87 97 33
• Pour la Norvège : « Geologisk Museum », Sarsgat 1, 0562 Oslo, Norvège
• En Suisse : « Librairie du voyageur Arton » : 18, rue de la Madeleine, 1003 Lausanne

Revues spécialisées

- *Vertical*
- *Alpirando*
- *Randonnée magazine* : mensuel de la FFRP
- *Guide pratique du randonneur* : auprès de la FFRP
- Les topoguides : édités par la FFRP
- *Canoë-kayak magazine* : Dijon – ✆ 03 80 40 41 20
- *Librairie du canotier* : 25, rue de la Résistance – 63270 LONGUES
✆ 04 73 39 86 03
- *Guide découverte* auprès de la FFCK (gratuit) : annuaire des écoles de canoë-kayak
- *Spélunca* : revue trimestrielle indispensable pour la pratique de la spéléologie (auprès de la FFS)
- *Karstologia* : revue trimestrielle scientifique de spéléologie en collaboration avec le CNRS

Pour obtenir un visa sans se déranger

- *Visa Express* : 54, rue de l'Ouest – 75014 PARIS – ✆ 01 44 10 72 72
- *Point Visas Contact* : BP 22 – 75291 PARIS CEDEX 19 – ✆ 01 40 37 73 76
(Compter environ 250 F)

Pour les militaires

- L'Ecole militaire de haute montagne (EMHM)
Route des Pècles – 74400 CHAMONIX
✆ 04 50 53 76 99
Installée depuis 1932 à Chamonix, elle a trois missions :
– instruction (cadres, élèves, sous-officiers, aspirants guides) ;
– étude et expérimentation ;
– rayonnement extérieur (équipe de France militaire de ski, expéditions lointaines avec le Groupe militaire de haute montagne [GMHM]).

Glossaire

Albédo : fraction de l'énergie de rayonnement réfléchie ou diffusée par un objet donné (la neige, la mer, etc.).

Altimètre : appareil servant à mesurer l'altitude du lieu où l'on se trouve.

Azimut magnétique : angle formé par la direction d'un repère quelconque et celle du nord magnétique.

Chasse-neige : transport de neige par le vent (tourbillon de neige au-dessus des crêtes).

Convection : mouvement d'un fluide dû à une variation de température.

Corniche : accumulation de neige le long d'une crête, sous l'influence du vent.

Corps : partie principale de l'avalanche.

Hypothermie : chute de la température du corps en dessous de la normale.

Hypoxie/hyperoxie : baisse ou augmentation de la quantité d'oxygène transportée vers les tissus par le sang.

Moraine : accumulation de débris en provenance des glaciers.

Névé : masse de neige durcie alimentant parfois les glaciers.

Nécrose : altération du tissu dû à la mort des cellules.

Percolation : écoulement de l'eau (pluie, fonte) au sein du manteau neigeux.

Perspiration : exhalaison de vapeur d'eau et de gaz à travers la peau ou les muqueuses respiratoires.

Perturbation : zone mouvementée de l'atmosphère ; dans le langage courant, désigne une dépression.

Polypnée : augmentation de la fréquence respiratoire.

Séracs : blocs de glace, appartenant au glacier, façonnés lors de l'élargissement des crevasses.

Slush : neige très humide dont la consistance rappelle celle du yaourt. Les avalanches de slush peuvent parcourir de grandes distances car il s'agit de neige très lourde.

Stratigraphie : étude des couches géologiques superposées dans le sol ou, en nivologie, des couches de neige.

Stratosphère : couche de l'atmosphère située entre la troposphère et la mésosphère.

Talweg : creux, ligne de plus grande pente, zone de réception des eaux.

Thermogénèse : production de chaleur chez les êtres vivants.

Thermolyse : mécanisme de disparition de la chaleur corporelle par la thermorégulation.

Thermorécepteurs : récepteurs qui informent les centres cérébraux de la température de la peau ou du sang.
Vasoconstriction/vasodilatation : diminution ou augmentation du diamètre d'un vaisseau par le jeu des fibres musculaires.
Vasomotricité : relatif à la vasoconstriction.

Table des matières

Crédits illustrations

Christiane Schaeffer :
pp. 15 ; 21 ; 24 ; 25 ; 84 ; 85 ; 90 ; 92 ; 94 ; 108 ; 109 ; 111 ; 113 ; 115 ; 118 ; 120 ; 122 ; 128 ; 167 ; 171 ; 180 ; 202 ; 203 ; 204 ; 205 ; 216.

Xavier Maniguet :
pp. 168 ; 210 ; 211.

D.R. Extraits de
Survivre, comment vaincre en milieu hostile :
pp. 33 ; 49 ; 51 ; 61 ; 66 ; 67 ; 68 ; 79 ; 80 ; 82 ; 88 ; 96 ; 99 ; 100 ; 101 ; 162 ; 163 ; 164 ; 165.

*La composition de ce livre
a été effectuée par I.G.S.-Charente Photogravure
à L'Isle-d'Espagnac (16),
l'impression et le brochage ont été réalisés
par l'imprimerie Pollina à Luçon
pour les Éditions Albin Michel.*

*Achevé d'imprimer en octobre 1999
N° d'édition : 18458 – N° d'impression : 78611
Dépôt légal : novembre 1999*